利益平衡视域下
我国水权交易法律制度研究

陈颖 著

湖南师范大学出版社

图书在版编目（CIP）数据

利益平衡视域下我国水权交易法律制度研究 / 陈颖著. —长沙：湖南师范大学出版社，2023.6

ISBN 978-7-5648-4989-4

Ⅰ.①利⋯　Ⅱ.①陈⋯　Ⅲ.①水资源管理—法律—研究—中国　Ⅳ.①D922.664

中国国家版本馆 CIP 数据核字（2023）第 124342 号

利益平衡视域下我国水权交易法律制度研究

Liyi Pingheng Shiyu Xia Woguo Shuiquan Jiaoyi Falü Zhidu Yanjiu

陈　颖　著

◇出　版　人：吴真文
◇责任编辑：彭　慧
◇责任校对：蒋旭东
◇出版发行：湖南师范大学出版社
　　　　　　地址／长沙市岳麓山　邮编／410081
　　　　　　电话／0731-88873071　0731-88873070
　　　　　　网址／https：//press.hunnu.edu.cn
◇经销：湖南省新华书店
◇印刷：湖南省美如画彩色印刷有限公司
◇开本：710 mm×1000 mm　1/16 开
◇印张：12.25
◇字数：220 千字
◇版次：2023 年 6 月第 1 版
◇印次：2023 年 6 月第 1 次印刷
◇书号：ISBN 978-7-5648-4989-4
◇定价：59.00 元

目　录

绪　论

一、全球面临水资源危机

人类的生存和发展都离不开水，它直接关系到整个人类社会的发展。目前全球都面临水资源危机，而水资源危机是联合国和其他国际组织用来泛指自1970年以来世界性的水资源相对人类需求的状况。① 主要的危机来自可用水的匮乏和水体污染。

人口增长、日益增加的肉类消费和经济活动正在让世界水资源背负沉重压力。根据世界资源研究所的最新数据，全球将近400个地区的民众生活在"极度缺水"的环境下。从墨西哥到智利，再到非洲、南欧和地中海的旅游热点地区，"水资源压力"（从地表抽取水量与可用水量之比）达到了令人担忧的程度。这些数据来自世界资源研究所，他们计算了各地区地表水、地下水抽取的水量与可用总水量的比值。当一个地区的相关比例超过80%，就会被视为"极度缺水"；其次是"高度缺水"，比例为40%到80%。（见图0-1）

1961年至2014年，全球取水量（即从地表抽取的淡水量）增长了25倍。在过去半个世纪中，灌溉农作物所需的水量增长超过一倍，灌溉用水约占每年取水量的67%。2014年全球的工业用水量是1961年的三倍，现占总取水量的21%。同时，家庭用水量占总取水量的10%，是1961年的六倍多。② （见图0-2）

① NIELSEN R. The little green handbook [M]. New York：Picador，2006.
② 卡尔. 全球水资源报告 [EB/OL]. （2019-09-10）[2023-05-22]. https：//www.bbc.com/zhongwen/simp/world-49254681.

全球各省/州/区基准水压力

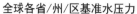

低（<10%）　　　　　高（40%~80%）
低到中（10%~20%）　极高（>80%）
中到高（20%~40%）　无数据

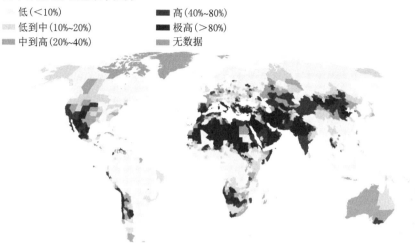

数据来源：世界资源研究所等，2019

图0-1　全球水压力基准图

全球取水量（1961至2014年）

■总量　■灌溉　■工业　■家用　■牲畜*

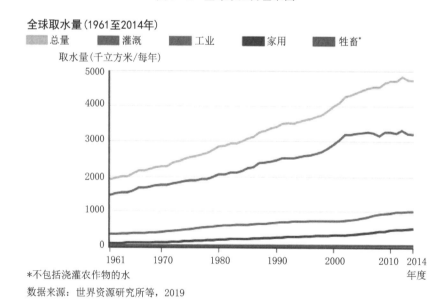

*不包括浇灌农作物的水

数据来源：世界资源研究所等，2019

图0-2　全球取水量图

　　人类在21世纪面临的水资源危机将更加严峻。联合国粮食及农业组织拉响了水资源危机的警报：水是全球至少三分之一的地区生产力发展的主要制约因素。①

---

　　① ［英］弗雷德·皮尔斯. 当江河枯竭的时候——21世纪全球水危机［M］. 张新明，译. 北京：知识产权出版社，2009：19.

二、中国的水资源危机

中国国土面积为 960 多万平方公里，分属 10 个水资源一级区（流域），有松花江（包括黑龙江、图们江、乌苏里江等）、辽河（包括辽宁沿海诸河及鸭绿江等）、海河（包括山东沿海诸河）、长江（含太湖流域）、东南诸河、珠江（包括华南沿海诸河、海南岛诸河等）、西南诸河、西北诸河等。按地域划分，北方地区流域面积 605.6 万平方千米，水资源总量 5267 亿立方米，人均水资源占有量 868 立方米/年；南方地区流域面积 345 万平方千米，水资源总量 23145 亿立方米，人均水资源占有量 3300 立方米/年。（见表 0 - 1）

表 0 - 1　中国水资源一级区多年平均年水资源统计①

水资源一级区	计算面积（平方千米）	地表水资源量（亿立方米）	地下水资源量（亿立方米）	不重复计算水量（亿立方米）	水资源总量（亿立方米）	产水系数	产水模数（万立方米/平方千米）
松花江区	934802	1296	478	196	1492	0.32	15.96
辽河区	314146	408	203	90	498	0.29	15.86
海河区	320041	216	235	154	370	0.22	11.57
黄河区	795043	607	376	113	719	0.20	9.04
淮河区	330009	677	397	234	911	0.33	27.62
长江区	1782715	9856	2492	102	9958	0.51	55.86
东南诸河区	244574	2656	666	19	2675	0.61	109.37
珠江区	578974	4723	1163	14	4737	0.53	81.82
西南诸河区	844114	5775	1440	0	5775	0.63	68.42
西北诸河区	3362261	1174	770	102	1276	0.24	3.79
北方地区	6056302	4378	2458	889	5267	0.27	8.7
南方地区	3450377	23010	5760	135	23145	0.55	67.08
全国	9506679	27388	8220	1024	28412	0.46	29.9

第一，从水资源总量来看，我国虽说水资源总量不少，但是由于水资源禀赋条件并不优越，且人口众多，人均亩均水资源占有量非常低。被誉为最具权威的

---

① 水利部水利水电规划设计院.中国水资源及其开发利用调查评价 [M]. 北京：中国水利水电出版社，2014.

中国经济专家之一的巴瑞·诺顿曾说过，"中国发展过程中所面临的最大挑战在于某些人口稠密地区面临的水资源紧张和土地供应压力变得日益严峻。"① 我国虽然拥有世界排名第五的淡水资源，但却是世界上人均水资源最贫乏的国家之一。②

第二，我国水资源根据季节和地理位置不同呈现分布不均的状态，且与人口、耕地、生产力分布不相匹配。由于我国人口和经济活动分布不均衡和地区间在降水和灌溉模式上的显著差别，导致了地区之间水资源分布严重不平衡。有资料显示，我国西南山区人口稀疏，居民人均每年享有大约 25000 立方米淡水，而北部干旱地区人口稠密，居民人均每年仅享有不到 500 立方米的淡水。此外，虽然干旱的北部依靠灌溉型农业，但是其灌溉系统异常低效。因为设备漏水和水分的迅速蒸发，只有不超过一半的灌溉用水能够实际到达作物，其总体水资源的经济生产力大约为每立方米 3.50 美元，而发达国家的平均水平则为每立方米 36 美元。对小麦之类的高需水作物以及其他需大量用水来生产、处理并加工的商品需求的上升，进一步增加了我国水资源的压力。③ 同时，由于生产一吨煤需要 3 至 10 立方米的水，而我国的煤炭消耗更加剧了水资源的紧张。我国最大的煤田位于北部，跨越五个省，该区域的缺水问题已经制约了煤炭生产，尤其是对于那些小型、低效的煤矿。④

第三，由于近几十年来我国经济社会的快速发展，对地下水资源开发利用也越来越迅速，加剧了水资源危机。由 20 世纪 70 年代到 2009 年，短短三十来年，地下水开采量增长了一倍，由 570 亿立方米/年增长到 1098 亿立方米/年，占全国总供水量的 18%。地下水成为北方地区生活用水、工业用水和农业灌溉用水的重要来源。全国约有 400 多个城市的饮用水源依靠地下水。可见，我国地下水

① NAUGHTON B. The Chinese economy: transitions and growth [M]. Cambridge, MA: MIT Press, 2007: 30.

② 我国淡水资源占全球水资源的 6%，居巴西、俄罗斯和加拿大之后，名列世界第四位，总量为 28000 亿立方米，但是中国人均每年水资源拥有量少于 2000 立方米，而全球人均每年水资源拥有量则近 6200 立方米。World Bank, "Renewable internal fresh water resources per capita (cubic meters)," [EB/OL]. (2019 – 10 – 05) [2023 – 05 – 10]. https://data.worldbank.org/indicator/ER.H2O.INTR.PC.

③ Scott Morre. 政策简报：中国水资源问题、政策和政治 [EB/OL]. (2013 – 04 – 01) [2023 – 05 – 10]. https://www.brookings.edu/zh/articles/政策简报：中国水资源问题、政策和政治.

④ CHOKE POINT: China-Confronting water scarcity and energy demand in the world's largest country [EB/OL]. (2011 – 02 – 15) [2023 – 05 – 10]. http://www.circleofblue.org/waternews/2011/world/choke-point-chinaconfronting-water-scarcity-and-energy-demand-invthe-worlds-largest-country/.

资源长期过量开采，导致全国部分区域地下水水位持续下降，华北平原尤其严重。同时，地下水超采严重进一步加大了水资源安全保障的压力。① 我国以北京和天津为首的快速发展的大型城市群，一直依靠地下水补给水资源，但是过度开采地下水的恶果就是从 20 世纪 70 年代开始，整个华北平原地下水位每年都下降一米左右。过度采集淡水带来的危害显而易见，不仅让采水变得困难且昂贵，还使地下蓄水层被盐分穿透，使其无法再适宜人类饮用。根据《全国城市饮用水安全保障规划（2006—2020 年）》数据，全国近 20% 的城市集中式地下水水源水质劣于Ⅲ类。部分城市饮用水水源水质超标因子除常规化学指标外，甚至出现了致癌、致畸、致突变污染指标。同时，气候变化预计将加剧中国北部的干旱，同时加重地表和地下水的短缺。

第四，水资源污染严重。由于改革开放初期只注重发展速度、忽视环境影响，致使水污染严重，淡水、地下水污染严重，污水排放量逐年增加，重金属超标等问题，严重影响到人民群众的健康，还影响了城市居民的饮水安全，更危及我国可持续发展战略。②

三、缓解水资源危机的根本出路就是制度创新

水资源危机的根源就是人类的社会经济活动，人类历史上多数是从自然科学出发来认识、开发水资源，较为忽视从管理人的行为角度出发来开发水资源，其结果就是导致水资源危机。因此，缓解水资源危机最重要的是进行制度创新，要从制度、管理、机制等各个层面加以应对水资源危机，健全水资源合理保护和有效使用的相应法律制度，加快建立水权制度体系，开展水资源使用权确权登记，

---

① 环境保护部. 环境保护部关于印发《全国地下水污染防治规划（2011—2020 年）》的通知［EB/OL］. （2011 - 10 - 28） ［2023 - 05 - 10］. http：//www. gov. cn/gongbao/content/2012/content_2121713. htm.

② 我国水资源现状面临六大水情问题［EB/OL］. （2016 - 03 - 16）［2023 - 05 - 10］. http：//www. h2o-china. com/news/238035. html. 由于改革开放初期只注重发展速度、忽视环境影响的粗放型发展模式，使水资源遭受严重污染：流经城市河段普遍受到污染，三江（辽河、海河、淮河）和三湖（太湖、滇池和巢湖）均受到严重污染，蓝藻时常暴发；在七大水系 100 个国控省界断面中，Ⅰ-Ⅲ类、Ⅳ-Ⅴ类和劣Ⅴ类水质断面比例分别为 36%、40% 和 24%。浙江中部海域、长江口外海域、渤海湾和珠江口等地赤潮频发，对沿岸鱼类和藻类养殖造成巨大经济损失。90% 以上地下水遭到不同程度的污染，其中 60% 污染严重，城市地下水约有 64% 遭受严重污染，33% 的城市地下水为轻度污染。全国污水排放总量呈逐年增加趋势，2006 年到 2009 年分别为 536.8、556.8、571.7 和 589.2 亿吨。华北地下水重金属超标，局部地区地下水有机物污染严重，地下水饮用水源安全受到巨大威胁。更为严峻的是一些地区城市污水、生活垃圾和化肥农药等相互渗漏渗透，使地下水环境更加恶化，解决水污染的难度加大。

积极推进水权交易，深化体制改革，激发节水内生动力，进而平衡水资源保护、水资源利用与经济发展三者之间的关系。

首先，全面推进水权制度建设，加强水权交易是推行我国"以水定需"治水理念的必由之路，也是落实最严格水资源管理制度的重要组成部分。由科斯的外部性理论可知，水资源权属不清是导致水污染这种负外部性产生的重要原因之一，而水污染又是造成水资源短缺的直接原因。我国面临经济社会的快速发展与水资源短缺之间的巨大矛盾，据预测，到 2030 年我国将出现用水高峰，预计用水量将达到 7000 亿立方米左右，必须优化水资源配置制度，全面推进水权制度建设，发挥市场机制在水资源配置中的重要作用，建成节水型社会。

其次，明晰水权，建立水权交易机制，最大限度发挥水资源配置效率和效益，充分体现市场在资源优化配置中的重要作用，全面推进我国深化改革的前进步伐。水资源是关系老百姓、企业、地方经济发展最重要的元素，必须解决好各个利益主体和代际的发展公平在水资源配置中的平衡问题。

最后，全面建设节水型社会需要水权制度作为保障。为了应对水危机，水安全问题已经上升到国家战略的高度，建设节水型社会也纳入生态文明建设的战略部署，国务院做出了一系列部署以应对水危机。与传统的水资源行政分配管理不同，节水型社会的本质要求是建立以水权、水市场为基石的市场调控与行政管理相结合的水资源管理体系，调动社会节水积极性，提高对水资源的利用效率和效益。

四、研究水权交易制度的意义

水资源开发利用法治的前提和基础就是水权交易立法，这亦是推进流域可持续发展的制度保证。我国目前并没有专门规制水权的法律法规，相关的法律规定只是水法、物权法和取水许可管理办法的个别法律条文中有所涉及，虽然 2016 年 4 月 19 日水利部颁布了《水权交易管理暂行办法》，然而涉及水权交易的定价机制、交易机制、流程设计、交易结果认定和权益保障都还远未完善，难以确保各方利益，理论研究亟待改进。尤其以利益平衡为视角来研究水权交易法律制度在中国仍属于新兴的学术热点，在研究兴起之初缺乏整体构想与统一认识。无论在研究范式、层次、内容或者方法上，都略显稚嫩和单薄。本书从我国的水权交易实践出发，通过深入揭示水权交易的法理意蕴，科学架构水权交易的基本理论架构，并通过对制度实践探索的经验总结，同时结合最严水资源管理的要求，构建符合我国实际的水权交易法律制度。概括而言，本书的研究意义体现在：

（一）理论意义

虽然关于水权交易法律制度的研究不少，但是均处于碎片化的状态之中，本书立足于交叉学科视角，以具体的水权交易实践为实证分析对象，以"创新、协调、绿色、开放、共享"新发展理念为引领，深入研究水权交易法律制度的理论基础和具体制度架构。首先，有利于水权交易理论研究的系统化，推动我国水权交易法律制度研究的发展。其次，本书从利益平衡的原理出发，系统分析了水权交易中各利益相关者的利益诉求和利益冲突及水权交易产生的各种利益，为完善我国水权交易法律制度的理论基础作出了有益探索。最后，提出了利益平衡视域下的水权交易的价值观和基本原则，试图为我国水权交易法律制度的完善做出一定的理论贡献。

（二）实践意义

本书立足于我国当前"依法治国、生态文明、五大发展"的时势背景，以我国各地的水权交易实践为实证分析对象，紧紧围绕我国水权交易的核心问题进行深入系统的探索，并与我国流域发展建设、宏观经济社会政策、水资源开发利用产业、环境保护、资源开发及相关法规制定等实际工作环节密切结合，力求系统探究符合我国实际的水权交易的制度框架与组织体系。首先，系统反思了目前我国水权交易法律制度存在的问题，提出了完善的建议，这对促进我国水权交易法律制度的完善具有一定的参考价值。其次，本书对于保障水生态安全，改善我国水资源环境，提高保障经济社会稳定发展的水资源持续供给能力，具有重要的实践意义。

第一章

水权交易之理论分析

第一节 水资源法律地位之确立

一、水资源之法律内涵解析

70%的地球表面被海水资源所覆盖，所以地球有"蓝色星球"之称。水是自然界的慷慨馈赠，是生命之源，是生态环境中的基本要素。然而，"水"不等同于"水资源"，资源是由人而不是由自然来界定的。[1] 1977 年联合国教科文组织（UNESCO）和世界气象组织（WMO）共同制订的《水资源评价活动——国家评价手册》中提出的水资源定义则为："作为资源的水应当是可供利用或有可能被利用，具有足够数量和可用质量，并可适合某地对水的需求而能长期供应的水源。"[2] 这一定义表明水资源不仅要具有量的可利用性，还必须达到质的可利用

---

① 从化学成分来看，水资源有咸水、淡水之分。从物理形态来看，水资源有液态、气态和固态之分。液态水资源包括海水、河水、湖泊水、池塘水及浅层地下水等；固态水资源包括冰、雪、霜等；气态水资源包括空气中的水蒸气等。从空间位置来看，水资源有地表水及地下水之分。地表水资源包括海水、河水、湖泊水、池塘水等；地下水资源包括土壤水、层间水、地热水及矿泉水等浅层地下水。［英］朱迪·丽丝. 自然资源分配、经济学与政策［M］. 蔡运龙，杨友孝，秦建新，等译. 北京：商务出版社，2005：12.

② UNESCO and WMO. Water Resources Assessment Activities：Handbook for National Evalauation. Geneva：WMO Secretariat，1988. 转引自陈家琦，等. 水资源学［M］. 北京：科学出版社，2002：2.

性，但是水资源的开发利用受到特定的社会经济条件和生态环境条件的限制，水资源的概念是随着社会进步不断动态发展的。

各国水法都是以水资源作为调整对象，大多对水资源的含义进行了界定，如1991年《以色列水法》第2条规定："水源是指泉水、溪流、江河、湖泊以及所有的其他各种水流和水面，不论它们是地面的还是地下的，自然的还是经过人工调节的，或者是已经做了开发的，也不论其中的水是流动的还是静止的，是经常过水的或者是间断过水的（包括排水和排污）。"1997年《南非共和国水法》第1条规定："水资源包括水道、地表水、河口或地下含水层。"①《中华人民共和国水法》（以下简称《水法》）第2条将法律所调整的水资源范围限定为地表水和地下水。《水法》未对地表水和地下水的含义进行界定。我国台湾地区"水利法施行细则"第2条规定，地面水指流动或停潴于地面上之水，地下水指流动或停潴于地面以下之水。出现对水资源内涵的不同解读是正常的，由于学科领域的差异，对水资源内涵产生不同的解读恰恰具有自身合理性。如裴丽萍教授所言，"因为水资源是水文、水利、环境资源、经济、法律等学科都广泛涉及的一个概念，所以存在不同角度、不同含义的定义是自然的，由于其出发点不同，相对于特定的学科领域而言，这些不同都具有合理的因素。"但是为法律调控的水资源应该包括以下内涵：

（一）可使用性与可控制性

水资源的可使用性，是指水资源具有使用价值，可以满足人类的需要。也就是说，只有能够被人类用来改善生产和生活条件的水才能被称为水资源。一方面，水资源不仅是生命之源，也能在一定程度上满足人类的精神需求；另一方面在人类文明史上水资源也扮演着不可替代的作用。②能够满足人类需求的物品才有价值，但是并不是只有通过劳动生产创造出来的物品才有价值，大自然赋予的一切物品能为人类所需要且稀缺就有价值，就可以通过市场优化配置。所以，水资源是有价值的且可以利用市场配置的物品。

水资源的可控制性指的就是水资源能够为人类控制和利用。在现有科技手段

---

① 裴丽萍．可交易水权研究［M］．北京：中国社会科学出版社，2008：2.

② 正如裴丽萍教授所言："从人类的生理需求来看，水是生命的源泉，地球上水资源枯竭的时刻无疑就是人类的末日。而人类心理需要的满足也与水息息相关。奔腾的长江、飞泻的庐山瀑布，千百年来滋润着人们的心灵。而且，水资源这种既能满足人类的生理需求也能满足人类的心理需求的特性，是任何其他物质所不可替代的。"裴丽萍．可交易水权研究［M］．北京：中国社会科学出版社，2008：3.

下，大部分的海水、冰川、积雪和深层地下水都不能直接为人类大规模所利用，所以不包含在法律意义的水资源范围内。① 所以由天上降落但未落至地面的雨水也不能纳入水资源范围。② 应当注意的是，法律所调整的水资源应当是一个动态的范畴，并非静止不变。③ 随着人类科技的发展，现在人类不能控制和利用的水资源将来完全有可能会被人类利用，从而成为法律调整的对象。"信息、技术和相对稀缺的变化都能把以前没有价值的物质变成宝贵的资源。"④ 为此，2002 年修订之后的《水法》第 24 条也明确规定，在水资源短缺的地区，国家鼓励对雨水和微咸水的收集、开发、利用和对海水的利用、淡化。

（二）可再生性与有限性

水资源是具有循环性的可再生资源。只要人类活动不打破或搅乱水循环各个环节的有机连接，人类就能持续不断地获得可更新的水资源。⑤ 正因于此，很多人都认为水资源没有价值，而传统民法中因"土地价值较高、拥有不易"⑥ 而将水资源作为土地物权的附属。然而水资源的储量和承载力是有限的，且现代社会人口数量的急速增长及用水量的持续提高必将导致水资源的总需求超过水资源的总供给，从而打破水循环的平衡，导致水资源短缺和生态危机，威胁着人与自然的安全与生存。虽然在正常情况下，水资源可以通过水循环过程进行循环更新，以维持一定的水资源数量，但是，"如果此类资源被利用的速度超过再生速度，它们也可能耗竭或转化为不可更新资源"⑦。对此，张梓太教授也指出，"对于不

---

① 主要是指占总水量95%以上的海洋里的海水；千年不融化的地球两极的冰山、冰川、积雪，以及埋藏于深层地下需要千百年才能得到补充和恢复的深层地下水。赵宝璋. 水资源管理 [M]. 北京：水利水电出版社，1994：48.

② 裴丽萍教授认为，作为法律调整对象的水资源，是指在一定的经济技术条件下，人类可以控制、利用的天然水资源。包括大气降水形成的地表径流，流入江河、湖泊、沼泽和水库中的地上水资源，以及渗入地下的地下水资源。裴丽萍. 论水资源国家所有的必要性 [J]. 中国法学，2003 (5)：105.

③ 朱迪·丽丝认为，"资源是由人而不是由自然来界定的。"她指出，"什么构成资源？对这个问题的回答取决于知识的增加、技术的改善，一直会因为人类知识文化的发展而随时剧烈变动。虽然地球的自然资源总量总体上是固定的，但资源却是动态的，没有已知的或固定的极限。"REES J. Natural Resources：allocation，economics and policy（second edition）[M]. London：Routledge Press，1990：12.

④ 例如随着海水淡化处理技术的成熟和技术成本的降低，目前尚不能为人类规模利用的海水等咸水资源完全有可能在将来纳入法律所调整的水资源范畴。[美] 阿兰·兰德尔. 资源经济学：从经济角度对自然资源和环境政策的探讨 [M]. 施以正，译. 北京：商务印书馆，1989：1.

⑤ 所谓水循环是指自然界的水通过蒸发、水汽输送、降水、下渗、径流等环节不断地在水圈、大气圈、岩石圈及生物圈四大圈层中通过各个环节连续运动的过程。

⑥ 谢在全. 民法物权论（上册）[M]. 北京：中国政法大学出版社，1999：50.

⑦ 蔡运龙. 自然资源学原理 [M]. 北京：科学出版社，2000：42.

可再生资源来说，其形成的地质年代过程远远超过人类社会的预期时限，因此就现有的不可再生资源而言，只能是越用越少。对于可再生资源来说，其再生能力的维持和实现是需要一定条件的，而人类社会对自然资源开发利用的扩张性倾向往往会削弱甚至破坏可再生资源的自我更新和恢复能力，导致可再生资源数量和质量的长期性衰落。"① 因此，作为一种自然资源和环境要素，江河湖泊等流动性、开放性的水资源需要脱离土地成为一种独立的资源类型，由特别法律对其开发利用并进行规范。

（三）系统性和整体性

自从 20 世纪后半叶以来，人们越来越重视对环境和自然资源整体性的保护。水资源的系统性和整体性也越来越被人们认识到，习近平主席对此提出"山水林田湖是一个生命共同体"的理念。水资源的系统性包括两方面：一是水资源内部的水文循环系统，二是水资源与其外部环境要素及人文紧密关联构成的系统。时刻都在进行的水循环不仅改善气候，而且是地下水和地表水的重要补给来源，是维持生态平衡的重要因素，同时它与其他环境资源构成了相互依存的复杂庞大的生态系统，是人类生存发展不可或缺的基本资源。水资源的整体性指水资源集多重价值于一体，其生命维持价值、经济价值、生态价值、美学价值等多种价值不可分割地共存于作为水的汇集系统的水资源上。水资源的系统性和整体性的特点决定了对水资源进行法律规范的制度须具有整体性和系统性。

（四）公共物品和私人物品二重性

公共物品和私人物品是经济学对物品的基本分类，目的在于确定不同属性物品的生产与供给方式。简单来说，经济学中的公共物品是指"那些被社会共同使用的产品"②。萨缪尔森认为"公共产品具有非竞争性和非排他性的特征，非竞争性是对于一个特定的产品而言，增加消费者数量，不会造成产品成本的增加；非排他性是指某一个消费者消费该特定产品时，不能排除他人消费该产品"③。与此相对应，一般由市场提供且兼具使用排他性和消费竞争性的物品是私人物品。环境资源通常都被认为是公共物品。美国环境经济学家汤姆·惕藤伯格认为

---

① 张梓太. 自然资源法学 [M]. 北京：北京大学出版社，2007：5.

② [瑞典] 托马斯·思德纳. 环境与自然资源管理的政策工具 [M]. 张蔚文，黄祖辉，译. 上海：上海三联书店、上海人民出版社，2005：38.

③ [美] 保罗·萨缪尔森，威廉·诺德豪斯. 微观经济学 [M]. 萧琛，译. 北京：华夏出版社，1999：29.

"常见的环境资源都是公共物品，包括风景、空气、水、生态多样性"①。日本的宫本宪一教授也认为"环境是人类的共同财产，环境中的一部分可以被私有或占有，但是为了公共利益委托公共机关维持和管理是环境本身固有的属性，因此环境是公共物品"②。

兼具公共物品和私人物品二重性是水资源在效用方面的特性。流动性的、开放性的水资源如江河湖泊等天然水资源和具有社会公益性的水利工程中的水主要属于公共物品，而一些完全位于私人土地上的封闭性、孤立性的水资源如水塘、小湖泊及未流出私人土地的泉水等由于使用上的排他性具有私人物品的特征。水资源的公共物品和私人物品二重性包含以下涵义：一是水资源作为人生存必不可少的生命资源，获得生存必需的水资源是每个人的基本权利，私人为生存取用水资源不能排斥他人为同样的目的取用水资源，私人或团体为经济利益开发利用水资源同样不能排斥公众为生存取用水资源。二是水资源虽然一般被宣布为国家所有，但是，历史上长期的生产实践中形成的用水习惯允许利用者自由使用，就彰显了水资源的公共性。朱迪·丽丝认为，当我们转向空间上局限于在国家范围内的流动性资源时，公共财产的特性部分来源于惯例而不是资源本身的自然性质。当随时间发展的财产权制度允许许许多多利用者自由进入的时候，就会产生这种状况。三是水资源也是重要的生产资料，在农业、工业和其他行业用水过程中能够创造价值，对于获得取用水许可的单位和个人而言，这部分取得许可的取用水量就属于私人财产，具有排他性、竞争性。可见，水资源的私人物品属性与水资源的经济生产服务功能密切相关。

二、水资源在传统民法之地位

从已有文献可知，在传统民法领域，水资源的法律地位始于古罗马国时代。早在罗马共和国时期（前509年—前27年），据文献资料记载，《十二铜表法》等法律中就有关于水和用水的规定。这一时期，水资源在法律上是附属于土地的，土地是公共的，那么其上的水，包括泉水、流水和汇集的水都是公共的；反之，如果土地属于私人，那么其上的水就是属于私人的。因此，"公共土地上的

---

① ［美］汤姆·惕藤伯格. 环境经济学与政策（第三版）［M］. 朱启贵，译. 上海：上海财经大学出版社，2003：63.

② ［日］宫本宪一. 环境经济学［M］. 朴玉，译. 北京：生活·读书·新知三联书店，2004：60.

持续性的河流（flumina）、溪流（rivi）、湖泊、人工蓄水工程中的水都是公有物（res publica），其所有权属于罗马人民或者自治城市（civitates：municipia and coloniae）；位于私人土地上的泉水、池塘水、水流湍急的非持续性河流（flumina torrentia），其所有权属于所附属的土地所有权人"①。私水所有权人所享有的绝对的不受限制的权力在共和末期受到限制，法律要求上游土地的主人不得再干涉雨水的自然流向，他必须照顾下游土地主人的民事活动。并且，水使用权能够通过购买获得，或者以特别的役权形式从私水的所有人那里获得。② 到了帝政时期（公元前27年—286年），水的公水和私水性质继续由土地的性质决定。但是此时公有河流的概念发展到包括所有的持续性河流。如果法律特别规定了水流湍急的非持续性河流属于公有河流，则应遵守法律的规定。值得注意的是在这一时期由于最高统治权从人民向皇帝转移，作为公有财产的河流人民只有使用权而不是所有权，同时作为共有物的流水任何人都有使用权且任何人都无所有权。文献中记载，"如果为饮用、家用、牲畜饮水、捕鱼和运输的目的，罗马公民和外国人可以在没有任何行政授权或者许可的情况下使用公共水道。只要团体的水使用和现存的取水不被阻碍，那么为了灌溉和制造目的抽水使用也不需要授权，只有对团体用水和现存的取水造成影响时，水的权威机构才可以干涉"③。有学者据此认为：对公共水道水流使用的行政许可制度在这一时期开始出现。④ 城镇水供应出现重大变化，通过行政授权，将公共水供应装置中取水的权利授予特别的人或地方，且必须按年度付费，这种权利可以是永久的也可是暂时的，可在任何时候被取消。随着灌溉、制造和家用的水使用范围的进一步扩大，在私人土地上水役权被确定并得到发展，流动私水的使用权可通过购买获得或者以役权的形式（表现为一种特定的使用方法或确定的水量）从所有权人处获得。⑤ 到了君主时期

---

① ［意］桑德罗·斯契巴尼. 物与物权［M］. 范怀俊，译. 北京：中国政法大学出版社，1999：16.

② 裴丽萍. 可交易水权研究［M］. 北京：中国社会科学出版社，2008：39.

③ D. 8，3，17 帕皮里. 尤斯特（Papirus Justus）：《论宪令》（De Constitutionibus）第一卷——安东尼（Anto ninus）和维鲁（Verus）皇帝批复道："为了灌溉田地，需根据土地面积按比例划分公有河流之水，只要无人提出证据证明其有该多享用水的权利。"D. 43，20，1，pr 乌尔比安：《论告示》第70卷裁判官说："只要你在这一年中未以暴力、未秘密地或不确定地从他人处取水，我就禁止以暴力阻止你取水。"［意］桑德罗·斯契巴尼. 物与物权［M］. 范怀俊，译. 北京：中国政法大学出版社，1999：18.

④ CAPONERA D A. Principles of water law and administration［M］. Netherlands：A. A Balkema Publishers，1992：65－66.

⑤ 裴丽萍. 可交易水权研究［M］. 北京：中国社会科学出版社，2008：40.

（公元 286 年—公元 565 年），公水和私水的性质区别继续保留，且公水种类被扩大了。流动的水作为一种公有物不能作为所有权的客体，但任何人都可以使用它。但也有学者认为："流水作为共有物的这种分类只有原则的价值，对流水的使用可能还要进一步根据它所流经的水道的性质——公共或者私人水道来进行判断。"① 罗马法上公水是从初期的为家用等目的而自由进入和使用的规则逐渐向行政控制其进入和使用的方向发展，而且对公水的保护也从最初的通过民众禁令赋予"人民保护"和行政长官"公共保护"相结合的方式逐渐发展到以行政机关的行政保护为主的方式。② 查士丁尼时期不仅规定水权的持有人不能够以损害他的邻人为目的而用水，而且还认为某人如果在一个确定的公共河流或者湖泊的支流上享有行政授予的捕鱼的权利已经很长时间，那么他将以此为基础获得一个排他的捕鱼的权利。

可见，罗马法时期，水法法律制度已经比较成熟，是综合考虑水量大小和它流经的水道的不同状态再结合水流所流经的土地的公有和私有性质，分别给予水资源不同的法律地位并制定相关的使用规则。主要表现为：第一，水的权利归属的依据是水的种类。流动的自然水道中的水属于共有物，任何人都不能取得所有权，其他的水一般可由其所在土地上的所有人（私人、人民或代表人民的团体）获得所有权。第二，公水和私水的划分是制定水资源使用规则的基础，同时发展出以行政授权和以民事授权为中心的两套不同的水资源调整模式。第三，对于作为共有物和公有物的公水的进入和使用权，罗马法从初期的为家用等目的而自由进入和使用的规则，逐渐向行政控制其进入和使用的方向发展，即为灌溉和制造目的的水使用主要通过行政授权的规范方式获得使用权。并且，随着对公水行政保护体制的确立，国家作为公有财产的独立主体的概念也由此形成。③ 对于私人土地上的水（这类水被称为私水），水法规范包括在土地的所有权人和用益物权人的权利规范之中，即以土地所有权和用益物权的民法规则为据对私水进行规

---

① CAPONERA D A. Principles of water law and administration［M］. Netherlands：A. A Balkema Publishers，1992：36.
② ［意］安德里亚·迪·波尔托. 罗马法和现行意大利民法典中的共有物及其保护. 罗马法. 中国法与民法法典化［C］. 丁玫，聂延玲，译. 北京：中国政法大学出版社，1995：225.
③ ［意］安德里亚·迪·波尔托. 罗马法和现行意大利民法典中的共有物及其保护. 罗马法. 中国法与民法法典化［C］. 丁玫，聂延玲，译. 北京：中国政法大学出版社，1995：225.

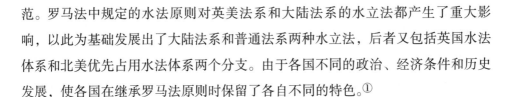

范。罗马法中规定的水法原则对英美法系和大陆法系的水立法都产生了重大影响，以此为基础发展出了大陆法系和普通法系两种水立法，后者又包括英国水法体系和北美优先占用水法体系两个分支。由于各国不同的政治、经济条件和历史发展，使各国在继承罗马法原则时保留了各自不同的特色。①

三、水资源在现代水法之定位

随着社会经济的发展，人类进入了工业时代，用水量激增，水资源在传统民法中作为共有物和私有物的法律地位已经不合时宜，各国均需要重新界定水资源的法律地位。②

（一）大陆法系主要国家

现代水法对水资源的法律地位的变革过程的典型代表就是法国。1804 年，《法国民法典》第 552 条规定"土地所有权可延伸至土地上下"③，即将水资源所有权包含于土地所有权之中，并且将水划分为公水和私水，而罗马法上作为共有物的水被《法国民法典》取消。④ 1964 年《法国水法》规定"为家用水供应、航行、农业和工业生产目的的需要，其他的水都可以包括进公水的范畴"。⑤ 1992 年法国现行《水法》第 1 条规定："水是国家共同资产的一部分。作为一种可利

---

① 裴丽萍. 可交易水权研究［M］. 北京：中国社会科学出版社，2008：44.

② 从罗马法肇始到 19 世纪末期以前的这段时期，社会经济的发展还有当时水资源的利用实际状况是与把水资源划分为共有物、公有物与私有物相适应的。因为那时候还没有工业污染也没有水危机，水资源相对充裕，取水、排水、承水等活动一般只限于沿岸一定土地范围内，所以水资源规范需要解决的主要是沿岸家庭生活用水以及与土地耕作相关的水的分配和使用问题，将水资源划分为共有物、公有物和私有物。但是随着社会经济的发展，到了 19 世纪末期，人类进入工业时代，用水量猛增，水量的供不应求不仅引起各种经济用水的冲突也使生态用水和水环境保护成为问题。同时先进的工程取水方式取代了直接从江河、湖泊中取水的方式，而这些大坝、水库、灌溉渠的建设导致了大量的水处于人工水道而非天然水道中，加上大量的水工程都是公共工程，所以大部分原来处于天然水道中的水资源就由共有物而变成为公共水道中的公有物。另外，私有水在供需矛盾加剧的时候，很难对其私的天性加以有效约束，以使其上附着的生态环境等公共利益得到优先保护，使水生态环境恶化态势得到遏制。

③ 法国民法典（上册）［M］. 罗结珍，译. 北京：法律出版社，2005：453.

④ 这是可以理解的，在法国革命产生的组织结构中，每一种东西都有必要属于某一主体，或者是私人，或者是国家，或者是公共领域。可见，共有物这种水类型最早被废弃。CAPONERA D A. Principles of water law and administration ［M］. Netherlands：A. A Balkema Publishers，1992：79.

⑤ Ibid, p. 77. 这说明对公水和私水的划分标准从过去的自然标准（是否通航）改变为法定标准（公共利益），从此对私水的范畴构成了重大限制。在 1964 年《法国水法》规定中，立法甚至都不采用私水的术语，而是改称"非公水"。

用资源，在尊重自然平衡的同时，其保护、增值以及开发是符合大众利益的。在法律法规框架范围内，和其他已确定的权利一样，用水的权利属于所有人。"① 这一转变在法国其他法规中亦有体现，如法国水管理组织明确宣示，地表水和地下水属于国有财产。② 在德国，无论是联邦还是州对于水资源的法律地位的规定均是规定水资源属于国家所有，为公物。③ 例如《德国水管理法》就明确规定水资源与土地所有权相分离。④《德国巴登－符腾堡州水法》也明确规定将地下的水资源列入公物。⑤ 且《德国水生态平衡法》第 2 条也规定除例外情况，任何对于水资源的使用都必须经过国家同意。⑥《日本河川法》规定河川水资源是属于全体人民的公共财产，⑦ 却不涉及地下水资源。⑧ 而日本地下水资源的调整适用《日本民法典》，规定其依附于土地，属于私人所有。⑨ 且《日本民法典》是唯一

---

① 1992 年法国现行《水法》颁布对 1964 年《水法》作了进一步的改革与完善。从此，法国水资源所有权与土地所有权分离，不再区分公水和私水，水资源均归于国家所有。法国水法．水利部政策法规司译［EB/OL］．（2021 - 02 - 22）［2023 - 05 - 10］．http：//shuizheng．chinawater．com．cn/gwsf/gwsf5．htm．

② 王名扬．法国行政法［M］．北京：北京大学出版社，2007：309 - 310．

③ 德国联邦关于水资源的基准法为框架性的立法，水法原则上为各联邦州在这个框架下制定本州的水利法。［德］鲍尔，施蒂尔纳．德国物权法（上册）［M］．张双根，译．北京：法律出版社，2004：604．

④《德国水管理法》第 1 条第 3 款第 3 项确定了水资源与土地所有权分离的原则，将地下水和地表水排除在土地所有权之外。有关该规定是否符合宪法曾发生诉讼，德国联邦宪法法院指出其符合《德国基本法》第 14 条的规定，理由是在宪法上，对于立法者为了对水实施有效管理，而将地下水同其上的土地所有权相分离并使其遵守公法上的秩序的做法，有关当事人不得提出异议。［日］大桥洋一．行政法学的结构性变革［M］．吕艳滨，译．北京：中国人民大学出版社，2008：234．

⑤《德国巴登－符腾堡州水法》第 4 条、第 5 条将包括地表水、沿岸海水及地下水在内的水资源纳入公物的范围。公物在德国主要包括：道路、广场、自然水流或人工水流、走廊、儿童乐园、学校、图书馆、影剧院、营房、演练场、行政机关、统治机关和法院的办公楼、办公用品、行政机关的飞机、教堂等，其归属于作为公共行政主体的国家所有。［德］汉斯·J·沃尔夫，奥托·巴霍夫，罗尔夫·施托贝尔．行政法（第 2 卷）［M］．高家伟，译．北京：商务印书馆，2002：456．

⑥《德国水生态平衡法》第 2 条规定除例外情况下，任何对地上水或地下水的使用均须获得国家许可或同意。无需申请用水的例外，仅限于传统范围内的共同使用及沿岸居民的使用。［德］鲍尔，施蒂尔纳．德国物权法（上册）［M］．张双根，译．北京：法律出版社，2004：607．

⑦《日本河川法》第 2 条规定河流属于公共财产，河流的流水不能为私人所有。

⑧ 这部法律只是规定了河流（河川）中地上水资源归属及利用，而不涉及地下水资源，它明确规定日本河川水资源是属于全体人民的公共财产，要合理保护、利用和管理，不能作为私有财产。崔建远．物权：生长与成型［M］．北京：中国人民大学出版社，2004：349．

⑨ 日本地下水资源则依附于土地，属于私人所有。日本没有专门调整地下水的法律，其归属适用《日本民法典》第 207 条"土地所有权在法令限制内及于其土地的上下"的规定。

规制获取地下水的法律。① 《意大利民法典》规定"水资源大部分是国家所有的公有物，有一小部分是私水"。② 同时规定无论是公有物还是私有物的水资源均先由专门的水法调整，但是土地所有人对公共水流和非公共水流的支配和使用在不违反水资源特别法的前提下仍然适用民法调整。③ 这说明《意大利民法典》将"社会利益也反映在水的规范当中"。④

（二）英美法系主要国家

在英国，传统普通法认为水资源是附着于土地权利上的，⑤ 且英国普通法承认沿岸水权原则。⑥ 但1989年《英国水法》规定水资源属于英国王室所有，同时确立了水资源与土地权属分离原则。⑦ 19世纪末20世纪初，澳大利亚出现了严重的干旱，这导致了长期以来澳大利亚气候、土地和水资源与普通法之间矛盾积累的大爆发，于是出现了水法的变革。⑧ 19世纪80年代，维多利亚州高等法院法官Nathan J就提出"将水看成具有公共财产的特征，与私人拥有的财产截然不同的东西"⑨。此后，1896年新南威尔士州、1910年昆士兰州、1914年西澳大利亚州先后通过立法将水资源与土地权属分离，将水资源授予王室使用、供应、控制所有河流、湖泊的水和地下水，取水一律要求获得许可证，并在很大程度上

---

① 中岛正彦指出根据《日本民法典》第207条规定，私有土地下的地下水所有权属于土地所有人，即土地所有权包含了地下水的所有权，这两种所有权不分离。因此，只要水是从自己拥有的土地上抽取而且土地又在指定的河川区域外，则地下水的使用不需要水权。

② 1942年颁布的《意大利民法典》第822条规定港口、江河、流水、湖泊和其他依法属于公共所有的水源是公共财产，由国家享有所有权。第823条规定公共财产除法律特别规定外，不得转让和设定负担。保护公共财产的权力属于行政机关。可见在意大利民法中作为共有物的水资源已经不存在，大部分的水资源是国家所有的公有物，此外，还存在小部分的私水。根据《意大利民法典》第828条的规定，国家所有的财产受有关的特别规则的调整，无特别法规定时，适用民法典的规定调整。

③ 裴丽萍. 可交易水权研究［M］. 北京：中国社会科学出版社，2008：46.

④ ［意］桑德罗·斯奇巴尼. 意大利民法典［M］. 费安玲，丁玫，译. 中国政法大学出版，1997：5.

⑤ 传统普通法认为土地所有权人的权利上至天空，下达地心。土地所有权人的权利及于属于其区域内的湖泊与河流。

⑥ 英国普通法承认罗马法上流水作为公共财产（common property）的分类，并在此基础上产生了沿岸水权原则，作为对公共财产的水资源取得使用权的基本依据。

⑦ 1989年《英国水法》第7条第1款规定："王室（the Crown）拥有权利使用、保持水流畅通和控制所有水道中的水以及所有地下水。"

⑧ 在19世纪80年代水法变革之前，澳大利亚的水法一直是以英国普通法为基础的，水资源属于土地的附属。1886年维多利亚州的灌溉法中，第一次采用制定法的形式将河道水流的权利授予王室。且至今某些普通法规则仍然在一些州是有效的。

⑨ Allen v United Capet Mills Pty Ltd（1989）VR 323 per Nathan J.

用法定的沿岸水权取代了普通法上的私人沿岸水权。① 在美国，由于联邦与州均拥有立法权，为了避免双重立法可能产生的法律冲突，联邦将规范水资源的权力赋予了各州。现在美国各州都有自己的水资源规范，关于水资源归属的规定亦有所不同。有的州制订了专门的水法典，有的州将水资源置于州宪法或州民法典中规定。各州大多将水资源规定为州所有，如《得克萨斯州水法》②《佐治亚州水资源保护法》③《路易斯安那州民法典》④《马萨诸塞州水道法》⑤《华盛顿州水法》⑥《阿拉斯加州水使用法》⑦《俄勒冈州制定法》⑧《科罗拉多州宪法》⑨ 等。也有个别州将水资源视为土地附属，属于私人所有，如加利福尼亚州。⑩ 水资源在我国属于国家所有，按照《中华人民共和国宪法》（以下简称《宪法》）第 9 条和《中华人民共和国水法》（以下简称《水法》）第 3 条的规定，水资源所有

---

① BARTLETT R. A comparative examination of crown rights and private rights to water in western australia：Ownership，riparian rights and groundwater，Water Law in Western Australia ［M］. Perth：Center for Commercial and Resources Law，UWA and Waters and Rivers Commission，1997，pp. 45 – 46.

② Texas Water Code，Section 1. 003. 《得克萨斯州水法》第 1 条第 3 款规定："保护和发展州的水资源是一项公共政策。水资源指控制、储存、保持和分配因暴雨和洪水而给州带来的水源，以及河流和小溪中的水，以用来灌溉、发电和实现其他目的。"

③ Georgia Protection of Tidewaters Act，Chapter 1，Article 1，Section 2. 《佐治亚州水资源保护法》第 1 编第 1 章第 2 条规定："依据普通法的公共信托原则，作为一项主权，佐治亚州政府是本州人民权利的受托人，来使用和享有所有的水资源，以用于捕鱼、通行、导航、商业及运输。"

④ Louisiana Civil Code，Section 450. 《路易斯安那州民法典》第 450 条规定："公共物品归州和作为公共管理人的州政府所有。归州所有的公共物品包括流水、适航水域的水体和水底、界海和海岸。"

⑤ Massachusetts State Waterways，Section 2. 有的州规定水资源属于全体人民（people）或公众（public）所有。如《马萨诸塞州水道法》第 2 条规定"水资源属于全体人民。"

⑥ Washington Water Code，Section 10. 《华盛顿州水法》第 10 条规定："依据现有权利，州内的水资源都归公众所有。关于水的任何权利或对水的使用，今后都只能通过为了有效利用而占有水的方式，并且通过法定的方式取得。在占有者之间，先占先得。"

⑦ Alaska Water Use Act，Section 30. 《阿拉斯加州水使用法》第 30 条规定："在州的任何地方，水都被保留于人民共同所有，并且应遵从于适当和有益的使用以保持溪内正常流量和水等级。"

⑧ Oregon Revised Statutes—2007，Chapters 537，Section 110. 《俄勒冈州制定法》第 537 章第 110 条规定："州内所有的水资源均归公众所有。"

⑨ Colorado Constitution，Article XVI，Section 5. 《科罗拉多州宪法》第 16 章第 5 条规定："州内未被占有的任何自然溪流中的水资源，在此都被宣称为公共财产，并且同样都应被全州人民使用，以占有为原则。"

⑩ California Civil Code，Section 662. 《加利福尼亚州民法典》第 662 条规定："为更好地正确使用土地，发挥其效益，诸如土地上的道路、水道、及来自或经过土地的光、空气或热等的通道，都被认为是土地的附属。"

权属于国家。①

综上所述，从传统民法到现代水法，在大多数国家中，水资源从过去作为共有物和私有物转变为国家或者州所有的公有物，私有水仅在意大利、瑞士等少数国家中存在。

四、水资源国家所有权之确立

（一）水资源不适合采用所有权制度

所有权（ownership）是人类社会特有的一种制度，它包括占有、使用、收益、处分的权利，这是一种最充分的权利，亦是一种绝对的权利。定纷止争就是法律规定所有权的目的，"如不设法以定其分界，则势必争夺不已，致社会生活难以维持"。② "民法上的所有权，系以物为客体，指私的所有权而言。"③ 水资源的稀缺性决定了必须要在其上建立排他性的所有权，但是又存在着以下矛盾：

首先，私有权与水资源整体性之间的冲突。如前所述，水资源本身具有系统性，各个水体不是孤立存在的而是互相同时共同构成一个复杂的水资源系统。④

---

① 《水法》第2条第2款规定，国家所有的水资源包括地表水和地下水。值得说明的是，水资源所有权的归属在我国经历了由国家或集体所有到统一属于国家所有的转变过程。1988年《水法》第3条规定："水资源属于国家所有，即全民所有。农业集体经济组织所有的水塘、水库中的水，属于集体所有。国家保护依法开发利用水资源的单位和个人的合法权益。"2002年《水法》放弃了1988年《水法》依据"中国土地所有权的现状，根据水资源附属于土地所有权的观点"确定水资源归属的做法，取消了"农业集体经济组织所有的水塘、水库中的水，属于集体所有"的规定，代之以"归各该农村集体经济组织使用"，即农村经济组织对附属于集体土地的水资源仅享有使用权而无所有权，至此水资源已全部归于国家所有。在2002年《水法》修订伊始，时任水利部部长汪恕诚在《关于〈中华人民共和国水法（修订草案）〉的说明》中给出了原因："鉴于水资源日益紧缺与跨省水污染形势日益严峻，迫切需要强化国家对水资源的宏观管理，加强省际的水量分配、跨流域调水、跨省水污染防治和合理配置水资源。解决这一问题的关键在于进一步明确水资源属于国家所有，强调国务院代表国家行使水资源所有权。"有鉴于此，2002年《水法》第3条对水资源所有权归属的双轨模式进行了修订，该条规定："水资源属于国家所有。水资源的所有权由国务院代表国家行使。农村集体经济组织的水塘由农村集体经济组织修建管理的水库中的水，归该农村集体经济组织使用。"此后，2002年《水法》历经2009年和2016年两次修正，第三条关于"水资源属于国家所有"的规定仍然未作任何变更。我国台湾地区《水利法》第2条将水资源归属于台湾省所有。该条规定，水为天然资源，属于台湾省所有，不因取得土地所有权而受影响。

② 郑玉波. 民法物权 [M]. 台北：台湾三民书局，1995：48.

③ 王泽鉴. 民法物权（一）通则·所有权 [M]. 北京：中国政法大学出版社，2003：373.

④ 中国大百科全书·水利 [M]. 北京：中国大百科全书出版社，1987：746. 水资源往往是一个包含有各个水体（如河流、湖泊、水库、地下水等）、工程单元（如电站、闸坝等）、多种开发目标（如防洪、发电、灌溉和航运等）、多种约束（如地质地形条件、河道安全泄量和水质要求等）和多种影响（政治、经济、社会和生态等）组成的流域系统。

且水资源本身既是自然资源，也是环境要素，更是生态系统的基本构成之一。所以，水资源具有天生的整体性，其配置、开发和利用必须整体全面考虑资源、环境和经济三者之间的协调发展。这与私人追求自我利益最大化的本性具有天然矛盾，如果私人所有组成流域水资源系统的某一水体，对此水资源的开发和利用就会从私人利益最大化角度出发，而不会顾及水资源的整体性，这最终会损害生态环境价值，更会破坏水资源的可持续开发利用。

其次，私有权与水资源生存价值之间的对立。水资源的生存价值就体现在自然界的一切生物包括人类离开了水都不能生存。人类生命系统生存和繁衍以及生产生活，时时刻刻都离不开水资源。如果让水资源为私人所有，在个人利益最大化驱动和市场逐利性的双重作用之下，水资源只会流向给所有人带来最大利益的地方。那么在水资源严重短缺的地区，用不起水、买不起水的穷人因为缺水可能会导致生存危机，这会引发极大的社会动荡。①

第三，私有权与水资源公私双重属性相矛盾。某些水资源也是一种私人物品。② 比如，灌溉用水就是一种私人物品，因为它要求通过水资源的市场配置建立明确的、排他的所有权。同时，水资源又是一种公共物品。③ 由于水资源具有整体性，水资源不仅指水本身，还包括水环境及建立在水环境基础之上的休闲娱乐还有景观等，而这些就具有公共物品属性，任何人都可以消费水资源且不能阻止他人消费，但这不利于水资源利用者保护水资源，且会导致一定程度上的水资源的低效配置。所以将水资源产权界定为国有产权是目前最好的制度选择。但是

---

① 2000 年 4 月 8 日，玻利维亚的第三大城市科恰班巴爆发了长达数月之久的大规模游行示威，起因就是科恰班巴市将城中设备老化且供水不足的水厂的所有权转让给了一家美国公司，由此使水费在一个月之内上涨了 35%，但相应的服务却没有增加，很多地区的每日供水时间甚至不足 4 个小时。忍无可忍之下，一个由工会、环保人士和社会活动家组成的"保护我们的水与生活"联盟组织了罢工。军队开枪打死了一名 17 岁的学生，激怒了示威者，伤亡人数越来越多，政府不得不召开紧急会议，废除了转让水厂的合同。可见，轻率地将水务市场化都会引起如此强烈的反应，水资源私人所有对社会的冲击更是难以想象。

② 私人物品是可以分割、可以供不同人消费，并且对他人没有外部收益或成本的物品。私人品可以由市场进行有效的分配，公共品是其效用扩展于他人的成本为零，如灯塔是一种公共品，它向 100 只船发出警告的费用与向一只船发出警告的费用相同。参见 [美] 保罗·萨缪尔森，威廉·诺德豪斯. 经济学（第十六版）[M]. 北京：华夏出版社，1999：268.

③ 奥斯特罗姆认为，公共物品指的是那些具有消费上的非竞争性和非排他性的物品。

这仍然不能完全解决水资源外部性的问题。① 只有确立水资源国家所有权，并且在国家统一管理和法律安排之下，将水资源区分为生活用水、生态环境用水、经济用水，优先保证生活用水和生态环境用水，再将经济用水通过市场配置给私人，私人在此基础之上才能享有对水资源的用益物权即水权。② 这样才能兼顾水资源的公共物品和私人物品的双重属性，实现水资源公共利益，解决水资源外部性的问题。

（二）确立水资源国家所有权的价值

首先，水资源的公共用物属性只能通过水资源国家所有权才能适应。

物有私人物品和公共物品之分。菲利克斯·科恩指出，"非经许可，概莫能入；许可与否，概由我出"。③ 这是对私人物品的排他性的本质属性的精辟描述。而公共物品在使用和消费上是不具有排他性的。同时，"效率要求具有竞争性和排他性的产品由个人或较小的群体所有，非竞争性和非排他性的产品则属于公共物品，应该由较大的群体，如国家来行使"。④ 莫德·巴洛和托尼·克拉克认为，"在这个任何事物都可能被私有化的世界上，公民们必须清楚地划出一片禁区，包括对生命而言是神圣不可侵犯的或对社会和经济的公正性是完全必要的那些事物。人人享有平等的用水权这个命题对生命和公正性都绝对是最重要的事物之一。"⑤ 一方面由水资源独有的环境、生态及社会价值决定了其应由每个人享用其价值而不应成为任何个人的私有财产，另一方面人人需要使用水资源的现实也决定了不能将其划入具有竞争性的私人物品行列。因为竞争会导致极大的社会不

---

① 水资源产权问题来自其外部性，比如，地下水超采造成的地面沉降区、海水入侵区、生态退化区等，将给其他人和整个社会带来很大的负外部性，地下水超采者的私人成本小于社会成本。庇古认为，可以通过征税或补贴来实现外部效应的内部化，而新制度经济学派的产权理论认为，产权的一个主要功能是引导人们最大化地实现外部性的内在化。科斯解决外部性问题的思路是把外部性问题转化为产权问题，然后讨论什么样的财产权是有效率的。科斯认为，只有产权配置是适当的，市场才可以在没有政府直接干预的情况下解决外部性问题。但是在国有产权下，由于权利是由国家所选择的代理人来行使作为权利的使用者，由于他对资源的使用和转让，以及最后成果的分配都不具有充分的权能，就使他对经济绩效和其他成员的监督的激励降低，而国家要对这些代理者进行充分的监察的费用又极其高昂，再加上行使权利的实体往往为了追求其政治利益而偏离利益最大化动机，因而它在选择代理人时也具有从政治利益而非经济利益考虑的倾向，因而国有产权下的外部性也是极大的。

② 裴丽萍. 可交易水权研究 [M]. 北京：中国社会科学出版社，2008：51－52.

③ COHEN F S. Dialogue on Private Property [J]. Rutgers law review, Vol. 9, 1954：374.

④ COOTER R, ULEN T. Law and economics (fifth edition) [M]. Addison Wesley Publishing, 2008：108.

⑤ ［加］莫德·巴洛，托尼·克拉克. 水资源战争——向窃取世界水资源的公司宣战 [M]. 张岳，卢莹，译. 北京：当代中国出版社，2008：170.

公，引发社会动荡。①综上所述，水资源应当也只能是公共物品，所以必须采取水资源国家所有权模式，这不仅有利于彰显水资源的公共用物属性，而且可以杜绝私人为追求短期、直接的经济利益而忽略长远、整体的社会价值的弊端。② 然而从民法视域来看，虽然水资源国家所有意味着水资源非任何私人所有，但是任何个体却可以依法取得水权，这就需要国家在水资源国家所有权基础上根据生态情况，以水定需，确定相应顺序进而规范配置水权，而不能将水资源归入私人物品范围，由个人排他使用。③

其次，水资源公共利益的实现只能通过水资源国家所有权。

人类历史从某种意义上来说就是一部对自然资源开发利用的历史。对自然资源的开发利用有以下四种：无所有权模式、公共所有权模式、私人所有权模式、国家所有权模式。无所有权模式就是不允许人类对特定资源的使用，目的是保护地球。例如南极的冰川资源就不允许人类进行任何开发活动。公共所有权模式就是对自然资源的开发利用采取完全开放的态度，即任何人都可毫无限制地使用自然资源，这必然会导致自然资源的过度使用和环境退化④，同时还会产生"公共地悲剧"⑤。私人所有权模式就是由所有权人排斥其他任何人使用其所有之自然资源，这不仅导致人们不能平等使用自然资源，还会产生社会不公。例如在水资源严重短缺的地区，由于水资源的商品化，它只能保证社会富有阶层的用水权，而穷人则因经济上的弱势地位而缺乏水资源的使用权从而导致生存危机。更为重

---

① COOTER R, ULEN T. Law and economics (fifth edition) [M]. Addison Wesley Publishing, 2008: 116.

② 裴丽萍. 论水资源国家所有的必要性 [J]. 中国法学, 2003 (5): 110.

③ 单平基. 水资源危机的私法应对——以水权取得及转让制度研究为中心 [M]. 北京: 法律出版社, 2012: 106. "水为生命之源，乃生活、生产之本，家庭生活用水必须保证，市政用水不可切断，农业用水事关国计民生，工业用水关乎社会发展，生态用水系生存环境所需。"

④ COOTER R, ULEN T. Law and economics (fifth edition) [M]. Addison Wesley Publishing, 2008: 154. "世界范围内土地资源的沙漠化以及森林资源的减少，大多应当归咎于'开放进入'规则。"

⑤ "公共地悲剧"理论是1968年英国哈丁（Garrett Hardin）教授在他的文章《公共地的悲剧》里首次提出的理论。作者在文章里描绘了这样一个场景：一个公共牧场向所有人开放，牧民可以自由地、不受限制地在草场上放牧自己的牲畜，来共享这一资源，且没有权力阻止他人。这必然使土地上人与牲畜的数量远远高于土地的承载能力，"公共地悲剧"上演了——草场持续退化、直到枯竭，最终导致所有牧民破产。哈丁曾言："基于公共地的自由，每一个人都追求自己的最好利益，毁灭是人们盲目行为的必然目的地。" Hardin, The Tragedy of the Commons, Science, New Series, Vol. 162, 1968: 1244. 在"公共地"的模式下，每一个人都被授予使用特定资源的特权（privilege），但却不享有排斥他人使用的权利（right）。倘若过多的人享有使用该项资源的特权，必将导致资源的过度使用，即公共地悲剧。哈丁教授提出要避免这一悲剧，就必须放弃某种共享和自由，即放弃一部分公共所有，使产权更加明晰化和使用规范化。HARDIN G. The tragedy of the commons [J]. Science, New Series, Vol. 162, 1968: 1244 – 1245.

要的是，过多人对稀缺资源享有权利也并非就一定能导致高效率的实现。此外，在供需矛盾加剧的时候，水资源私人所有权模式因其固有的私的天性很难使其附着的生态环境等公共利益得到优先保护，水生态环境恶化趋势难以得到应有的遏制。国家所有权模式就是自然资源由全体公民所有。① 水资源国家所有权行使首先要符合公共利益实现人人平等用水，同时还会考虑到水资源整体性及生态因素，从而实现水资源所负载的多重价值并使普遍的个体得利。国家不仅可以对私人进入水资源的权限和程序进行限制，从而克服公共所有权之下水资源盲目使用的弊端，还能够通过设定水权所获得的资金用来兴修水利工程、优化水资源生态环境、治理水污染，从而使水资源收益返归普遍的个体。

第三，私人取得水权的前提就是水资源国家所有权的确立。

水资源的使用形式多种多样，且需要满足人类生活的方方面面。如果仅由水资源所有权人来行使使用权，无法实现私人使用水资源的目的，也无法满足人类社会的需要。而解决这个水资源所有与利用矛盾的问题的关键就是在水资源所有权之上设置水权，即所有权人在所有权基础之上设置水使用权以充分实现水资源价值。换而言之，水资源所有权是母权，而水权则是从水资源所有权中派生出来的他物权。所以必须从私法上界定清晰独立的水资源所有权，即要在民法中确立水资源国家所有权，同时建立取得水权的规则，以实现水资源国家所有权到水资源私人使用权，同时水权取得不仅需要遵循相应规则，还要以用水目的确定水权优先位序。② 值得一提的是我国在 2020 年出台的《民法典》中就再次确认了水

---

① COOTER R，ULEN T. Law and edconomics（fifth edition）［M］. Addison wesley publishing，2008：147.

② 英美法系的水权取得规则经历了由河岸权原则向优先占用原则的转变，呈现出由制定法来调控水权设立的趋势。河岸权原则指水流沿岸的土地所有权人享有优先使用水资源的权利；优先占用原则指先占有并使用水资源之人享有在所占用范围内的用水优先权。从理论上说，河岸权原则的理由在于：拥有河岸土地者的用水需求显而易见。优先占用原则的理由则在于：其为工业发展之需。然而两种水权取得规则均有不足之处。确立水权取得规则的应然前提是：水权乃一项人人必然享有的平等权利。河岸权原则尚未完全将水资源与河岸土地分离，仅优先满足河岸所有权人用水需求显然不足取。优先占用原则亦不能适用：法律不应当允许缺少正当理由的不当暴利现象，将水权赋予因侥幸而最先占用水资源之人是不正当的。当私人的用水需求可预先知晓时，理想的规则就是将水资源优先赋予对水资源具有最高需求者，而当用水需求无法预先知晓或具有相同用水目的的情况下，最好的规则是将水资源授予最先使用者，倘若之后的用水者需要改变用水目的，则可要求其支付给在先使用者补偿费用。必须明确的是后使用者支付的补偿费用应相当于因改变用水目的而给在先使用者造成的损失，并非水资源可给后使用者带来的价值。例如，家庭生活用水应处于最优先的位序而不是以水权取得的时间来确定顺序。在"国家所有权—私人水权"模式下的水权取得规则较英美法系具有自身优点，更符合公平正义的要求。

资源国家所有权和水权。①

第四，解决外部性问题需要确立水资源国家所有权。

水资源国家所有权的确立有利于降低水资源私人所有导致市场竞争所带来的经济学上的外部性或曰溢出效应问题。保罗·萨缪尔森和威廉·诺德豪斯均认为，市场竞争导致的外部性就是市场中的企业或个人在市场竞争中强加给市场之外的其他人的成本或效益。② 外部性又分为正外部性与负外部性。正外部性指向其他人所强加的效益，负外部性则是对市场之外的其他人所强加的成本。③ 汤姆·泰坦伯格认为，"当某些行为人的利益，无论是企业还是家庭，不仅取决于他或她自身的活动，同时还取决于其他行为人的活动的时候，外部性就产生了。"④目前解决市场竞争所带来的外部性问题的最好方法就是通过国家或者政府调控来减少或降低市场竞争所带来的负外部性。⑤ 保罗·萨缪尔森和威廉·诺德豪斯认为，"这正是需要政府进行干预的地方。政府干预的目的是控制住外部性，如空气和水的污染，矿区的裸露、危险的排废行为、不安全的药品或食品，还有放射

---

① 1988年《水法》根据水资源附属于土地所有权的观念，确立了国家所有与集体所有并存的水资源归属模式。1988年《水法》第7条、第48条虽确定了水资源有偿使用制度，但这是从行政管理的角度进行的规定，私权属性并不明确，更缺少对相应权利的民事救济措施。2002年《水法》确立的水资源单一国家所有权承认了水资源与其承载体—土地所有权的分离，对《物权法》有关水资源所有权及水权制度的创设具有重要影响。《物权法》第123条即首次将取水权规定为用益物权。2020年《民法典》第247条规定"矿藏、水流、海域属于国家所有。"第325条规定"国家实行自然资源有偿使用制度，但是法律另有规定的除外。"第326条规定"用益物权人行使权利，应当遵守法律有关保护和合理开发利用资源、保护生态环境的规定。所有权人不得干涉用益物权人行使权利。"第329条规定"依法取得的探矿权、采矿权、取水权和使用水域、滩涂从事养殖、捕捞的权利受法律保护。"

② ［美］保罗·萨缪尔森，威廉·诺德豪斯. 经济学（第18版）［M］. 萧琛，译. 北京：人民邮电出版社，2008：31.

③ 我们可以从汤姆·泰坦伯格所举的例子来具体了解市场竞争所带来的外部性问题，假定两家企业都位于同一条河边。第一家企业生产钢材，而位于河流下游的另一企业开度假酒店。钢铁厂将河流当作排污的通道，而酒店却以水上娱乐项目来吸引顾客。如果这两家企业的拥有者不同，那么就很难达到对河流水资源的有效利用。因为钢铁厂并没有承担酒店因为河流污染而导致客流减少的成本，它在做出生产决定时不可能去考虑这项成本。结果，它很有可能向河流倾倒过多废物，这样对河流水资源的有效配置就很难达到。这种情况被称为外部性。在上述例子中，钢铁企业为追求利润往河里倾倒的废物给酒店增加了外部的成本，而作为私人企业的钢铁厂在决定往河流倾倒多少废物的时候是不会考虑这一成本的。TIETEN-BERG T. Environmental and natural resource economics（sixth edition）［M］. 北京：清华大学出版社，2005：67.

④ TIETENBERG T. Environmental and natural resource economics（sixth edition）［M］. 北京：清华大学出版社，2005：67.

⑤ 必须指出的是，国家所有权自身亦同样存在着外部性的问题，国家所有权只能减少或降低水资源私人所有所带来的负外部性问题，却仍然无法完全解决外部性问题。在国家所有权之下，水资源虽然在法律上归属于国家所有，但其具体的行使主体仍为国家所选择的代表人。

性物质，等等。"①

第五，水资源的合理配置需要水资源国家所有权。

国家所有权有利于实现水资源利用系统性和整体性的目标。同时，受到降水量、水资源流失及蒸发因素的影响，水资源的数量在不同年份存在差异。国家所有权模式有利于水资源在丰枯年份的配置，解决水资源在数量上的波动。例如，美国加利福尼亚州于1991年建立了州水资源局管理早期水银行来调节配置水资源。② 国家所有权也有利于水资源在空间范围的调控。我国的南水北调工程即是很好的例证。这类工程只能由国家才能完成，如亚当·斯密所言，"这类机关和工程，对于一个大社会当然是有很大利益的，但就其性质说，设由个人或少数人办理，那所得利润决不能偿其所费。所以这种事业，不能期望个人或少数人出来创办和维持。"③ 跨省水污染（如淮河流域）与省际水量争夺问题的解决，亦体现了水资源国家所有权的价值。吕忠梅教授认为"解决这一问题的关键在于进一步明确水资源的单一国家所有，强调只能由国务院代表国家行使水资源所有权。"④

第二节 水权历史发展之考察

随着水资源法律地位从公水、私水到统一的国家所有的转变，围绕公水、私水的基本分类而建立的水权法律制度也经历了从传统水权向现代水权再向可交易水权发展三个阶段。⑤ 这三种不同类型的水权演变轨迹也同时展示了水资源管理和水法发展的历史进程，水权的概念和特征也随之变化。

---

① ［美］保罗·萨缪尔森，威廉·诺德豪斯. 经济学（第18版）［M］. 萧琛，译. 北京：人民邮电出版社，2008：31.

② TEERINK J R. Water supply pricing in california, in John R. Teerink and Masahiro Nakashima, water allocation, rights and pricing：examples from Japan and the United States ［M］. The World Bank Press, 1993：42.

③ ［英］亚当·斯密. 国民财富的性质和原因的研究（下卷）［M］. 郭大力，王亚南，译. 北京：商务印书馆，1974：284.

④ 吕忠梅. 长江流域水资源保护立法研究［M］. 武汉：武汉大学出版社，2006：175.

⑤ 可交易水权是在水资源综合管理的大背景下提出的，它是在过去和现在的水权原则和规则的基础之上发展起来的。采用这种分类的标准并不严格，只是基于以下两点：一是突出可交易水权与前两个阶段水权的不同法律特征；二是强调时间顺序，说明可交易水权出现在传统和现代水权之后。

一、传统水权之确立

传统水权指的是 19 世纪末期之前水法发展初期的水权制度，起源于罗马法，主要有沿岸水权、优先占用水权、习惯水权等形式。①

（一）沿岸水权

沿岸水权顾名思义就是河道沿岸土地所有人享有的取水的法律权利。② 这种水权肇始于英国普通法，普遍适用于普通法系国家中，但是各国根据本国的气候条件和社会状况会对其有不同程度的修正。③

首先，从法律性质上来分析，沿岸水权是一种对土地的用益权利。它不仅适用于已知的自然水道中的水流而且也适用于已知的自然地下水流，但是其不适用于一个不确定区域内的漫流和仅仅渗透在岩层中的地下水以及人工水道中的水流。④ 另外，沿岸水权由于是附着于与水道实际相连的土地之上的用益权，所以不仅是土地的所有权人还包括占有权人，均享有沿岸水权，且这些沿岸水权人的权利都是平等的，不具有排他性，且须随同土地的移转而移转，不得单独转让。

其次，沿岸水权具有不确定性，不仅指所包括的水量，也包括权利范围。沿岸水权人虽说享有对自然水道中的水流使用的权利，但是不能违反上游和下游沿岸水权人权利。⑤ 沿岸水权人在使用水的时候负有不得改变水在自然水道中的数量和质量的义务，如果非经法令授权或者时效的使用，任何干扰他人的权利并对其他沿岸水权人可能造成损害时，均须承担民事赔偿责任。⑥

第三，沿岸水权人从自然水道取水必须符合"合理使用"（Ordinary use of water）的原则。⑦ 合理使用的范围包括饮用、烹饪、清洁、刷洗等家用目的以及

---

① 裴丽萍. 可交易水权研究 [M]. 北京：中国社会科学出版社，2008：58.

② HOWARTH W. Wisdom's Law of water courses. Fifth edition [M]. Crayford：Shaw and Sons Limited，1992：66.

③ CAPONER D A. Principles of water law and administration [M]. Netherlands：A Balkema Publishers，1992：80.

④ HOWARTH W. Wisdom's law of water courses. Fifth edition [M]. Crayford：Shaw and Sons Limited，1992：70.

⑤ HOWARTH W. Wisdom's law of water courses. Fifth edition [M]. Crayford：Shaw and Sons Limited，1992：71.

⑥ HOWARTH W. Wisdom's law of water courses. Fifth edition [M]. Crayford：Shaw and Sons Limited，1992：72.

⑦ HOWARTH W. Wisdom's law of water courses. Fifth edition [M]. Crayford：Shaw and Sons Limited，1992：73.

合理的牲畜饮水。虽说普通法上不限制合理使用范围内的取水量，但是水权人不能将家用目的的用水挪作他用。

第四，沿岸水权人还享有对水流进行除家用之外的其他目的的使用权，即"非常使用"（Extraordinary use of water）原则，又称之为"从属使用"（Secondary use of water）的原则。① 但是其使用必须服从普通法上的重大限制，一是不能干扰上游和下游其他沿岸水权人使用水流，二是强调使用目的必须与水权人相关，三是水量和水的性质不能有任何实质性改变。一般情况下，非常使用范围主要是为灌溉需要使水流改道和为工厂生产修建水坝。

最后，沿岸水权人在不影响其他水权人对水流的使用、其他水权人财产状况以及河流通航能力的前提下，享有以下权利：（1）为防止土壤流失和洪水侵害而修建水建筑物的权利，如水桩、水墙、围栏、水坝等。（2）为自己土地和生产利益的蓄水权、排水权、防污权以及渔业权。且沿岸水权人没有义务清除由于自然因素引起的河流的淤泥或者堵塞。②

（二）优先占用水权

优先占用水权是19世纪80年代在美国西部开发过程中产生的一种水权形式，在普通法水法体系中，美国的优先占用水权体系成为与英国普通法水法体系并列的另一支系。1855年加利福尼亚高等法院的法官首次在 Iriwin V. Phillips 一案中引进了"时间优先，权利优先"（First in Time, First in Right）的原则，但直到1882年，在 Coffin V. Left Hand Ditch Co. 案中，科罗拉多高等法院才最终确立优先占用原则作为水分配的中心原则。由此优先占用权发展出"加利福尼亚原则"和"科罗拉多原则"两个主要分支。③

"时间优先，权利优先"的原理"如同金矿矿主对挖掘出的金子可以提出权利主张，从河流中将水移转出来的第一个人也可以对所获得的水量享有权利，这个权利优先于所有将来占有者的权利"。④ 由此，优先占用水权人划分为两种类

---

① HOWARTH W. Wisdom's law of water courses. Fifth edition [M]. Crayford: Shaw and Sons Limited, 1992: 73.

② HOWARTH W. Wisdom's law of water courses. Fifth edition [M]. Crayford: Shaw and Sons Limited, 1992: 78 - 99.

③ DZURIC A A. Water resources planning [M]. Washington: Rowman & Littlefield Publishers, Inc, America, 1990: 29.

④ DZURIC A A. Water resources planning [M]. Washington: Rowman & Littlefield Publishers, Inc, America, 1990: 27.

型，先占用权人（senior appropriator）和后占用权人（junior appropriator）。前者的水量满足优先于后者，在特别干旱的年份，如果水量仅仅足够满足位置在前的先占用权人，则后占用权人就不能获得需要的水。优先占用水权必须符合有益使用（beneficial use）原则，如果权利不以有益的方式行使或者不行使权利达到一定年限，则会因此失去权利。

由此可见，优先占用水权建立在引水和有益使用基础上，即谁先开渠饮水并对水资源进行有益使用，谁就占有了水资源的优先使用权。它为缺水地区水的有序分配建立了一整套包含水量和优先权内容的水权制度，而这两点正是沿岸水权所不具备的。

（三）习惯水权

习惯法是各国水法最重要的法律渊源之一。所谓习惯水权，即"以惯例为基础的非正式权利，以及在社会规范和实践中隐含的权利等"①。"习惯是一个集体某一种行为或者实践的反复，虽然它没有被任何文字记载，但从远古以来就被得到遵守，且这个集体坚信这样的行为方式是具有法律约束力的。"② 世界各个国家和地区都存在不同的习惯水权③，例如在北非和中东的干旱地区，口头水交易一直普遍流行且被水的使用者严格执行。再比如，"不能拒绝人畜饮用水的社会准则，可能在实践中拥有同政府正式登记的取水权相同的权重。"④

对于水的使用和管理，无论东西方国家，自古以来就存在许多符合本民族地域、文化习俗、宗教信仰的习惯水权，而且他们至今在水资源的使用和管理中扮演非常重要的角色，尤其是在水使用者这一层次是他们所遵循的基本行为准则。所以，任何国家在任何时候进行水资源管理立法改革时，都必须清醒地意识到习惯水权的存在，一方面尽可能尊重和服从他们，另外一方面尽量避免他们对新规则的制定和执行构成障碍。习惯水权涉及的内容非常广泛，有水资源的归属、水

---

① ［泰］布里安·兰多夫，布伦斯，［美］露丝·梅辛蒂克. 水权协商［M］. 田克军，译. 北京：中国水利水电出版社，2004：6.

② CAPONERA A A. Principles of water law and administration［M］. Netherlands：A. A Balkema Publishers，1992：67-68.

③ ［泰］布里安·兰多夫，布伦斯，［美］露丝·梅辛蒂克. 水权协商［M］. 田克军，译. 北京：中国水利水电出版社，2004：6.

④ ［泰］布里安·兰多夫，布伦斯，［美］露丝·梅辛蒂克. 水权协商［M］. 田克军，译. 北京：中国水利水电出版社，2004：6.

资源的分配和管理、解决水使用者之间冲突的程序等。有学者研究表明"中国近代水权习惯法已经包括分水惯例、用水顺序、水权取得、流量计算、均平用水、工役负担、纠纷解决多方面的内容。"① 因此，在进行水法改革时，必须尊重习惯水权规则，一方面将相宜的传统水权规则用制定法的形式固定下来，使之获得普遍性和确定性；另一方面又能使现代水法反映百姓智慧，从而更容易得到理解和遵守。如智利在1981年《水法》中对习惯水权就是采取专门机构予以登记承认的方式。总而言之，能否理顺习惯水权与新制度模式之间的关系，是交易水权制度能否成功实施的关键。

综上所述，传统水权的主要法律特征概括如下：

第一，传统水权是个人取得的对水的使用权，依据水的不同种类和性质而有所不同。由普通法继承了罗马法对水划分的传统，将水划分为公共财产的水、团体财产的水和私水。对于公共水资源，无论是普通法系国家的沿岸水权、优先占用水权原则还是大陆法系国家的行政授权方式，个人对于作为公共资源的水都不能拥有所有权，获得的都只能是使用权。而团体的水资源，由团体、自治地方或其他公共机构所有，个人只能通过行政授权获得水的使用权。至于私水，土地所有权人享有在其私人土地范围内的雨水、水井、水塘等作为土地的附属物的小部分水的所有权，且土地的非所有人如何获得他人土地上的私水的使用权才是私水规范的重点，如水役权。

第二，传统水权在性质上属于民事权利，主要调整与土地所有、利用相联系的水的取得和使用关系，其内容主要是各平等水权人之间的民事权利和义务关系。

第三，在传统民法中，水资源的独立法律地位并没有得到充分体现。因为水权肇始于对土地的开发利用，所以沿岸水权的取得以沿岸土地所有或占有为依据，而私水水役权的获得更是以相应的需役地享有权利为条件②，可见，水权与不动产的所有权或占有权不可分离。③

第四，传统水权几乎不能保护水资源之上的公共利益。因为传统水权的内容

① 田东奎. 中国近代水权纠纷解决机制研究［M］. 北京：中国政法大学出版社，2006：70.

② HOWARTH W. Wisdom's law of watercourses［M］. London：Shaw and Sons Limited，1992：100.

③ 裴丽萍. 可交易水权研究［M］. 北京：中国社会科学出版社，2008：65.

根本不涉及水资源的管理和保护，它注重的是水资源的经济价值，并没有认识到水资源的资源价值。

二、现代水权之发展

19 世纪末开始，水管理和水法产生了大变革，步入进入现代水权时期，这一时期水权主要是以制定法形式存在。随着水资源的法律地位转变为由国家所有或者州所有而不再有公、私水主体的区别，水权也发生了改变。首先，在大陆法系的大多数国家，无论公水还是私水，行政管理开始介入水的使用，与之同时水的使用许可系统也开始采用，所有的水使用权的取得，均须服从立法的控制①。其次，在普通法系的大多数国家，原来的沿岸水权、优先占用水权等传统水权也发生了很多的变化，由于颁布了许多涉及水的供应、排放、养殖、通航、采矿等法律、法规，传统水权实际上已经大部分被这些制定法废除或者修正。由此可见，由于水资源的自然特性，原来存在于两大法系国家的水资源管理手段的不同正在逐渐消失，出现趋同化趋势，即从而水资源调整方法独立于其所在国的法律和制度框架而趋向一致。

（一）行政水权

行政水权是现代水权最典型的形式。澳大利亚水权制度的变化不仅体现了传统水权到现代水权的演变轨迹，还是行政水权的主要代表。

19 世纪末期之前，澳大利亚沿袭英国的水权制度，对自然状态下的流水适用沿岸水权原则，大多数情况下传统水权并不包括水的所有权，只是取水和使用水，还有建设行使这些权利所必要的工程的权利。② 澳大利亚是一个相对缺水的国家，开始意识到传统的水权制度并不适合国家和社会的发展，于是从 19 世纪 80 年代开始，澳大利亚各州都开始实行水法改革，用行政法律规范调整水资源，从此水权开始从普通法体系向制定法体系转变，水权从过去普通法上的民事权利转变为制定法上的行政法定权利。这段时期，每个州都通过立法授予王室使用、供应、控制河流和湖泊水的权利，原来的普通法上的私人沿岸水权基本被取消。

---

① 裴丽萍. 论水资源法律调整模式及其变迁 [J]. 法学家, 2007 (2): 100－108.

② FISHER D E. Land, water and irrigation: hydrological and legal relationships in Australia [J]. The journal of water law, 2004 (15): 229.

所以澳大利亚水资源法专家 D. E. Fisher 教授将这一阶段的水权性质概括为：王室或州享有自由裁决权的行政水权。①

澳大利亚的行政水权主要有如下几种：一是法定家庭使用沿岸权，即法律规定如果没有使用水的许可证，那么就应该保留使用目的为家庭用水的沿岸水权还有为家庭用水所必需的水工程的修建权。二是灌溉水权，即政府依据土地面积的大小和作物的不同种类来分配水权以保证水量，这起源于 1909 年维多利亚州。三是灌溉系统中的水销售，指必须有足够的储存水并且确保能够满足下一年的水权分配后，才能销售剩余的水。虽然量化灌溉者个人所拥有的比例水权，但是不直接表现为水量，能否"水销售"取决于储存的水量。四是许可证，实行许可证主要是在灌溉系统之外的具有规律性的河流。年度水量、重新使用灌溉水的条件，以及抽水规模等都被详细规定在许可证之中。如果沿岸土地拥有者取水用于家庭以外的目的，必须事先申请许可证。②

（二）法定水役权

斯普兰克林指出，"历史上，水权系通过私人行为而取得，要么通过河岸地而取得，要么通过有益用水而取得。如今多数州都对取得水权的过程实施行政管理，一般要求新的使用人必须取得地表水的引用许可证"。③ 越来越多的学者开始接受，对水资源的使用仅是一种公共领域的用益权，并应受到一定的限制，如必须为公共利益使用，不得浪费水资源、合理使用水资源等。

从大陆法系的典型国家法国和意大利对法定水役权进行考察可以看到：虽然法国现代水法规定水资源为国家所有，对水权的配置和管理则主要通过行政许可

---

① FISHER D E. Land, water and irrigation: hydrological and legal relationships in Australia [J]. The journal of water law, 2004 (15): 229.

② 裴丽萍. 可交易水权研究 [M]. 北京：中国社会科学出版社，2008：67. 澳大利亚行政水权是建立在水资源的控制和支配权统一归属于王室（实际上是代表王室的各州）的基础上的，它主要依赖行政自由裁决权来管理水权的具体行使，即主要由政府机构来决定水资源的战略发展、水资源利用和水权的分配，且大坝、水库和其他水基础设施的建设、水处理及水供应和分配等也都由政府公共部门承担。同时政府将水环境问题纳入水管理的目标之中，确定水的优先权顺序并逐步对地表水和地下水实行水权的整体管理，开始实行水权交易。

③ [美] 约翰·G. 斯普兰克林. 美国财产法精解 [M]. 钟书峰，译. 北京：北京大学出版社，2009：495 - 496.

的手段①，但是在法国②、意大利③等国家的民法典中仍然保留了不同程度的具有民事权利性质的水权。由此可见对水资源的调整模式转变为"水法为主、民法为辅"的交叉调整模式，这并不是说明民法调整模式与行政法调整模式并列，其仅是一种准用益物权，而非传统民法上的地役权，这是对国家所有的水资源的一种使用和收益权利，尽管这些权利的名称，如引水权、排水权等，貌似与过去相同，且也是为不动产使用的便利而设，但是它与传统地役权有实质上的区别：一是调整对象不同，它是水法的独立调整对象，建立在水资源与土地相分离基础之上，且水资源的所有权归国家所有；二是目的不同，这些地役权的设立和行使目的在于对生态环境和公共利益的保护，而不仅仅在于水资源和土地的私人经济利用。④

综上所述，现代水权的特征可以总结如下：

第一，在大多数国家和地区，水资源由归属于不同的主体转向不再区分公水、私水，均由国家或州所有或控制。

第二，水资源与土地相分离，水资源的所有与使用相分离，水资源上的权利框架开始成形，与土地相连的河岸权原则已经被全部或部分取消。

第三，水权的配置和管理主要是行政裁量手段，但已经在一些国家出现了作为行政配置水资源的一种补充的水权交易，并得到不同程度的发展。

第四，虽然水资源的开发利用是各国关注的核心问题，但是水资源的生态环境价值及其保护也逐渐受到重视。

---

① 裴丽萍. 论水资源法律调整模式及其变迁 [J]. 法学家，2007 (2)：100-108.

② CAPONERA D A. Principles of law and administration [M]. Netherlands：A. A Balkema Publishers，1992：80-82. 每一个土地所有者对地表或地下水有权获得使用权；对于国家所有的私人水域的地表水的使用权的取得仍然继续适用民法典中的有关规定，同时受到水法、乡村法典、公共水道和内陆航运法典的管理。

③ 《意大利民法典》规定了土地所有人对流经自己土地的公共水流的使用权，也规定了"有关土地所有人之间对非公共水流的使用产生争议时相互冲突的利益调整"。还规定了"相邻排水和相关水工程的规范"以及"如何利用同一水源和相邻水源"。在《意大利民法典》第六章地役权中，有关水资源使用的规定相当多，涉及面较广，如水道和强制排水、水闸的设置、对建筑物和土地的强制供水等，在第八节有关用水的役权中规定了汲水役权、引水役权、排水役权和余水役权等。

④ 裴丽萍. 论水资源法律调整模式及其变迁 [J]. 法学家，2007 (2)：100-108. "现代民法中规定的这些法定水役权，应看作是在水法对水资源的统一调整模式下，处理水与土地之间的利用关系的一种具体安排。准确而言，它应该是对国家所有的水资源的一种使用和收益权利，在性质上属于准用益物权，并非传统民法上的地役权。"

三、可交易水权之兴起

全球水危机自20世纪80年代以来越来越严重,不仅水资源可持续利用和综合管理的重要性被人们逐渐认识,同时水资源开发利用的经济效率与社会公平和环境保护也被放在一起考虑。水市场作为一种实现水资源配置的有效手段开始进入人们的视野,它能够较好地实现公平和效率、整体利益和局部利益、经济利益和生态环境利益的平衡。虽然美国、澳大利亚等国家早在20世纪中期以前就出现了水权交易,但是可交易水权作为一个法律概念是到20世纪80年代以后才提出的。可交易水权是法定的水资源的非所有人对水资源份额所享有的一种财产权,它作为水资源市场配置得以实现的一种重要法律工具,是以建立水资源可持续利用和综合管理为目标,同时以建立正式的水市场为基础。目前,以智利为代表的自由水市场的可交易水权和以澳大利亚为代表的可持续水资源综合管理下的可交易水权是当今可交易水权的两种主要形式。

(一) 自由水市场的可交易水权

自由水市场的可交易水权的典型代表是大陆法系的智利,其1981年《水法》的编纂和国家的一系列经济改革是与土地私有化和自由贸易同步进行的,是新经济自由主义思想在政治和法律领域占统治地位的表现,它率先通过自由市场手段来管理水资源,并将可交易水权模式通过立法予以确立。1981年智利《水法》对水资源管理改革具有开拓性意义,它规定了不同种类的水权及其使用、水管理机构等重大事项,是智利管理水资源的基本立法。

首先,智利水法虽然规定水资源为国家所有,但是国家可以授予私人水资源使用权且须进行不动产登记,并如私有财产一样受到宪法保护。同时规定水权和土地相分离,除法定情形需由"国家水总指挥"或"水使用者协会"批准外,水权如其他不动产一样,可自由交易、抵押和转让。其次,智利水法的一系列规定保证水权以市场导向为依据自由流动,这促使一些地区水资源被重新分配到使用价值高的用途上。尽管水权是由"国家水总指挥"授予的,但却不能实质上管理水权,除非出现了特别干旱的情形。智利水法保证大部分的水管理决定权由个人特别是由"私人水渠使用者协会"做出,即使水权人改变使用水的方法,"国家水总指挥"也没有权力干预。

智利通过自由市场模式来管理水资源，受到了包括世界银行在内的一些国际组织的推崇，同时一些赞成自由水市场的学者也对此做法大加赞赏，一些崇尚自由市场的国家如墨西哥、秘鲁、南非、西班牙、越南等亦纷纷效仿智利进行水资源法改革，建立可交易水权的自由市场。①

（二）可持续水资源综合管理下的可交易水权

可持续水资源综合管理下的可交易水权的典型代表是英美法系的澳大利亚。澳大利亚"国家自然环境保护战略"早在 1983 年就认识到自然资源必须进行综合性管理和自然资源保护和发展之间的相互依存关系。② 尽管水权交易已经在澳大利亚许多州展开，并且各州水法都将水资源的持续和有效管理作为原则，但是由于各州水资源管理的方法不统一，所以仍然存在各州的水权交易的不一致、州际间的水权交易难以展开及交易程序混杂等问题。③

2003 年 8 月，澳大利亚政府发布了"国家水行动"方案，目的是解决上述这些问题并完善现有的水市场，以期进一步推动水权交易，提高水的使用效率并保护生态环境。2004 年 6 月 25 日，澳大利亚联邦政府和新南威尔士州等 6 个行政管辖区在国家水行动方案的基础之上又正式签订了"州际水行动协议"，这两个文件成为各州制定新的可交易水权立法的重要参照。其主要内容包括：水权将被逐渐定义为无期和永久的权利存在于水资源的份额之上，它将被详细规定在水计划中，能够被有效消费使用。同时在特别的水系统中，为环境管理改进责任安排，提高立法对环境管理的重视，以此达到环境结果的良好实现并将权利进一步详细规定；通过一个稳定的步骤使过度分配的水系统恢复可持续利用水平，以满足环境要求；在相关的系统中促进水交易的有效行政安排；消除水交易的制度障碍；建立水效用减少情况下的风险分配框架；实行水核算、报告和测量的国家标准；继续执行水的全成本定价等。"州际水行动协议"的目标就是：通过开展永久的水权交易，以期带来水使用的更多利益；通过有效和灵活的恢复水成本，以实现保护水环境的结果；建立更安全的水权及更好的登记、监察、报告和会计系统，改进公众有权进入的情报系统，使水工业投资者的信心大增；产生更成熟

---

① 裴丽萍. 论水资源法律调整模式及其变迁 [J]. 法学家，2007 (2)：100 – 108.

② FISHER D E. Water law [M]. Sydney：LBC Information Services，2000：164.

③ FISHER D E. Trading in water rights-toward a national legal framework [M]. Sydney：LBC Information Services，2000：12.

透明和综合的水计划；在城市水环境上采用更好的和更有效的管理；在与水相关的投资者协商的基础上尽快解决水的过度分配和水占用问题。①

20世纪90年代后期，澳大利亚的可交易水权是水资源市场配置改革国家当代水权发展的一种高级形式，它与此前智利完全自由水市场背景下的可交易水权不同，它以水资源的可持续发展为目标，承认水资源作为经济商品，同时强调将可交易水权作为水资源综合管理的法律手段，这为可交易水权制度设计提供了一种更合理的思路。②

综上所述，可交易水权的特征可以总结如下：

第一，可交易水权是由非水资源所有人享有的一项财产权利，其虽来源于水资源所有权但与水资源所有权相分离，是一项独立的权利。

第二，可交易水权的法律性质是用益物权，具有排他性和可转让性，是水权的高级表现形式。这个性质决定了可交易水权不仅具有使用价值还有交换价值，可以成为交易对象。

第三，可交易水权体现"物权"法定的原则，其内容、取得、变更、行使、转让和消灭都由法律予以规定。

---

① 裴丽萍. 可交易水权研究 [M]. 北京：中国社会科学出版社，2008：73－75.

② 20世纪90年代后期开始出现反对智利自由水市场的声音，代表人物是美国的 Carl J. Bauer，他强烈质疑智利模式是否应该成为世界水资源管理的努力方向。他认为尽管智利水法采用了颇具特色的可交易水权制度，但是自它实施20多年来，随着人口的增长和城市化进程的加快，智利仍然面临与其他国家相同的水资源问题：水短缺和水环境污染。原因主要在于：自由的水市场不适应水资源的综合管理。尽管这个方法有一些经济利益，但结果却带来了管理和规范上严重的结构问题，特别是20世纪90年代以后，在流域管理、水的多样化使用、地表水和地下水的一体化管理、环境和生态保护等方面，智利水法明显表现出它的无能为力。因为在水资源综合管理的经济、社会和环境的三角关系中，自由水市场仅仅突出了经济效率弱化了社会公平和环境保护，从而导致了整体的不平衡。应该承认，Carl J. Bauer 对智利水自由市场中的可交易水权的缺陷分析非常到位，但结论不应该是对可交易水权制度的全盘否认，而只能看作是对自由水市场下的可交易水权模式的批评。澳大利亚正在探索的可交易水权制度模式，是将可交易水权作为水资源综合管理的手段，坚持将水作为经济商品的原则放在水资源的可持续发展的背景之下考虑，这样定位实际上提供了一种可交易水权制度的更合理设计思路，应该成为我国今后可交易水权理论和实践发展的努力方向。

第三节 我国水权交易要素之解析

一、水权交易概念

（一）可交易水权之概念界定

对可交易水权和水权交易的概念界定是建立并完善水权交易法律制度的基础。在我国，虽然关于水权定义的学术讨论较多，主要有"一权说""二权说""多权说"等，但是专门就可交易水权的概念进行探讨较为少见，这与我国可交易水权立法滞后于水权交易的实践状态相关。

在国内关于可交易水权的概念的代表性观点有：一是经济学界的"使用量权或者配水量权说"。通过市场手段配置的水权应该具有排他性和可分割性的特点，而可交易水权应该界定为在水资源使用权基础上同时具有排他性和可分割性的配水量权，指用水主体在一定时间内使用一定水资源的权利。[①] 如果实行全流域配水时，此权利称之为配水量权，如没有实行全流域配水，则称为取水量权。二是法学界的"自然资源水使用权、取水权和产品水物权说"。黄锡生认为水权是用益物权，本质是可转让私权，所以除水资源所有权以外的其他水权，具有可转让性的自然资源水使用权、取水权和产品水物权就是可交易水权。[②]

国外关于可交易水权的概念的代表学说有：一是"法定财产权说"，认为可交易水权是有关水资源的财产权，其是独立于土地所有权并能与土地相分离单独进行交易的权利。二是"可交易水权份额说"，澳大利亚水法学家提出"水权是对水的份额的权利或者取水和接受水的权利"[③]，这种观点认为水权交易中的水权是权利人对有效水的份额所有且能自由转让给他人的一种权利，而传统的水权主要是一种取水和使用水的权利，或者是建设和经营必要的基础设施的权利。

---

① 常云昆. 黄河断流与黄河水权制度研究 [M]. 北京：中国社会科学出版社，2001：147-148.

② 黄锡生. 水权制度研究 [M]. 北京：科学出版社，2005：91.

③ Phillips Fox and Queensland University of Technology: Trading in Water Rights-towards a national legal Framework. Published by Phillips Fox 255 Elizabeth Street Sydney, NSW, Queensland University of Technology, George Street Brisbane.

笔者以为"使用量权或者配水量权说"大大缩减了可交易水权的范围，让水权交易受到时间、地点、用途等诸多限制，导致水资源流转范围非常狭小，无法适应水资源市场配置的要求。而"自然资源水使用权、取水权和产品水物权说"则没有体现水资源与水产品的区别，亦未明确可交易水权的内涵。国外的"法定财产权说"和"可交易水权份额说"值得我们借鉴，不仅指明了可交易水权本质是财产权，而且将可交易水权与传统水权区分开来，明确其确定性、安全性、可交易性等财产权特征。根据 2016 年 4 月水利部颁布的《水权交易管理暂行办法》（以下简称《办法》）第 2 条对于水权交易的规定①，笔者认为应将可交易水权的概念界定为法定的水资源的非所有人对水资源份额所享有的一种占有、使用、收益的财产性权利。

　　可交易水权的基本功能价值在于对水资源进行配置和使用，这就要求可交易水权的内容体现出排他性、确定性及可交易性。需要进行水资源配置的水事活动的外延很广泛：从水分配到水利用的过程而言，可分为水配置和水基础设施两个部分；从功能上对用水进行划分，可分为生活用水、生态用水和生产用水；从地域而言，包括城市用水和农村用水。进一步细分可涉及所有的用水行业如灌溉、生活、城市、工业、娱乐、航运、发电、生态等。上述每一种水事活动的每一个环节都与水权有关，而复杂多样的水事活动决定了与此相对应的水权内容丰富、种类复杂、功能各异，因此，学者一般认为水权的外延是一组权利束。可交易水权作为水权的高级形式，应该通过不同的类型和结构展现水资源之上各种方式的用益活动。换言之，可交易水权不能仅限于取水权一种，而应该设计出与水资源配置利用的不同阶段和不同用益方式相对应的不同种类的可交易水权。这样，一方面使水资源之上各种价值都可以通过权利设计得以实现，另一方面又拓宽了可交易的水权品种和范围。因此，可交易水权的外延也表现为一组权利束。

　　按照水资源使用目的，水权可以分为多种类型，比如生活用水、生态环境保护用水、农业用水、工业用水、服务业用水等。但是并非所有类型的水权都可用于开展水权交易，因为某些类型水权的设立本身具有其他利益需求，允许其交易

---

　　① 《办法》第二条规定：水权包括水资源的所有权和使用权。本办法所称水权交易，是指在合理界定和分配水资源使用权基础上，通过市场机制实现水资源使用权在地区间、流域间、流域上下游、行业间、用水户间流转的行为。

意味着违背该类型水权设立的初衷。

《办法》并未对可交易水权范围作出清晰界定，仅要求"用以交易的水权应当已经通过水量分配方案、取水许可、县级以上地方人民政府或者其授权的水行政主管部门确认"（第六条）。但是水利部在 2005 年《关于水权转让的若干意见》中明确规定了五类限制水权交易的情形：（1）取用水总量超过本流域或本行政区域水资源可利用量的，除国家有特殊规定的，不得向本流域或本行政区域以外的用水户转让；（2）在地下水限采区的地下水取水户不得将水权转让；（3）为生态环境分配的水权不得转让；（4）对公共利益、生态环境或第三者利益可能造成重大影响的不得转让；（5）不得向国家限制发展的产业用水户转让。这五类限制情形欠缺更细化规定，具体实施的时候可能存在理解差异。

在地方水权交易实践层面，《广东省水权交易管理试行办法》对可交易水权的限定包括：（1）水权交易不得危害公共利益，不得挤占城乡居民生活、农业生产和生态环境合理用水，不得损害第三方合法权益。（第三条）（2）城乡居民生活、农业生产和生态环境合理用水所需要的水量，不得交易。（第十一条）

《山东省水权交易管理实施办法（暂行)》也未对可交易水权范围予以界定，仅要求水权交易"符合最严格水资源管理制度要求，有利于水资源高效利用与节约保护，不得影响公共利益和损害第三方的合法权益"。

《内蒙古自治区水权交易管理办法》规定了不得开展水权交易的五种情形：（1）城乡居民生活用水；（2）生态用水转变为工业用水；（3）水资源用途变更可能对第三方或者社会公共利益产生重大损害的；（4）地下水超采区范围内的取用水指标；（5）法律、法规规定的其他情形。

从以上国家和地方层面有代表性的规范性文件来看，我国对可交易水权范围的认定尚未形成统一认识，这与水权交易仍处于发展初期阶段相符，但长远来看有必要在国家层面通过立法加以明确。

（二）水权交易概念

在明晰了可交易水权的概念之后，我们再来明确水权交易的概念。美国水法中对水权交易的界定是指"下列任何一种形式的水权转移：权利的让与；根据合同或选择性合同许可他人对水权的行使"[1]。林銮珠认为水权交易以不损害第三

---

[1]　Texas Administrative Code §359.2.

方利益为前提，水资源使用人将自己依法取得一定期限内的富余的水资源使用权转换给其他水资源使用者的行为。且这种交易行为以自愿为原则，须遵循自由市场经济原则。① 黄锡生提出水权交易的概念应在流转层面和交易层面上来进行区分和研究，水权交易从流转层面上来看，就是水权的流转，即水权从一方以各种形式流转到另一方。② 林龙认为水权流转形式是获得了初始国有水资源使用权的出让方将水资源使用权的全部或部分权利有偿转让给受让方的行为，这种水资源使用权的流转不仅是两个主体间的直接交易，也可以是多个主体间的不止一次地间接交易。③ 虽然学者对水权交易概念的界定在不同层面有不同的理解，但是都确定水权交易的对象就是水资源的使用权，也普遍认为水权交易是一种市场行为。笔者认为，水权交易就是为了解决水资源危机、保护生态环境，法定的水资源的非所有人通过市场机制对自己依法享有水资源份额所享有的一种占有、使用、收益的用益物权进行转让的行为。

由此可见：首先，水权交易必须在遵循"最严格水管理"和不损害生态环境及第三方利益的前提下进行；其次，水权交易的目的是保护生态环境实现可持续发展；再次，水权交易必须通过市场机制进行；最后，水权交易的对象是法定的水资源的非所有人对自己依法享有水资源份额所享有的一种占有、使用、收益的用益物权。

二、水权交易主体

水权交易发生在水权转让方和受让方之间，往往以水权交易市场为交易渠道，并不直接牵涉其他主体。然而当我们从利益相关者理论角度分析水权交易，会看到水权交易牵涉到其他利益主体。④ 所以，我们应当看到水权交易法律关系主体从狭义上仅包括水权交易当事人，即水权出让方与受让方，广义上还包括水权交易服务机构、水权交易监管机构，以及其他受到水权交易影响的主体。

---

① 林銮珠. 美国加州水权交易的制度分析 [J]. 新疆农垦经济，2009（5）：77-82.

② 黄锡生. 水权制度研究 [M]. 北京：科学出版社，2005：117.

③ 林龙. 论我国可交易水权法律制度的构建 [D]. 福州：福州大学，2005：37.

④ 利益相关者理论源于企业管理学研究，在有关公司社会责任思想的发展过程中得到极大丰富，特别是类似于上市公司这类公众公司，其利益相关者包括了投资者、政府部门、供应商、客户、消费者、债权人（比如银行）、内部雇员、所在社区、环保组织，甚至是与上市公司没有任何直接关联的普通社会成员。

（一）水权交易当事人

水权交易当事人通常包括水权出让方和水权受让方。我国实行水资源国家所有的基本制度，可以用来交易的是水资源使用权。水权出让方就是水资源使用权的合法享有人。在总量控制与定额管理制度下，通过水权确权，经由水资源规划方案自上而下分配水资源份额，最终取得取水许可权、水资源使用权属凭证的主体都是水权交易主体。

水权交易当事人从不同角度可以作出不同划分。按照交易关系划分，依法取得水资源使用权并依法出让其部分或全部水资源使用权的个体、组织或单位是水权出让方，依法从水权出让方取得水资源使用权的个体、组织或单位是水权受让方。按照主体形态划分，交易主体可以是具有民事行为能力的自然人以及具备合法进行水权交易资格条件的公司、企业、政府部门、水资源管理机构等。按照水权交易所属行业，交易主体可以分为农业水权交易主体、工业水权交易主体等。

目前我国水权交易实践中，虽然对水权交易当事人的范围并未有统一规定，但是已有部分规范性文件对水权交易当事人作出界定，界定形式各不相同，主要有以下几种形式：第一，仅界定水权交易出让方，比如水利部对黄河水权转换的出让方进行了规定但并未界定受让方[1]。第二，同时界定水权交易出让方和受让方，如广东省界定水权交易出让方与受让方均是取水单位和县级以上人民政府[2]。第三，根据不同形式的水权交易，分别界定水权交易出让方和受让方，如水利部《水权交易管理暂行办法》就分别规定了区域水权交易、取水权交易、灌溉用水户水权交易的交易主体[3]，山东省分别规定了区域水权交易、工业和服务

---

[1] 水利部黄河水利委员会发布《黄河水权转换管理实施办法（试行）》第四条规定："水权转换出让方必须是依法获得黄河取水权并在一定期限内拥有节余水量或者通过工程节水措施拥有节余水量的取水人。"该办法并未界定水权受让方，但是从其具体内容来看，水权受让方是具有水资源使用需求，依法需领取取水许可证的一方。

[2] 《广东省水权交易管理试行办法》第五条规定："水权交易的转让方包括依法取得取水权的取水单位和用水总量尚未达到该行政区域用水总量控制指标的县级以上人民政府。水权交易的受让方包括需要新增取水的取水单位和需要新增用水总量控制指标的县级以上人民政府。"

[3] 《水权交易管理暂行办法》第三条规定：区域水权交易，以县级以上地方人民政府或者其授权的部门、单位为交易主体；取水权交易，获得取水权的单位或者个人（包括除城镇公共供水企业外的工业、农业、服务业取水权人）为交易主体；灌溉用水户水权交易，已明确水权益的灌溉用水户或者用水组织为交易主体。

业水权交易、农业水权交易的交易主体[①]。

（二）水权交易服务机构

水权交易平台是最重要的水权交易服务机构，也是水权交易市场化运作成功的关键因素之一。高效规范运营的水权交易平台不仅能够提供统一的交易规则及规范的交易合同以降低交易成本，还可以通过其公开报价系统使交易双方及时了解交易品种的数量与价格变化以增加交易机会，同时交易平台内的交易结算及交割机构也能保证交易安全以避免违约风险。[②]

2013 年，内蒙古自治区水权收储转让中心设立，成为我国第一个真正意义上的水权交易平台。2016 年，水利部发布《水权交易管理暂行办法》，鼓励水权交易依靠交易平台来进行，对于发展水权交易市场起到推动作用。[③] 同年，中国水权交易所正式运营，这标志着我国有了全国性的水权交易场所。目前，我国在国家、省级、省级以下均成立了水权交易平台，共有 16 家。截至 2019 年年底，中国水权交易所已实现各类水权交易类型的全覆盖，共促成 227 单水权交易，交易水量 28.23 亿立方米，交易金额 17.11 亿元，而内蒙古自治区水权收储转让中心也完成 75 单取水权交易，交易水量 25.67 亿立方米。[④]

（三）水权交易监管机构

根据水利部《水权交易管理暂行办法》第四条的规定，由国务院水行政主管部门负责全国水权交易的监督管理，其所属流域管理机构依照法律法规和国务院水行政主管部门授权，负责所管辖范围内水权交易的监督管理。县级以上地方人民政府水行政主管部门负责本行政区域内水权交易的监督管理。

（四）其他受到水权交易影响的主体

由于生态环境具有系统性和整体性，水权交易中除前述利益相关者外，还可

---

① 《山东省水权交易管理实施办法（暂行）》规定，区域水权交易以县级以上地方人民政府或者其授权的部门、单位为主体，工业和服务业水权交易以获得取水权的单位或者个人（城镇公共供水企业除外）为主体，农业水权交易以已取得取水权或明确用水权益的灌区、用水组织、农业用水户为主体。

② 王军权. 水权交易市场的法律主体研究［J］. 郑州大学学报（哲学社会科学版），2015，48（02）：45-49.

③ 《水权交易管理暂行办法》第七条规定："水权交易一般应当通过水权交易平台进行，也可以在转让方与受让方之间直接进行。区域水权交易或者交易量较大的取水权交易，应当通过水权交易平台进行。本办法所称水权交易平台，是指依法设立，为水权交易各方提供相关交易服务的场所或者机构。"

④ 陈金木，王俊杰. 我国水权改革进展、成效及展望［J］. 水利发展研究，2020，20（10）：70-74.

能影响到其他利益相关主体，如水源地的用水户等①。甚至，水权交易可能引发损害公共利益的担忧。譬如，水源地水权交易有可能导致水源地水位低于历史水平，从而影响水源地周边生态，带来生态损害的担忧。此时水权交易影响到了不特定多数人的利益，法律的确有必要未雨绸缪、考虑周全。

三、水权交易对象

从字面上来看，进行水权交易时的具体交易对象就是可交易水权。但是笔者认为，可交易水权最基本的内涵是"水"，即可以在现实中占有、使用并获得收益的水资源，所以明确水权交易对象最重要的就是明确哪些水资源是水权交易法律关系所指向的水资源。作为水权交易对象就是一定比例或数量的水资源，虽然水资源是以液态形式存在的且具有流动性，难以表现出财产法规制的普通交易客体的特定性，但是仍然可以通过法律的技术手段使之达到特定性要求。

（一）目前我国对于水资源的认定

1. 法律法规中对水资源的表述

《中华人民共和国宪法》（以下简称《宪法》）规定矿藏、水流、森林、山岭、草原、荒地、滩涂和土地资源的所有权；"水流"的所有权是属于全民所有，即国家所有。《中华人民共和国民法典》（以下简称《民法典》）则规定了土地、森林、山岭、草原、荒地、滩涂、矿藏、水流、海域、无居民海岛、野生动植物资源、无线电频谱资源和文物的所有权；《民法典》第二百四十七条也规定："矿藏、水流、海域属于国家所有。"《中华人民共和国环境保护法》（以下简称《环境保护法》）又将大气、水、海洋、土地、矿藏、森林、草原、湿地等纳入环境要素之列；《水法》第二条规定："本法所称水资源，包括地表水和地下水。"只将地表水和地下水纳入水资源范畴，而对大气降水没有明确规定。《水权交易管理暂行办法》第二条规定："水权包括水资源的所有权和使用权。本办法

---

① 在东阳义乌案例中，东阳市政府和义乌市政府的水权交易遭到水源地用水者东阳市横锦水库灌区的农民的强烈反对。理论上，用水者是水权交易市场的支持者而非反对者，因为交易有利可图。那么横锦水库灌区的农民作为用水者为何极力抵制且反对呢？因为，横锦水库灌区的农民认为，东阳义乌水权交易侵犯了他们的实际利益。一方面，横锦水库灌区的农民认为，由于历史原因，横锦水库灌区的农民事实上对横锦水库的水拥有使用权，东阳市政府转让横锦水库水权而对灌区农民不予补偿的行为非常不妥。另一方面，水权交易对灌区的农业生产带来负面影响，直接造成农民收入大减的现象。

所称水权交易，是指在合理界定和分配水资源使用权基础上，通过市场机制实现水资源使用权在地区间、流域间、流域上下游、行业间、用水户间流转的行为。"2019年7月，自然资源部、财政部、生态环境部、水利部、国家林业和草原局联合颁布的《自然资源统一确权登记暂行办法》将纳入统一确权登记的自然资源范围界定为：水流、森林、山岭等自然资源和所有自然生态空间。该办法第十五条亦将水流界定为河流、湖泊的水。因此，水流并不包括地下水，也不包括水塘、水库中的水。2019年，中共中央办公厅、国务院办公厅《关于统筹推进自然资源资产产权制度改革的指导意见》中，产权体系涉及的自然资源只有承包土地、宅基地、矿产、水域滩涂、海域和无居民海岛等。构建产权体系的自然资源范围和进行确权登记的水资源分类不统一。

可见，在较高层级的立法中将水资源是表述为"水流"，这一表述是否恰当？是否符合当前我国水权交易实践？水流是江、河等的统称，或指流动的水。然而在《水权交易管理暂行办法》中的表述又是"水资源"。要建构符合中国实际的水权交易法律制度，必须在立法上规范表述水权交易的客体。

2. 水权交易实践中对水资源之认定

从各地水权交易实践来看，常规水资源包括地表水资源和地下水资源是水权交易的主要对象。比如水利部《水权交易管理暂行办法》规定，区域水权交易的对象是用水总量控制指标和江河水量分配指标范围内结余水量，取水权交易的对象是通过调整产品和产业结构、改革工艺、节水等措施节约的取水权，灌溉用水户水权交易的对象是已明确用水权益的灌溉用水资源。《广东省水权交易管理试行办法》将水权交易的对象界定为取水权、水总量控制指标。取水权是指取水单位依法办理取水许可证后，获得的直接从江河、湖泊、水库取用水资源的权利；用水总量控制指标，是指经有权限的人民政府批准的行政区域范围内年度可利用的水资源总量。《山东省水权交易管理实施办法（暂行）》规定：区域水权交易的交易对象是用水总量控制指标和河湖水量分配指标范围内结余水量，工业和服务业水权交易的对象是通过调整产品和产业结构、改革工艺、节水等措施节约的取水权，农业水权交易的对象是已取得取水权或明确用水权益的灌溉用水资源。个别地方在水权交易规范性文件里把非常规水资源列入水权交易对象，比如《内蒙古自治区水权交易管理办法》规定，灌区或者企业采取措施节约的取用水指标、闲置取用水指标、再生水等非常规水资源、跨区域引调水工程可供水量，可以依规定进行收储和交易。

可见，允许作为水权交易对象的水资源类型，在我国实践中并未统一。由于水权交易实践仍在摸索中发展，河流等常规水资源是开展水权交易实践的主要水资源类型，因而这一问题的解决尚不具有紧迫性，有待我国水权交易实践进一步发展后再补充完善。

（二）雨水及再生水应纳入水权交易对象

《水法》第二十四条对鼓励开发利用雨水的规定为雨水的开发利用提供了法律依据，但由于缺乏完善的权属制度，使得雨水的开发利用受到诸多掣肘。[1] 同时一些地方立法对雨水也有一些规定，如北京[2]、深圳[3]、长沙[4]等地。但是以上法规都缺乏对雨水资源的明确规范，更没有明确规定雨水资源权属以及雨水资源利用设施的权属。多数学者认为雨水资源应属于《水法》中规定的"水资源"的一种存在形式，其所有权应归国家所有，其他民事主体只能取得使用权。也有观点认为，大气降水在法律上不属于水资源。故水工程收集的雨水资源的所有权应由水工程的所有权决定。笔者认为，雨水资源也是一种重要的自然资源，它既是生态系统中不可缺少的一个重要组成部分也是水资源的一种重要补充形式，但雨水资源并不属于传统意义的水资源，其权属问题需要根据不同的阶段和形态进行具体分析。雨水收集之前作为自然资源，其所有权属于国家。由于雨水经过雨水收集设施收集、加工之后，其性质转变为了商品水，因而其所有权属于雨水收集设施的所有者或者使用者。从解决水资源危机、发展水权交易、保护生态环境的目的出发，应将雨水也认定为水权交易法律关系的客体为宜。2020 年 12 月 11

---

[1] 《水法》第二十四条规定：在水资源短缺的地区，国家鼓励对雨水和微咸水的收集、开发、利用和对海水的利用、淡化。

[2] 《北京市关于加强建设工程用地内雨水资源利用的暂行规定》（2003）第六条规定：雨水利用工程应与主体建设工程同时设计、同时施工、同时投入使用，其建设费用可纳入基本建设投资预、决算。

[3] 《深圳市节约用水条例》（2019）第四条规定：鼓励和扶持对污水、中水、海水以及雨水等的开发、利用，并在城市规划建设中统筹考虑。污水、中水、海水以及雨水等的综合利用应当纳入节约用水规划。

[4] 《长沙市水资源管理条例》（2012）第十二条规定：加强易旱区域雨水集流工程建设，提高易旱区域水资源的利用效率。市、区、县（市）人民政府应当鼓励建设小型雨水集流和蓄水设施，积极推广雨水集流技术，提高水资源利用效率。城市广场、公园等户外公共活动场所地面铺设，应当采用有利于雨水渗透的建筑材料，城市道路隔离带和绿地建设应当有利于涵蓄雨水。

日，长沙市出现了国内第一宗"雨水水权交易"。①

再生水是指废水经适当处理后，达到一定的水质指标，满足某种使用要求，可以进行有益使用的水。和海水淡化、跨流域调水相比，再生水具有明显的优势。从经济的角度看，再生水的成本最低；从环保的角度看，污水再生利用有助于改善生态环境，实现水生态的良性循环。废水本来是水循环的一个环节，它经过废水收集设施（一般是污水处理厂）收集加工之后，其性质转变成了商品水，其所有权属于废水收集设施的所有者和使用者。从保护环境、节约用水的目的出发，笔者认为再生水也应纳入水权交易法律关系的客体范围。而《内蒙古自治区水权交易管理办法》已经将再生水纳入水权交易法律关系的客体范围。

（三）通过水工程供应的水资源应纳入水权交易对象

由于水资源是一种流动资源，时间和空间是限制其利用的两个因素，但是"人类如果付出一些代价，可分别以储存和运输的方式解决这两个问题"②，而水工程③就是人类克服水资源时空分布不均匀而合理开发利用水资源的手段。为了鼓励合理开发利用水资源保护环境，笔者认为应该把通过水工程供应的灌溉用水或者工业用水也纳入水权交易法律关系的客体范围。

四、水权交易类型

按照水权交易对象是否属于同一流域，水权交易可区分流域水权交易、跨流域水权交易。按照水权交易主体不同，水权交易可区分工业和服务业用水户水权交易、农业用水户水权交易。此外，再生水、雨水等非常规水资源水权交易也在实践中占有一席之地。在对全国各地的水权交易实践探索进行分析和总结之后，按照水资源使用权确权类型、交易主体和程序，2016 年 4 月，水利部《水权交

① 2020 年 12 月 11 日，国内第一宗"雨水交易"在长沙顺利成交。2021 年 1 月 7 日，由中国水权交易所确认的全国首宗城市雨水水权交易证书正式颁发。长沙市近年来大力开展海绵城市建设，目前已有雨水地下收集工程 500 多处。全市共建成 7 万立方米的雨水蓄积池，如果全部实现雨水资源交易，每年将节约 70 万立方米自来水。环卫用水实现用雨水部分替代市政自来水，得益于城市雨水水权交易在长沙的实施。

② ［美］阿兰·兰德尔. 资源经济学：从经济角度对自然资源和环境政策的探讨［M］. 施以正，译. 北京：商务印书馆，1989：14.

③ 《中华人民共和国水法》第七十九条："本法所称水工程，是指在江河、湖泊和地下水源上开发、利用、控制、调配和保护水资源的各类工程。"用于控制和调配自然界的地表水和地下水，达到除害兴利目的而修建的工程，也称为水利工程。它的基本组成是各种水工建筑物，包括：挡水建筑物、泄水建筑物、进水建筑物、输水建筑物以及具有特殊功能的水工建筑物，如船闸、过鱼设施等。

易管理暂行办法》将水权交易分为区域水间权交易、取水权交易、灌溉用水户水权交易三大类型。总体而言，目前我国水权交易主要有以下类型：

（一）区域间水权交易

《水权交易管理暂行办法》第三条第一款规定"区域水权交易：以县级以上地方人民政府或者其授权的部门、单位为主体，以用水总量控制指标和江河水量分配指标范围内结余水量为标的，在位于同一流域或者位于不同流域但具备调水条件的行政区域之间开展的水权交易。"① 区域水权交易的主体均为地方人民政府或者其授权的部门、单位，这实际上决定了区域间水权交易是政府对政府的交易，包括流域内水权交易和跨流域水权交易，但是跨流域水权交易必须具有跨流域调水的工程条件。《办法》在参考了《南水北调工程供用水管理条例》第十五条②规定之后，明确规定：一是要求区域间水权交易的基础必须是现实的水量转让，禁止单纯买卖指标；二是要求水权交易协议必须在共同的上一级人民政府水行政主管部门或者流域管理机构备案；三是规定水权交易转让方占用本方水权指标，而受让方不占用本方指标。

在我国目前所有的水权交易实践当中，区域间水权交易的流域内水权交易的典型代表是东江—义乌水权交易实践③和广东省东江流域水权交易实践④，跨流

---

① 水利部.水权交易管理暂行办法［N］.中华人民共和国水利公报，2016.

② 《南水北调工程供用水管理条例》第十五条规定，工程受水区省、直辖市可授权部门或者单位协商签订转让协议，确定转让价格，并将转让协议报送国务院水行政主管部门。

③ 东阳—义乌的水权交易开了我国水权交易的先河。东阳、义乌处于同一流域的上下游，为了满足义乌市水资源的需求，义乌市政府与东阳政府达成了友好协议，即义乌从东阳水库买水，每年花费的金额在两亿元左右，获得的水资源的数量约为五千万立方米。这种购买行为并不改变东阳水库水资源的归属，义乌地区对买来的水享有使用的权利。为了保证义乌市取水的质量，东阳市负责对其水库的水资源的质量进行保护，相关配套设施也需要定期进行维护，而用来运输水资源的管道则由义乌市负责搭建。由于运输管道覆盖到东阳和义乌的部分区域，为了方便当地政府管辖，双方约定各自管理各自地域范围内的管道设施并进行日常维护。此项水权交易是双赢之举，是我国的首例水权交易，是一次重大的改革实践，它打破了行政手段垄断水权分配的传统，证明了市场机制是水资源配置的有效手段，为我国的水权流转开了先河。

④ 2014年6月，水利部发布《关于开展水权试点工作的通知》确定广东省作为水权试点地方之一，重点在东江流域开展流域上下游水权交易，广东省水利厅在2016年6月编制了《广东省水权试点方案》，明确广东省水权试点的重点为东江流域范围内各主要行政区域（包括广州市、深圳市、惠州市、河源市），开展上下游区域（地级市或县区）之间的水权交易。东江流域水权交易启动，东江上游因水资源保护的投入付出可以通过水权交易得到补偿。2016年12月，广东省人民政府公布《广东省水权交易管理试行办法》（2017年2月1日实施）成为东江流域水权交易的经验总结和制度规范。

域水权交易的典型代表是河南省新密市与平顶山市水权交易实践①。

（二）取水权交易

《水权交易管理暂行办法》（以下简称《办法》）第三条第二款规定，取水权交易：获得取水权的单位或者个人（包括除城镇公共供水企业外的工业、农业、服务业取水权人），通过调整产品和产业结构、改革工艺、节水等措施节约水资源的，在取水许可有效期和取水限额内向符合条件的其他单位或者个人有偿转让相应取水权的水权交易。取水权交易是当前水权交易实践中最为常见的交易类型，在此类交易中取水许可证成为水资源使用权的具有法律效力载体和证明，也就成了水权交易的交易对象。取水许可证是我国水资源管理的一种基本制度。《取水许可和水资源费征收管理条例》规定除了特殊情况，所有取用水资源的单位和个人都应当申请领取取水许可证并缴纳水资源费，同时要求取水权转让中的可转让取水权应来自节约的用水量，而且这个节约的取水权转让必须经原取水审批机关批准。

《办法》在《取水许可和水资源费征收管理条例》基础上对取水权转让规定进行了细化：一是在第十四条、第十六条、第十七条对申请材料、交易程序进行了细化规定②；二是在第十五条要求原取水审批机关在 20 个工作日内完成申请报告审查、节水措施现场核查工作，体现了高效便民、鼓励交易原则③；三是在第十八条对实践中广泛存在的双方约定的交易期限超出取水许可证有效期的情形

---

① 河南省虽然水资源匮乏，但是全国唯一一地跨长江、淮河、黄河、海河的省份，这为新密市、平顶山市开展跨流域水权交易提供了一定的客观区域条件。2015 年 11 月 26 日，平顶山市政府与新密市政府在河南省水利厅签订《河南省平顶山市新密市水量交易意向书》，就两市间跨流域水量交易达成初步共识。双方采取"长期意向"与"短期协议"相结合的区域间水量交易动态调整机制，约定保障新密市在 20 年内每年不超过 2200 万立方米的用水需求，同时每三年签订一次《水量交易协议》，协商确定协议期限内交易双方的水量交易数量和价格，这样既保障了水量交易的稳定性和灵活性，又维护了交易双方的核心利益。

② 《办法》第十四条　取水权交易转让方应当向其原取水审批机关提出申请。申请材料应当包括取水许可证副本、交易水量、交易期限、转让方采取措施节约水资源情况、已有和拟建计量监测设施、对公共利益和利害关系人合法权益的影响及其补偿措施。《办法》第十六条　转让申请经原取水审批机关批准后，转让方可以与受让方通过水权交易平台或者直接签订取水权交易协议，交易量较大的应当通过水权交易平台签订协议。协议内容应当包括交易量、交易期限、受让方取水地点和取水用途、交易价格、违约责任、争议解决办法等。交易价格根据补偿节约水资源成本、合理收益的原则，综合考虑节水投资、计量监测设施费用等因素确定。《办法》第十七条　交易完成后，转让方和受让方依法办理取水许可证或者取水许可变更手续。

③ 《办法》第十五条　原取水审批机关应当及时对转让方提出的转让申请报告进行审查，组织对转让方节水措施的真实性和有效性进行现场检查，在 20 个工作日内决定是否批准，并书面告知申请人。

作出了特别规定①；四是在第十九条对取水权回购和竞争性再配置作出了规定②。值得一提的是我国内蒙古鄂尔多斯取水权交易实践，通过对农业节水改造，减少农业用水，能够为工业和服务业用水户提供富余水资源指标。③

（三）灌区农户用水权转让

《办法》第三条规定，灌溉用水户水权交易指已明确用水权益的灌溉用水户或者用水组织之间的水权交易。由此可见，"取用分离"较好地描述了灌区与农户的关系，即由灌区管理单位办理取水许可证，其虽具有取水权但不使用，农户虽然不办理取水许可证，但却是事实上的用水权益的享有者，其通过渠系对水资源既取又用。根据五中全会精神《水权交易管理暂行办法》，将其称之为灌区农户用水权，并作出以下规定：一是在第二十一条确立了先确权后交易的原则，但是对确权形式未作强制性要求，水权证、水票、登记簿等经过有管辖权的水行政主管部门认可即可④；二是在第二十二条规定了自主开展、无需审批的基本原则，只是交易期限超过 1 年的需要事前备案⑤；三是在第二十四条规定了灌区的权利义务，特别是赋予了灌区可以回购用水权权利，用以重新配置或者对外交

---

① 《办法》第十八条 转让方与受让方约定的交易期限超出取水许可证有效期的，审批受让方取水申请的取水审批机关应当会同原取水审批机关予以核定，并在批准文件中载明。在核定的交易期限内，对受让方取水许可证优先予以延续，但受让方未依法提出延续申请的除外。

② 《办法》第十九条 县级以上地方人民政府或者其授权的部门、单位，可以通过政府投资节水形式回购取水权，也可以回购取水单位和个人投资节约的取水权。回购的取水权，应当优先保证生活用水和生态用水；尚有余量的，可以通过市场竞争方式进行配置。

③ 内蒙古鄂尔多斯农业户对工业户取水权转让是黄河流域水资源匮乏、内蒙古自治区水资源分配形势严峻、鄂尔多斯自身工业发展等因素催生的结果。2014 年 1 月，内蒙古成立了水权收储转让中心，2015 年初已经有四家企业与水权收储转让中心签订合同，每家企业出资 3 亿元，建设节水工程，每家可获水量 2050 立方米。从我国发展阶段来看，城市工业和服务业用水户对于水资源的需求是日益增加，工业和服务业内部节约水资源、产生水权交易的动因较少。在鄂尔多斯"点对点"模式下，工业企业通常是为了自身用水需要投资进行水利工程建设，工业企业由此获得的水资源指标也是稀缺，难有再次开展水权交易的动力。通过对农业节水改造，减少农业用水，能够为工业和服务业用水户提供富余水资源指标。内蒙古水权转让实践形成的一条经验是：农业节水支持工业、工业发展反哺农业。

④ 《办法》第二十一条 县级以上地方人民政府或者其授权的水行政主管部门通过水权证等形式将用水权益明确到灌溉用水户或者用水组织之后，可以开展交易。

⑤ 《办法》第二十二条 灌溉用水户水权交易期限不超过一年的，不需审批，由转让方与受让方平等协商，自主开展；交易期限超过一年的，事前报灌区管理单位或者县级以上地方人民政府水行政主管部门备案。

易①。我国灌区农户用水权转让实践中，张掖市开展的水票交易模式独具特色。②

（四）雨水、再生水等非常规水资源水权交易

湖南省长沙市的雨水交易③、山西省晋中市的再生水交易④开启我国再生水资源水权交易的实践。但是我国的雨水、再生水等非常规水资源水权交易刚刚起步，仍有许多问题需要深入探讨。首先，非常规水资源的水权确权不同于传统水权，因为可用于交易的非常规水资源并非来自现有流域或地下水资源，与用水指标相分离，政府机构通过行政手段对水权确权的方式，并不适用于雨水、再生水等非常规水资源。其次，非常规水资源需要经过处理、加工、收集后才可以转换为可利用水资源，比如污水需由污水处理设施进行分离、净化等加工处理，雨水需由特定设施进行收集、储存。进入加工、处理、收集、储存设施的再生水资源

---

① 《办法》第二十三条　灌区管理单位应当为开展灌溉用水户水权交易创造条件，并将依法确定的用水权益及其变动情况予以公布。《办法》第二十四条　县级以上地方人民政府或其授权的水行政主管部门、灌区管理单位可以回购灌溉用水户或者用水组织水权，回购的水权可以用于灌区水权的重新配置，也可以用于水权交易。

② 黑河流域中游的张掖市是典型的灌溉农业区，属于全国十大商品粮基地之一。随着社会经济快速发展，黑河流域水资源短缺问题日益严峻。张掖市将全市可利用的水资源量作为水权，逐级分配到各县区、乡镇、村社、用水户（企业）和国民经济各部门，确定各级水权，实行以水定产业、以水定结构、以水定规模、以水定灌溉面积，核定单位产品、人口、灌溉面积的用水定额和基本水价。每个用水户通过用水定额明确初始水权，管理部门通过定额管理掌握用水户节水指标，将用水量控制在年用水指标之内。在推行水票运转方式的同时组建农民用水者协会，促进水市场形成。张掖每个农户都有一本"水权证"，明明白白地记录着每户农民每年可使用多少水资源，分配到水权后，农民便可按照标明的水量去水务部门购买水票，用水时先交水票，用不完的水票，农民可通过水市场进行出卖。在水票交易模式下，水票成为水资源使用权的载体，也成为可见、可量化的水权交易对象。

③ 2020年12月11日，在长沙市高新区管委会、中国水权交易所和长沙市海绵城市生态产业技术创新战略联盟指导协调下，湖南雨创环保工程有限公司以0.7元/立方米的价格对湖南高新物业有限公司集蓄的4000立方米/年的雨水资源进行收储，再以3.85元/立方米（低于当地自来水价20%）的价格转让给长沙高新区市政园林环卫有限公司，用于园林绿化、环卫清扫作业用水，替代优质自来水，开创了雨水资源集约化利用及生态价值市场化实现的新模式。全国第一宗"雨水交易"可分解为：屋面的管网进行收集，通过屋面的落水管进入雨水口，然后是弃流、储存、处理，再到回用，组成一套完整的雨水综合利用系统。

④ 2021年8月，全国首例再生水使用权有偿出让签约仪式在山西省晋中市灵石县顺利举行，再生水使用权出让方灵石县水利局分别与山西宏源富康新能源有限公司、山西聚源煤化有限公司、灵石县中煤九鑫焦化有限责任公司三家受让方通过中国水权交易所水权交易平台签订协议、达成交易并完成价款结算。晋中市灵石县作为山西省重要的能源化工基地，水资源供需矛盾突出，全县年取水量缺口达2000万立方米以上。晋中市在中国水权交易所的指导下，贯彻落实中央精神，以山西省水源、水权、水利、水工、水务"五水综改"为牵引，以水权交易为突破，选取灵石县作为改革试点，搭建了市、县级水权交易平台，编制了水权交易实施方案，将再生水纳入水资源统一配置，开展了再生水有偿出让，实现了县域内污水"全收集、全处理，全利用、全交易"，运用市场化手段切实解决了共710万吨/年焦化项目用水缺口问题，推动用水权从无偿取得、有偿使用向有偿取得、有偿使用转变，为下一步外调水等水源用水有偿出让奠定了基础，探索出了水权交易的"晋中经验"。

被特定化，成为劳动加工对象，成为一种经济资源，因而在非常规水资源循环利用过程中，对雨水、再生水等非常规水资源采集、收集、加工、处理设施的投资方是重要利益主体，也是非常规水资源水权交易的出让方。投资方对非常规水资源采集、收集、加工、处理设施的权利，以及投资方对非常规水资源的权利，应当通过市场手段予以确认，以保证投资方积极性。政府机构在雨水、再生水等非常规水资源水权交易各环节中，应更多充当监管者、规则制定者的角色，而非直接参与者。出于鼓励、促进雨水、再生水等非常规水资源利用，政府机构可推动公共机构或国有经济组织参与非常规水资源加工、处理、收集、储存的特定环节，但政府机构自身应尽可能回避。

雨水、再生水等非常规水资源水权交易受让方关注水资源的持续供应以及水资源的质与量能够满足自身需要，这与传统水权交易并无太大差异。但是，再生水资源的前期收集、中期加工处理需要巨大投入，这会间接影响到水权交易价格，导致受让方受让再生水资源水权动力不足。此外，大规模建设雨水、再生水等非常规水资源收集设施、加工处理设施也会带来投资方与社会公共利益、环境利益之间的冲突。投资方希望扩大雨水、再生水等非常规水资源收集量，但设施建设和运转可能影响周边社区居民生活，也可能对环境造成不利影响，亦会带来有关的环境正义问题。

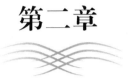

第二章

我国水权交易之利益冲突与利益平衡

第一节　利益冲突与利益平衡之理论分析

一、利益和利益冲突的理论分析

（一）利益和利益冲突的本原意义

1. 利益

我国西汉时期著名史学家司马迁在《史记·货殖列传》中写道："天下熙熙，皆为利来；天下攘攘，皆为利往。"这说明古人很早就认识到利益是人类社会一切活动的驱动力。马克思也指出，"历史不过是追求自己目的的人的活动而已"，[①] 而"人们奋斗所争取的一切，都同他们的利益有关"。[②] 利益如此普遍和重要，但是利益到底是什么呢？

18 世纪法国唯物主义者爱尔维修认为河水不能倒流，人不能逆着利益的浪头走，[③] 利益可以解释一切错综复杂的社会现象，并将利益区分为个人利益和公共利益，认为个人利益是人类一切活动的驱动力，而公共利益是人类社会存续的

---

① 马克思，恩格斯. 马克思恩格斯全集（第 2 卷）[M]. 北京：人民出版社，1957：117 - 118.

② 马克思，恩格斯. 马克思恩格斯全集（第 1 卷）[M]. 北京：人民出版社，1995：187.

③ 北京大学哲学系外国哲学史教研室. 西方哲学原著选读（下卷）　[M]. 北京：商务印书馆，1982：537.

基础。社会法学的代表人物庞德提出自己的利益观："为了说明现在的问题起见，我想将利益规定为人们个别地或通过集团、联合或亲属关系，谋求满足的一种需求或愿望，因而在安排各种人们关系和人们行为时必须将其估计进去。"① 庞德认为利益的本质是人的需求和愿望。马克思主义的利益理论认为，"把人与社会连接起来的唯一纽带是天然必然性，是需要和人的私人利益。"② 利益的本质是社会关系，是社会主体占有和享有社会劳动产品以实现自身的生存和发展的对立统一关系。只有马克思主义利益观才真正揭示了利益的本质。

首先，利益是一个关系范畴，其本质上是主体为了满足自身的需要而与需要对象之间建立的对立统一关系。利益其实就是社会化的需要，因为利益必然是以一定的经济关系为纽带才能形成利益，亦会受到多方面因素的影响。人为了生活，就必然需要衣食住行等满足人类生存和发展的东西，利益虽然与这些基本需求有关，但是必须明晰的是人的需求并不是利益产生的原因，更不是利益本身。

其次，利益反映的是人与人之间对需求对象的分配关系，其基础是人的需要。人虽然具有自然属性，但人的本质却是社会性，人不可能离开社会，人的需要必须通过对社会劳动产品的占有和享受才能实现。利益实际上就是两对矛盾关系的体现：一是处在社会中的人的需要与社会劳动所生产出来的需要对象之间的矛盾关系，二是社会主体与社会劳动产品之间存在的矛盾关系。且社会主体之间以及社会主体与需求对象之间的对立统一关系是由社会主体需要的多样性与社会劳动产品的有限性决定的。

"利益存在于各种社会关系中，在不同历史时期和不同社会条件下，利益的性质、内容和相互关系是不同的。"③ 人们可依照不同的标准对利益进行不同的分类。著名的利益法学家庞德就将利益区分为个人利益、公共利益和社会利益三大类。④ 首先，以利益主体区分，可将利益分为个人利益、集体利益、国家利益

---

① [美]庞德. 通过法律的社会控制——法律的任务 [M]. 沈宗灵，董世忠，译. 北京：商务印书馆，1984：35.

② 马克思，恩格斯. 马克思恩格斯全集第1卷 [M]. 北京：人民出版社，1956：439.

③ 沈宗灵. 法理学 [M]. 北京：北京大学出版社，2003：54.

④ 个人利益是直接从个人生活本身出发，以个人生活名义所提出的主张、要求和愿望，包括人格利益、家庭关系利益和个人的物质利益三类；公共利益是从政治组织社会生活的角度出发，以政治组织社会名义所提出的主张、要求和愿望，可分为国家作为法人的利益和国家作为社会利益捍卫者的利益两类；社会利益是从社会生活角度出发，为维护社会程序、社会的正常活动而提出的主张、要求和愿望，社会利益是最重要的利益，包括一般安全利益、社会组织安全的利益、一般道德的利益、保护社会资源的利益、一般进步的利益及个人生活方面的利益六类。[美]庞德. 通过法律的社会控制——法律的任务 [M]. 沈宗灵，董世忠，译. 北京：商务印书馆，1984：37-40.

和社会利益。其次，以利益的内容区分，可将利益分为物质利益和精神利益。再次，以利益所涉范围区分，可将利益分为长远利益、短期利益和当下利益；整体利益、局部利益和个别利益；某一国家或地区的利益和人类共同利益；多数人的利益和少数人的利益；中央利益和地方利益。从次，以利益内容的实现区分，可将利益分为既得利益和将来利益。最后，以利益合法性区分，可将利益分为合法利益与非法利益。① 在本文探讨水权交易中的利益平衡问题时，主要是根据合法性标准、主体标准和性质标准对利益进行分类进而展开分析。

2. 利益冲突

冲突顾名思义就是对抗，实质上就是对立的双方从思想到行为的对抗。利益冲突就是各个利益主体之间的利益纠纷和利益争夺，实质上就是争夺利益对象或者劳动对象，更是争夺利益的生产方式和分配方式，也是争夺社会地位。由于资源有限，加之利益主体能力不同和社会权利不平等，所以利益差异是必然存在的。每个主体都是追求自身利益最大化，而资源又是有限的，这必将导致对立与冲突，导致个人与个人之间、部门与部门之间乃至于政府与公众之间的矛盾与冲突。利益冲突有物质利益与精神利益的冲突、眼前利益与长远利益的冲突、内部利益与外部利益的冲突、纵向利益与横向利益的冲突等多种表现形式。世界形成了一个纵横交错的复杂的利益冲突之网。

（二）利益和利益冲突的法学本质

1. 利益与法律利益

法学家们一直很重视对于利益的研究。早在古罗马时期，著名法学家乌尔比安就将利益划分为公益和私益，并在此基础之上将保护国家利益和公共利益为目的的行为规则叫作公法，将保护个人利益为目的的行为规则称作私法。18 世纪末期，功利主义法学家边沁提出法律最终的目标就是实现整个社会的最大利益，同时他也认为对个人利益的保护应该是第一位的，因为正是众多的私人利益叠加就组成了社会公共利益，所以保护并增进私人利益，就可以促进整个社会的利益。德国法学家耶林认为法律的目的和根本标志就是权利，此权利就是为法律所承认和保护的利益，同时他认为社会利益是社会与个人利益相结合的。德国法学家赫克提出法律除了是一个逻辑结构之外，还是各种利益的平衡，法律的最高目标就是平衡利益。马克思主义的利益论指出，"从某一阶级的共同利益中产生的

---

① 李寿廷. 土地征收法律制度研究——基于利益平衡的理论分析与制度构建 [D]. 重庆：西南政法大学，2010.

要求，只有通过下述办法才能完成，即由这一阶级夺取政权，并用法律的形式赋予这些要求以普遍的效力"①，解决了利益的本质和历史作用问题。

法律的基础是利益，同时利益的保护和实现由法律提供保障，且利益通过法律转化为权利。但并不是所有的利益都能成为法律上的利益，法律利益只是能够以权利形式表现的一部分利益，天生带有正当性价值判断。

2. 利益冲突的法律评价

各个利益主体之间利益矛盾的激化就是利益冲突，这源于利益差别而产生利益争夺。西方社会学理论特别强调冲突对社会发展的影响，但是却忽视现实社会制度和社会结构，忽视了冲突的社会意义。从法学的角度来解读冲突，冲突的本质就是主体的行为与社会既有的秩序之间的不协调以及其对主流道德意愿的反叛。② 并不是所有的利益冲突都由法律来评价，但是自然的利益冲突会通过法律的评价转化为法律上作为法律事实的利益冲突。法律评价利益冲突是有条件制约的：一是此利益冲突违反了既定的秩序、制度及主流道德意识，二是该利益冲突的主体必须是自然人或法人这两种法律主体之一。因此，利益的法律评价方式体现为保护合法利益、禁止非法利益，当某种利益冲突违反某一法律规范时，该利益冲突就会遭受法律评价，并产生了须用法律手段排解该冲突的后果。

二、利益平衡的理论分析

（一）平衡与利益平衡的含义

平衡是一种最常见的社会现象，从哲学角度对其进行解释，就是矛盾相对统一和协调的一种状态。事物稳定有序发展需要平衡，其中蕴涵了静态平衡和动态平衡。在社会领域中，平衡是指各种矛盾的社会力量互相抵消而形成的均势，从而使特定的社会关系保持相对稳定的状态。平衡的概念被广泛用于社会生活的各个领域，也成为了解释社会现象的一种重要方法论。③

社会就是在不间断、多元的利益冲突中发展的，人类对不同的利益冲突进行协调以达到利益平衡，从而促进整个人类社会进步发展。利益平衡就是在一定的利益格局和体系下出现的不同利益主体之间的利益相对均势的状态。任何社会都有其特定的社会政治、经济和文化背景，其中存在着与此相关的不同的利益个体

---

① 马克思，恩格斯. 马克思恩格斯全集（第21卷）[M]. 北京：人民出版社，1956：567-568.
② 顾培东. 社会冲突与诉讼机制[M]. 北京：法律出版社，2004：4.
③ 冯晓青. 知识产权法利益平衡理论[M]. 北京：中国政法大学出版社，2006：8-9.

和利益群体，亦存在利益差别和不同的利益关系，这又构成了利益格局。多元利益的存在导致了复杂的利益冲突和利益矛盾，必然会引起利益格局的失衡，这种失衡必然会导致社会动荡影响社会发展，这就需要一种力量来缓和冲突实现相对的利益平衡。随着历史的发展，出现了经济、政治、观念、道德、制度等多种方式来缓和冲突实现利益平衡，然而法律作为近现代社会最有效的控制工具是最好的实现利益平衡的工具。庞德深刻地认识到，为了解决人们之间客观存在的利益冲突，从"根本上必须在合作本能与利己本能之间维持平衡，社会控制的任务就在于使我们有可能建立和保持这种均衡，而在一个发达社会中，法就是社会控制的最终有效的工具"①。

利益平衡是利益主体在不同利益主体间的利益冲突中根据一定的原则和方式对利益进行选择、衡量的过程。利益冲突的解决必须借助于法律的制度安排，进行利益的识别与衡量，使利益分配趋于相对平衡的状态，实现社会有序发展。同时，利益平衡的原则通过相关法律制度的安排，又影响到利益主体的现实生活中，使之实现一定的利益目标。

（二）利益平衡的法治之道

如上分析可知，利益是法的基础之一，其对法的产生、发展、变化起决定作用，同时法对利益也有调整作用，可以确认、保障并实现利益。本书探讨的主要是通过法律规范指引、预测、评价的功能来平衡各种利益冲突以实现利益平衡的动态过程。法律对利益的平衡应该是以实现正义为目标，文明、理性地解决利益冲突，从而在利益主体的利益需求之间最大限度地维持一种相对的平衡。

法律是调整社会关系的规范。而被法律所调整的社会关系，其根源就是对利益关系的调整，因为利益是每个人最基本的生存需求之一。这实际上会决定人的行为模式以及社会秩序的发展，而法律作为人类社会迄今为止最好的社会治理方式，法律平等保护和促进一切正当利益，通过立法、司法、法律监督以及守法等环节构成一个有机系统，调整社会的各种利益冲突，让社会中的各种利益达到一个相对平衡的状态。②

利益平衡不仅是一项立法原则，也是一项司法原则。法律、规则和制度都建

---

① ［美］庞德．通过法律的社会控制——法律的任务［M］．沈宗灵，董世忠，译．北京：商务印书馆，1984：89.

② 张文显．法理学［M］．北京：法律出版社，1997：270.

立在利益平衡的基础上。"对相互对立的利益进行调整以及对它们的先后顺序予以安排，往往是通过立法手段来实现的。"① 法律规则不仅表达各个主体的利益诉求，同时协调现实生活中各种各样的利益差别、利益矛盾和利益冲突，从而形成相对平衡的利益格局，以促进社会发展。人们的权利和义务就是通过法律来分配的利益，权利是受到法律保护的利益，义务则是法律规定的不利益，法律对利益进行权衡并通过国家强制力对权利进行保护、对义务进行强制，进而影响人们的动机和行为，从而规制社会关系，以实现法律对社会的控制。所以，利益平衡之基本法律表现就是权利与义务平衡，立法中利益衡量的基本范畴就是权利与义务，立法必须遵循一定的立法原则，从总体上把握权利和义务的总体平衡。

现代法治的重要环节之一就是司法，现代社会的诉讼制度可以让人们的各种法律要求获得救济，各项冲突也能得到某种程度的解决。司法过程实际上就是把社会各个利益主体都一一纳入具体的法律场景之中，从而实现司法过程与社会之间的法律信息互动，最终有效解决利益冲突。在司法程序中，利益衡量是法官面对个案冲突进行利益衡量时，借助于价值判断对各种利益重要性之评价及利益的选择和取舍进而达致公正判决的过程。② 利益衡量也是弥补立法不足的手段，当法律所保护的利益之间存在冲突，而立法者未对法律所保护的利益的位阶作出界定，而这些利益之间又存在冲突，法官在裁判时就必须以公平与正义对这些利益的位阶进行权衡，探寻立法者的价值衡量本意，以保证公正判决，使冲突的利益和权利达致平衡。

第二节　我国水权交易之利益诉求与利益冲突

一、水权交易利益相关者之利益诉求

所谓水权市场中的利益相关者就是指在水权交易全过程中利益受到影响的个人或群体，包括农业用水户、工业用水户、农民用水户协会和政府部门等多元主

---

① ［美］博登海默. 法理学：法哲学与法律方法 ［M］. 邓正来，译. 北京：中国政法大学出版社，1999：40.

② 杨仁寿. 法学方法论 ［M］. 北京：中国政法大学出版社，1999：175 - 176.

体。实践中，各利益相关者之间由于利益冲突和矛盾导致不同利益主体的决策和行为存在差异。因此，对水权市场中的利益相关者进行识别并明晰其利益诉求，是分析各相关主体利益冲突并实现利益平衡的基础。（表 2 - 1）

表 2 - 1　水权交易市场利益相关者识别①

类别	合法性	权力性	紧急性	分类
农业用水户	高	高	高	直接利益相关者
工业用水户	高	高	高	直接利益相关者
政府部门	高	高	中	间接利益相关者
农民用水户协会	中	高	高	间接利益相关者
生态环境主管部门	中	中	高	间接利益相关者
灌区供水单位	中	中	中	间接利益相关者
生活用水管理部门	中	中	低	潜在利益相关者
中介机构	低	中	低	潜在利益相关者
媒体	低	中	低	潜在利益相关者
学者	低	中	低	潜在利益相关者
其他	低	低	低	非利益相关者

下面主要对水权市场中直接利益相关者和间接利益相关者的利益诉求进行分析：

一是农业用水户的利益诉求。农业用水户不仅是水权市场的水权出让者，也是节水的利益分享者，其通过本身的节水行为形成节余水权，并将之在市场中进行交易。农业用水户的利益诉求最重要的就是满足其农业用水需求，其次就是降低农业水价，最后就是能以有竞争力的价格在市场上售出节余水权。

二是工业用水户的利益诉求。工业用水户一般作为水权交易的受让方参与到水权交易中，但也有通过各种措施节约用水量成为出让方的情况。工业用水户的利益诉求最重要的就是以合理的价格在市场上购买水权。

三是政府部门的利益诉求。政府部门是水权交易市场的管理者，其所制定的

---

① 潘海英，汪欣. 典型流域水权市场建设中利益相关者利益冲突与平衡 [J]. 水利经济，2019，37 (5)：66 - 72.

政策和做出的决策影响着水权市场的发展。中央政府主要的利益诉求是逐步解决水资源危机，缓解水资源之供需矛盾，促进水权市场健康、有序发展；地方政府的利益诉求则是在坚持执行中央政府决策的前提下，协调流域水权市场各利益相关者的利益关系以实现当地水资源的有效配置，最终促进地方经济的发展。

四是农民用水户协会的利益诉求。目前我国很多流域实行"水管单位 + 用水户协会 + 农户"的用水模式，农民用水户协会承担着政府与农业用水户之间的中间桥梁作用，是自负盈亏的非营利性组织。农民用水户协会运转的经费来源于其向农民征收的一定的管理费和政府给予其一定水费返还，需要承担从事编报用水计划、灌溉管理、灌排设施运行管理和维护、向灌区供水单位交纳水费等工作，其利益诉求表现为以组织形式维护用水户利益，同时获取维持协会稳定运行的资金。①

五是生态环境主管部门的利益诉求。生态环境主管部门的主要职责之一就是对水生态环境进行监管。随着水权市场的发展，对水权交易所引发的生态环境负外部性进行监控是生态环境主管部门对水资源管理的重要工作，还有生态补偿政策的制定。应该将生态环境主管部门作为水生态环境的代表方，将其作为单独的个体来考虑其与水权市场中各利益相关者之间的利益冲突和平衡问题，其主要的利益诉求是争取生态补偿最大化以实现社会福祉最大化。

六是供水单位的利益诉求。供水单位是指从事取水、供水、排水、污水处理、水治理等水业务的营利性组织，其主要经济收益来自水费的收取。因此在流域水权市场中供水单位的利益诉求是争取初始水权的最大化分配，收取水费并获得合理收益。②

二、水权交易利益相关者之间的利益冲突

以最常见的流域水权交易市场为例，如图 2 - 1 所示，在水权市场中众多利益相关者形成了相互依赖又彼此制约的复杂关系（图中，双向箭头表示双方存在利益冲突）。

---

① 王爱敏，葛颜祥，耿翔燕. 水源地保护区生态补偿利益相关者行为选择机理分析 [J]. 中国农业资源与区划，2015，36 (5)：16 - 22.
② 尹庆民，马超，许长新. 中国流域内农业水费的分担模式 [J]. 中国人口·资源与环境，2010，20 (9)：53 - 58.

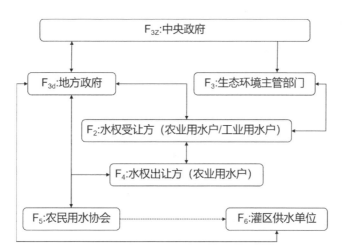

图 2 - 1 水权交易市场中利益相关者框架图①

如图 2 - 2 所示，这些多元利益主体之间形成了复杂的利益冲突。

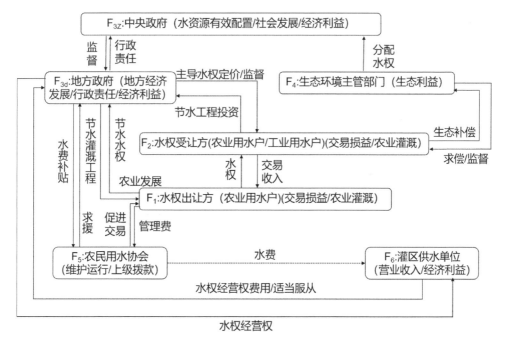

图 2 - 2 水权交易市场中多方利益相关者利益冲突图②

① 潘海英，汪欣. 典型流域水权市场建设中利益相关者利益冲突与平衡 [J]. 水利经济，2019，37
(5)：66 - 72.

② 潘海英，汪欣. 典型流域水权市场建设中利益相关者利益冲突与平衡 [J]. 水利经济，2019，37
(5)：66 - 72.

（一）水权出让方与水权受让方之间的利益冲突

如图 2 - 2 所示，在水权市场中，多元利益主体之间形成了复杂的利益冲突。水权出让方和受让方存在直接的利益冲突，其原因主要在于出让方对水权定价主动权缺失。具体而言，水权交易多数为政府主导，所以无论是农业用水户还是工业用水户对水权的定价能力不强，且出让方的价格谈判能力较弱，加之转让的可交易水权又存在用水期限，这就使得出让方在交易中更处于被动地位。因为出让方的交易收入和受让方的交易成本是成反比的，两者之间的收益此消彼长，始终存在利益冲突。

（二）农业用水户与政府之间的利益冲突

农业用水户与政府之间存在利益冲突的根源在于受经济利益的驱动，农户希望得到更多的可交易的水权，但是政府对水权市场可供交易水权数量是有一定限制的，实际可提供给农户的水权数量也是一定的。所以农业用水户和政府之间的利益冲突就是交易收益和公共利益维护之间的矛盾。假设政府为了促进水权交易发展，而放开了对于水权的控制，一旦工业部门在购买水权过程中竞相提高交易价格，农户则认为进行水权交易能满足其利益最大化的需要，就会大量出售农业水权，这会严重影响农业的可持续发展，甚至连带危害其他产业的发展，同时也损害了政府的公共利益。

（三）工业用水户与政府、生态环境主管部门之间的利益冲突

首先，工业用水户与政府之间存在着利益冲突。工业用水户的利益诉求是希望以低成本取得更多的水权以降低生产成本，而政府的利益诉求是推动行业间水权交易开展，减轻工业用水的压力，以促进生产，拉动当地经济发展，但同时也要全盘考虑整个社会的公共利益。但是工业用水户不仅是水权交易的需求方更是受益者，其通过水权交易获得额外的水权需要承担政府节水工程建设费用、运行维护费、更新改造费、风险补偿费等各项费用，另外，政府主导下的行业间水权交易往往定价较高，工业用水户觉得前期节水工程投资费用和水权交易费用过高，增加生产成本时，更倾向于放弃对节水工程的投资和水权交易，导致水权市场无法发展，从而影响地方经济发展。

其次，工业用水户与生态环境主管部门之间也存在利益冲突。因为行业间水权交易会对生态环境产生负外部性影响，而流域内必须留用一定的生态用水量维持生态环境，同时农业灌溉的回流水对生态环境的自我修复也十分重要。然而随着经济的发展，工业企业的用水需求不断增加，需要通过水权交易弥补用水缺口，这就会导致地域水系回流量减少，不利于生态系统的稳定。所以，生态环境主管部门除了向政府争取生态水权，同时也期望向工业企业征收生态补偿基金以修复行业间水权交易行为可能带来的生态环境损害。①

（四）农民用水户协会与政府、农业用水户之间的利益冲突

首先，农民用水户协会与政府之间存在利益冲突。他们之间主要是政治利益和经济利益的矛盾。因为农民用水户协会不是营利组织，需要维持运转的经费，其经费来自政府的水费返还以及农民缴纳的较低的管理费，但这些经费不足以支撑协会的良好运行，这就产生了与政府的经济上的利益冲突。虽然农民用水户协会提供的服务和政府行政管理的某些职能有重合之处，并且有助于减少政府推进水权交易过程中的纷扰和压力，但是其又不是政府部门，这就使农民用水户协会处于一个尴尬的位置，难以实现政治利益。上述矛盾的存在有可能使农民用水户协会成为政府推动水权市场发展的阻力。

其次，农民用水户协会与农业用水户之间也存在经济利益上的冲突。农民用水户协会在协助农户完成水权交易过程中，会以分成等方式截留农民应得水权交易收益和向农民加收管理费等方式取得经费以维持运转，而农业用水户对于水权交易收益是希望利益越多越好，更希望管理费是越少越好，二者之间必然存在矛盾。

（五）各级政府与灌区供水单位之间的利益冲突

各级政府与流域内灌区供水单位之间也存在经济利益和公共利益的利益冲突。这个冲突与农业水价改革实施强度成正比。偏低的农业水价会导致灌区供水单位的经济利益减少，则灌区供水单位就没有利益驱动去维护、维修水利基础设施，农业用水效率就会受到影响，不利于农业水权的节余和水资源的有效配置。但是如果农业水价偏高，灌区供水单位能够获得更多的经营所得，虽能够提高其维护、维修水利基础设施的意愿，但另一方面也容易产生寻租行为，且供水单位为追逐盈利可能与地方政府间形成利益共谋，而作为水权授权人的中央政府，其收益由于信息不对称而被地方政府挤占，自身利益受损，同时中央政府确保水权

---

① 马国勇，陈红. 基于利益相关者理论的生态补偿机制研究 [J]. 生态经济，2014，30（4）：33 - 36.

市场健康、有序发展的公共利益诉求也难以达成。①

三、水权交易产生的利益多维性

"尽管利益是在对人们具有正面意义的概念上使用的，但在研究利益问题时，我们不能不涉及利益的对立面，即风险，就如研究权利问题时不能不涉及义务一样。换句话说，利益与风险都是我们所要研究的重要对象。"② 水权交易过程中，会对不同利益主体产生经济、社会和环境的影响。这种影响可能是利益，也可能带来风险。

（一）经济利益

经济利益就是人们为了满足自身生存、生活需要，在某一经济关系中参与社会经济活动，创造出物的使用价值，并使其进入分配、流通、交换和消费领域而产生的。③ 经济利益包含自然基础、社会基础、实物内容、社会内容、质的规定性、量的规定性六个要素。④ 农业用水户通过节水措施形成灌溉节余水权并在市场中进行交易，出售结余水权就可以获得经济利益。工业用水户不仅可以通过各种措施节约用水量形成结余水权，出售结余水权以获得经济利益，而且还可以通过参与水权交易购买结余水权实现自己的生产目的以获得经济利益。政府部门是水权交易市场的管理者，其所制定的政策和做出的决策对于水权市场的发展有着重大的影响力，促进经济发展就是其经济利益。而供水单位从事取水、供水、排水、污水处理、水治理等多项水业务，与水相关的各项费用的收取是其经济收益的来源。而水价改革是水权交易市场发展中的重要内容，这和供水单位的经济利益息息相关。

---

① 潘海英，汪欣. 典型流域水权市场建设中利益相关者利益冲突与平衡 [J]. 水利经济，2019，37（5）：66 - 72.

② ［奥］凯尔森. 法与国家的一般理论 [M]. 沈宗灵，译. 北京：中国大百科全书出版社，1996：90.

③ 王伟光. 利益论 [M]. 北京：人民出版社，2001：83.

④ "其一，经济利益的自然基础，即引起经济利益范畴的生活需要；其二，经济利益的社会基础，即赋予自然需要及其满足需要过程以经济形式的生产关系；其三，经济利益的实物内容，即满足需要的客体或社会劳动成果；其四，经济利益的社会内容，即满足需要的方式；其五，经济利益质的规定性，这从需要及其满足过程的社会经济形式上得到体现；其六，经济利益量的规定性，这从需要的规模和满足需要的社会劳动成果的规模上得到体现。"参见薛永应. 社会主义经济利益概论 [M]. 北京：人民出版社，1985：41.

（二）社会利益

社会利益具有整体性和普遍性，它在主体上是整体的利益，内容上是普遍的利益，这决定了社会利益必然是一种公共的利益，不存在属于个人利益的社会利益。[①] 一般认为社会利益包括以下几个方面：一是公共安全，这是社会利益的首要表现形式，其在文明社会通过社会团体以社会生活的名义提出须防止那些危害人类社会生存的行为和行为过程；二是社会制度安全，它是文明社会保护其基本制度免受那些威胁其存在或削弱其有效机能的行为方式及行为过程侵犯的主张、需求和要求；三是公共道德，即在当前文明社会的社会生活中保护公众的道德情感，使其免受各种行为及行为过程侵犯的请求、需求或需用；四是保护社会资源，即使用和保护自然资源的一种利益；五是公共发展，即存在公共发展的社会利益，以经济发展的利益、政治发展的利益和文化发展的利益三种形式出现，要求发展人类能力和增强人们对自然的控制以满足人类的需求，要求不断向前推进社会工程，并主张向人类能力更高、更完善的方向发展；六是个人生活，即要求尽可能地合理满足每个人总能根据社会标准过一种社会化的生活，其中关于个人自我主张、个人机会和个人生活条件已经在立法中得到确认。[②] 目前，水权交易中的社会利益主要包括合理利用水资源对社会经济的贡献，以及促进人与自然和谐相处、协调发展的环境保护行为。[③]

（三）环境利益

水权交易法律制度中利益衡平的核心要素之一就是环境利益，其时空差异性、区域性、整体性、稀有性的特点体现着人与自然相互作用的关系。环境利益既包括人类为了维持其生命而从生态环境里自动获得的各种环境要素，还包括人类改造与利用自然所获得的各种收益。

首先，环境利益的时空差异性指任何人与自然的关系都包含时间和空间两个

---

① 孙笑侠. 论法律与社会利益——对市场经济中公平问题的另一种思考 [J]. 中国法学，1995（4）：52-60.

② ［美］罗斯科·庞德. 法理学（第三卷）［M］. 廖德宇，译. 北京：法律出版社，2007：218-238.

③ 环境和文化之间存在着不可分离的互动关系，环境在人类活动中的作用是积极的，不仅仅是限制或选择，有时文化起着更加积极的作用，有时环境的影响又占据上风，并还存在文化自身及环境发展的规律以及二者之间的互动关系。对环境与文化关系的考察，通常是通过综合考察环境状况及其发展、人类生存模式的状况，特别是生计经济方式及其发展而进行的。凡致力于人与自然的和谐相处，致力于天然环境的保护、人工环境的建造、生态文明的建设，致力于可持续发展的文化形态和社会意识形态，就是环境文化。

维度。其次，环境利益的区域性是指蕴含自然要素的环境利益受到区域气候、生态、土地、矿产等多方面的影响，从而在不同地区间的环境呈现出不同的地理特征，另外，区域环境问题还会受到区域经济、人文传统等方面的影响。再次，环境利益的整体性指其在同一性方面的特征，具体而言，环境利益不仅与整个人类社会的生存和发展密切相关，同时其又具有地球生物的共生性，更是整个人类历史的环境利益。所以我们不能只顾眼前而不考虑将来的环境利益。最后，人类社会人口的持续增长以及经济的不断发展与之伴随的愈来愈严重的环境污染和持续下降的环境质量都会导致高质量的环境利益越来越少。

对现代性的反思诞生了风险社会理论。随着现代科技的发展，人类开始探索用技术去改变自身命运的不确定性，也取得了一些成功，但是实际上人就是最大的不确定因素，直接导致风险的发生。[1] 20 世纪 80 年代，德国社会学家乌尔里希·贝克提出"风险社会"理论，他认为风险社会中风险的涵义完全不同于以往所称的风险，是指现代社会中社会、政治、经济和个人的风险会越来越多地避开工业社会中的监督制度和保护制度的发展阶段。[2] 首先，风险社会中的风险虽然目前不存在，但是一定会发生在未来，对现在是一种威胁。其次，随着社会经济的全球化发展，新的风险具有地区性和全球性并存的特点。再次，政府的风险控制能力虽然很强，但是仍然无法控制一些风险，如新型冠状病毒。最后，风险是未知的且存在应对不安全性和自反性方面的不平等。[3] 具体到水权交易中，这种风险就是生态领域的风险。因为人类理性有限，不可能预知和控制所有的风险，水权交易有可能造成无法预见的水资源的灾难性后果，所以必须预防这种不利后果的发生。[4]

---

[1] 田国秀. 风险社会环境对当代个体生存的双重影响——吉登斯·贝克风险社会理论解读 [J]. 哲学研究，2007（6）：113 – 117.

[2] [德] 乌尔里希·贝克，[英] 安东尼·吉登斯，[英] 斯科特·拉什. 自反性现代化 [M]. 赵文书，译. 北京：商务印书馆，2001：9.

[3] [德] 乌尔里希·贝克. 世界风险社会 [M]. 吴英姿，孙淑敏，译. 南京：南京大学出版社，2004：174 – 190.

[4] 现代性的反思性理论的核心命题是：社会越是现代化，能动者越能够更多地获得对其生存的社会条件进行反思并据此改变这些社会条件的能力。现代性的反思性理论的内核是乐观主义的，这种理论乐观地假定，更多的反思、更多的专家、更多的科学、更多的公共领域、更多的自我意识和自我批评可以在已经处于混乱状态的世界启出各种新的、更好的行动可能性。

有学者认为环境风险就是一种潜在的危险状态,[①] 也有学者认为环境风险是不确定性的危害事件,[②] 还有学者认为,环境风险是意外事故造成的影响及损失。[③] 环境风险具有以下特点:第一,环境风险的产生来自对自然生态环境的破坏造成损害后果发生的风险;第二,环境风险实际上是一种损害后果发生的不确定性;第三,环境风险可能引起人的身体健康、生命的损害,财产的损失,或者影响人类对自然环境的正常利用的自然环境本身的损害。[④] 毫无疑义,水权交易也可能造成一定的环境风险。如表 2 - 2 所示,将水权交易中利益要素总结如下,表中层次和种类相交就形成一种具体利益,共有 24 个利益要素。

表 2 - 2　水权交易利益要素表

种类 \ 层次		个人	企业	区域	国家
利益	经济方面				
	环境方面				
	社会方面				
风险（不利益）	经济方面				
	环境方面				
	社会方面				

---

① "所谓环境风险是指由自然或人为活动引发的,孕育于人—机—环境系统中,并通过自然生态环境的媒介作用,对人—机—环境系统构成潜在威胁的一种危险状态。包括这种危险状态爆发的可能性与不确定性,以及危险可能导致的危害性后果两方面内容。"曾维华,程声通. 环境灾害学引论 [M]. 北京:中国环境科学出版社,2000:137.

② "环境风险是指在自然环境中产生的或通过自然环境传递的,对人类健康和幸福产生不利影响同时又具有某些不确定性的危害事件。"钟政林,曾光明,杨春平. 环境风险评价研究进展 [J]. 环境科学进展,1996 (4):7 - 21.

③ "环境风险则是指在一定区域或环境单元内,由人为活动和自然等原因引起的'意外'事故对人类、社会与生态等造成的影响以及所造成的损失等。"郭永龙,刘红涛,蔡志杰. 论工业建设项目的环境风险及其评价 [J]. 地球科学,2002 (2):235 - 240.

④ 刘长兴. 环境资源利用和保留的平衡——论环境法的风险预测原则 [C]. 环境资源法论丛,2003 (00):56 - 85.

第三节　我国水权交易利益冲突之产生根源

一、水资源国家所有权存在主体虚化

我国 1986 年的《中华人民共和国民法通则》（以下简称《民法通则》）和 1988 年的《水法》确立了水资源国家所有权和水资源集体所有权的二元制度，2002 年修订的《水法》、2007 年颁布的《中华人民共和国物权法》（以下简称《物权法》）以及 2020 年颁布的《中华人民共和国民法典》（以下简称《民法典》）则规定了水资源国家所有的一元化水资源所有权制度和私法意义上的水资源国家所有权。然而，这种制度设计实际上是水权交易各种利益冲突产生的根源。

首先，国家作为水资源所有权主体必然会虚化，从而导致一系列的矛盾与冲突。国家作为私法意义上的所有权主体是由国内法规定的，而国家在内部关系上不是一个具体、客观的存在，而是分化为一个个独立的行使社会管理职能的政府机关，且中央与地方、地方与地方之间的利益关系复杂还时常存在着利益冲突，尤其在水资源的使用与分配中表现得最为突出，以南水北调工程为例，就出现了汉江中下游地区为了保证一江清水送北京，导致农业减产、饮水困难等问题，但是这些地区的生态补偿问题迟迟得不到解决。[①] 对于星罗棋布、大量分散的水资源来说，国家无法作为一个具体的实体对每一个具体形态的水资源亲自支配，国家作为思维上的抽象存在且其组成机关很复杂，是很难符合民事主体的特定性和具体性的要求的。从实践来看，水资源所有权实际上是被中央有关部门及地方各级水利部门、建设行政管理部门、农业行政管理部门、渔业主管部门、林业主管部门、交通运输主管部门、旅游主管部门分割，形成了水资源缺乏明确的所有权人，政府部门以管理权代行所有权，既是裁判员又是运动员，全民所有的水资源难免被政府部门和利益团体控制，从而成了部门所有和私人所有之物，导致水资源上的公共利益遭受损害，但是国家作为所有权人却无法通过诉讼制止破坏和过

---

① 吕宗恕. 江汉争水：守着水库没水吃，保北京丢了谁 [EB/OL]. (2014 - 06 - 05) [2023 - 06 - 05]. http://www.infzm.com/contents/101213.

度开发行为，更谈不上要求损害赔偿。

其次，《水法》第三条明确规定水资源所有权由国务院代表国家行使，且无但书规定，表明法律只授予国务院作为水资源国家所有权唯一的代表者，也就是说地方政府代表行使水资源国家所有权于法无据、不具有合法性。根据职权法定原则，政府机关的职权必须获得法律的明确授权，且法律必须明确职权行使的界限和相关责任，而实践中的做法是很明显地将水资源的所有权与地方政府部门的水资源管理权混同起来，不符合《生态文明体制改革总体方案》提出的自然资源资产所有者和自然资源监管者分开的改革方向。此外，根据《水法》和《取水许可制度实施办法》的规定，地方政府也不享有水权，但是在《水权交易管理暂行办法》第三条第一款却直接规定县级以上地方人民政府或者其授权的部门、单位为区域水权交易主体，但实践中地方政府成为水权交易主体是存在着问题的，反而影响了节约用水。①

二、水资源使用权多元功能缺失

我国水资源使用权制度集中表现为取水权制度，但是，依法取得的取水权主要利用了水资源的经济生产服务功能，无法发挥水资源所具有的复合性、多元性功能。

一是生存性保障功能不足。我国《宪法》第三十三条虽然规定了"国家尊重和保障人权"，但是《宪法》没有规定生存性用水权属于基本权利，《宪法》的缺位导致相关法律法规和政策中对生存性水资源使用权缺乏权利确认、制度保障不足，同时法律法规对生存性用水的规定较少，政策性规定较多，明显对生存性用水的保障效力偏低。《水法》对生存性用水作出了基本规定，如确定生活用水的合法、优先地位，规定为家庭生活和零星散养、圈养畜禽饮用等直接从江

---

① 即便通过修改法律赋予地方政府具有交易水资源的权利，从水权交易制度的创设逻辑来看，将地方政府作为水权交易主体需要慎之又慎。首先，即便在法律上地方政府是国家的所有权代理人，理论上具有交易水资源的资格，但是政府水资源所有权不同于其他资源所有权，对于后者政府可以进行买卖，但是对于前者政府只能管理不能买卖。其次，即便地方政府作为水权交易主体没有法律上的障碍，比如赋予地方政府取水权地位，但将地方政府作为水权交易主体或许与水权交易市场创设的初衷背道而驰。水权交易市场的主要目的是通过利益激励推动用水者自愿节约用水，它的前提是用水者必须是使用水且通过水权交易实际获益的主体，用户间水权交易模式和行业间水权交易模式符合这一前提条件，但是，地方政府之间的水权交易模式显然不符。在东阳义乌案例中，用水者是被迫交出用水量进行交易，在这种背景下节约用水从何而来？

河、湖泊或地下取用少量水无需许可和缴纳水资源费，并规定国家负有保障饮用水安全、改善饮用水条件的职责。①《中华人民共和国水污染防治法》（以下简称《水污染防治法》）有"饮用水水源和其他特殊水体保护"专章，对饮用水水源保护区的管理和执法等作出了明确规定，除此之外，还有一系列的规范性文件。如 2005 年《国务院办公厅关于加强饮用水安全保障工作的通知》、2007 年《全国农村饮水安全工程"十一五"规划》等。但是都只是关于保护生活用水的一般性规定，并没有明确公民享有生存性用水权。

二是公共使用功能缺失。我国相关法律中很少有关于公众享用水资源公共用途的权利的明确规定。《宪法》第九条关于"国家保障自然资源的合理利用"的规定可以看作公众享有公共性用水权和国家负有保障自然资源公共使用功能义务的宪法依据。根据《水法》和《取水许可和水资源费征收管理条例》的规定，不需要取水许可的法定情况包括农村集体经济组织成员使用本集体水库和水塘中的水、为家庭生活少量取水、保障地下工程安全临时取水、为保障公共安全应急取水、为抗旱应急取水，这些法定情况中除了保障农村居民生活和生产的习惯性用水，大部分都是社会公益性用水，很少涉及公众对水资源公共用途的非排他性使用。

三是历史传统保存功能缺失。我国《水法》在 2002 年和 2006 年修订之后，仍然没有形成完整的用水权利体系，法律主要规定的是在水资源国家所有的前提下通过行政许可手段分配用水量、配置取水权。无论是原来的《物权法》还是现在的《民法典》都只是强调自然资源使用权取得的法定性，但是对于江河、湖泊等这种人们恒以为是天赋资源且对人的生存和发展极为重要的公共资源来说，人们基于习惯和历史传统进行合理利用的权利也应该受到法律的认可和保护。

四是水生态平衡维持功能不足。我国水资源立法和水权制度设计中对生态环境用水的重要性和优先地位的认识不足，没有明确规定生态环境用水权利。《水法》第四条规定应当"协调好生活、生产经营和生态环境用水"，第二十一条第一款规定了用水权的优先顺序，其中城乡居民生活用水处于优先地位，生态环境用水则与其他用水处于同等地位，未能突出生态环境用水的重要性和优先地位，这种原则性的笼统规定对于立法和实践中保障生态环境用水极为不利。《水法》

---

① 详见《水法》第四条、第二十一条、第四十八条、第三十三条、第三十四条、第五十四条、第六十七条的规定。

第二十一条第二款考虑到干旱、半干旱地区的生态环境特点，要求在干旱、半干旱地区开发、利用水资源充分考虑生态环境的用水需要，此规定突出了生态环境用水的重要性，但是"充分考虑"并不等于具有优先性，更无强制性和约束性，实践中地方政府出于经济利益的考量还是会将水资源优先分配给能实现经济效益的行业，生态环境用水很容易被挤占。

三、水权交易制度变迁的经济理性驱动

我国水权制度缺乏对水资源存在的多元价值和多样、多层次性的利益进行顶层设计，从私法角度片面推进水权制度的物权化，造成了水资源共用性与权属的唯一性、排他性之间的矛盾，以及取水权与水资源承载的公共利益在某些情况下的冲突。因为我国水权制度置身于整个政治、经济体制变迁这一历史过程中，反映着改革开放初期建立社会主义市场经济体制的时代背景，改革开放以来的水权制度变迁中经济因素占据了中心地位，经济理性主导着水权制度的变迁方向，而水权制度变迁的基本方向是坚持水资源国有前提下的市场化、物权化，制度设计偏重水资源的经济功能。可是，这也在一定程度上误导了水资源国家所有权的行使，不利于社会经济的可持续发展。

第四节　我国水权交易利益平衡之道

一、推行解决水权交易利益冲突的价值观

价值观是法的灵魂，基于不同的价值观指引的法律在制度设计和实施效果上存在着明显差异。基于对我国水权交易的利益冲突的根源分析，为了平衡水权交易中的利益冲突，解决水危机，在水权交易立法中应遵循并推行以下价值观：

（一）尊重自然

水资源是自然生态系统中的一个重要因素，要素以各种形态与自然生态系统内的其他生物要素和环境要素发生着联系，构成整个生态系统。①

---

① 徐恒力. 水资源开发与保护 ［M］. 北京：地质出版社，2001：10－11.

由于水资源的系统性和整体性，水资源状况的重大改变必然引起生态环境与人类行为的相应变化，这种极强的关联性需要我们对水资源进行综合管理和综合优化的开发利用。[①] 1977 年联合国水会议通过《马德普拉塔行动计划》首次提出了水资源综合管理的概念。《关于〈中共中央关于全面深化改革若干重大问题的决定〉的说明》提出山水林田湖是一个生命共同体的理念。2015 年中共中央、国务院印发《生态文明体制改革总体方案》也要求按照生态系统的整体性、系统性及其内在规律进行环境保护，维护生态平衡。

我国现行的水资源立法尚未充分体现综合生态系统理念的要求，在立法模式上对水质和水量、对山水林田湖进行分割管理，在价值取向上过于强调水资源的经济性开发利用，水权制度设计中重视物权化设计，水权类型单一。我国水权交易制度也正是基于我国现有水资源立法和水权制度而搭建起来的。所以我们需要以综合生态系统的理念来指导水权交易制度的价值重构，通过权利义务的具体规范，使得制度设计反映综合生态系统理念的价值取向，实现水资源公平、综合、可持续利用。

在价值层面，对水资源的利用不仅仅是对水资源经济价值的利用，还应当包括人为实现个人自主所需的各种利用；不仅仅是对水资源本身的利用，还应当包括对江河湖泊等水生态系统提供的自然风景、生物多样性、气候调节等环境、美学功能和生态服务的享用；不仅仅是人对水资源的利用，还应该包括环境和生物对水资源的利用；不仅仅是当代人的水资源利用，还应当保障后代人用水权利的公平实现。

（二）保障水安全

水资源虽然可以循环再生，但对于人类社会特别是经济发展来说，水资源是有限的，主要表现在几个方面。第一，水资源的储量有限。地球上的水量非常丰富，但能被人类直接利用的水资源仅占全球总水量的 0.00786%。[②] 我国水资源储量位于世界前列，但人均水资源占有量远远落后于其他国家，属于贫水国之一。随着人口增长，到 21 世纪中叶我国人口达到 16 亿的时候，人均水资源占有量约为 1690 立方米，远远低于人均拥有水量 2000 立方米的严重缺水国际标准。[③]

---

① 李雪松. 中国水资源制度研究 [M]. 武汉：武汉大学出版社，2006：42.
② 陈家琦，王浩，杨小柳. 水资源学 [M]. 北京：科学出版社，2002：11.
③ 霍明远，张增顺. 中国的自然资源 [M]. 北京：高等教育出版社，2001：133.

第二，水资源对于社会经济发展和人口增长的承载力是有限的。水资源的承载力是在一定经济技术条件下，在不危害生态环境的前提下，某一区域内可利用的水资源持续供给一个良性社会体系的能力。[①] 由于某特定区域内水量有限，其能够满足当地社会经济发展和人们生活需要是受到这一客观限度限制的。第三，环境容量有限。一定区域范围内的水环境系统能够容纳净化污染物的能力是有限度的，超过这一能力范围就会导致水资源污染。

因而水安全在我国是一个很重要的话题。水安全是指每个人都能获得满足健康和清洁要求的水的设施和条件，所获得的水能够满足生活和生产的安全需要，同时能够使生态环境获得良好的保护的社会状态。[②] 具体而言，水安全的内涵包括：第一，水量安全，自然界水资源系统的水量充足，人均水量充足；第二，水环境安全，水资源的纳污能力，保障饮用水质量安全和环境服务功能良好；第三，水生态安全，水资源生态系统能够维持良性循环和生物多样性；第四，供水安全，生活、生态和生产供水以及城乡供水安全；第五，水工程安全，即水工程建设合理、运行安全。[③]

水安全的价值观念在我国政策性文件中已经有突出体现。2011 年《关于加快水利改革发展的决定》要求实施最严格的水资源管理制度，确立了水资源管理的三条红线：水资源开发利用控制红线、用水效率控制红线、水功能区限制纳污红线，通过建立用水总量控制制度、用水效率控制制度、水功能区限制纳污制度，实现三条红线的约束。2015 年《关于加快推进生态文明建设的意见》也明确提出要严守资源环境生态红线，继续实施水资源三条红线管理，加强用水需求管理，提高水资源安全保障水平。

水安全的价值观对于完善我国水权交易也具有重要意义，不论是水权确权还是交易平台开展水权交易，都必须在水安全价值观的指导下进行。在水权确权过程中，必须严格遵守水资源开发利用控制红线，在国家和各省级人民政府确定的水量控制指标范围内进行确权，否则就容易给水安全带来破坏性影响。水权交易需要遵守用水效率控制红线，对于水功能区的水资源，必须严格遵守我国自然生态保护区、国家森林公园、水污染防治等法律法规的要求。

---

① 霍明远，张增顺. 中国的自然资源 [M]. 北京：高等教育出版社，2001：169.
② 成建国，杨小柳，魏传江. 论水安全 [J]. 中国水利，2004（1）：21－23.
③ 谷树忠，胡咏君. 水安全：内涵、问题与方略 [J]. 中国水利，2014（10）：1－3.

(三) 保障人的多方面需求

人类对于水资源的需求是多方面的。首先，每个人需要一定量的水用来满足基本生活需要，这是维持个体生存、保持个体自主和尊严所必需的。因而水资源分配应当优先满足个体生存和家庭生活需要，水权交易制度和水资源法律制度都应当建立这样的机制，保障个体和家庭用水需求，并提供相关的司法保障。

其次，每个人都是自然生态系统的组成部分，水资源也是生态系统的构成要素，因此每个人都有享用江河湖泊良好生态功能、美学功能、休闲娱乐功能，以满足个体精神需要的需求。由于个体全面发展，对水资源各项价值和功能提出需求，这也是我们在设计完善水权交易制度的过程中，需要充分加以考虑的价值因素。

再次，人的可持续发展也是一项重要需求。所谓人的可持续发展，是指既能满足人们当时需要又能保证其和谐、均衡、持久的发展力不受损害的发展。[1] 人的可持续发展建立在自然资源，特别是水资源可持续利用基础上。自然资源的可持续利用，其核心是指在保持自然资源的再生和永续利用能力的前提下，利用自然资源获得社会发展的最佳效益。[2] 水资源的可持续利用就是要在保持自然平衡的前提下，合理开发利用水资源，使社会后代发展不超过水资源的承载能力，既满足当代人的生存发展，又不损害后代人，满足其生存发展的需要。

保障人多方面的需求，特别是保障每个人满足基本生活所需、保障每个人全面发展所需、保障人类社会可持续发展，这是我们在设计和完善水权交易制度过程中需要时刻予以关注的价值观念。

二、建立水权交易利益平衡的基本原则

如前文所述，水权交易中存在着各方主体之间的利益冲突，这些冲突不能依着对抗性的方法解决，只能依赖利益之间的协调，根据社会经济发展情况进行合理平衡。为了实现水权交易目的和法律公平正义的最终目标，在进行水权交易法律制度构建时，我们必须遵循以下三个利益平衡的基本原则：

(一) 公共利益最大化原则

公共环境利益、社会利益和经济利益三大利益共同组成了公共利益，这是社

---

[1] 刘世明. 论人的可持续发展 [J]. 天津师范大学学报 (社会科学版), 2006 (3): 1-5.
[2] 孙志军. 可持续发展原则浅析 [J]. 青岛教育学院学报, 2001 (3): 17-20.

会经济可持续发展的基础。为了不特定多数人的利益，必须将公共利益摆在首位，这在社会发展过程中具有相对的优先性。

为了实现社会整体的发展效率，需要实行公共利益的最大化原则。这不仅是一种指导原则，也是利益平衡的具体操作标准。我们在具体的利益平衡过程中应当把公共利益的最大化作为分析问题和解决问题的基本原则和总体目标。在具体的对利益进行平衡的操作过程中，不能事先就认定某种利益应优先保护或事先决定利益的保护顺序，"而是要把各种相互冲突的利益放在同一层面上进行综合的分析、平衡，使各种利益都得到最大限度的实现，同时使它们因冲突、摩擦而造成的损失达到最低限度，从而使社会资源在整体上实现最佳配置，并使其效用实现最大化"①。

边沁认为："一切法律所具有或者通常应该具有的一般目的，是增长社会幸福的总和。"② "最大多数人的最大幸福是正确与错误的衡量标准。"③ 庞德重视社会利益，但强调对各种利益的平等保护，追求均衡状态，并总结出寻求利益平衡的方法：其一，是将个人利益放在社会利益的背景下考察并求放在同一水平上考察；其二，是谋求在最少的阻碍和浪费的情况下给予整个利益方案以最大的效率，即以最小的损失换取最大的收益。④ 具体而言，公共利益最大化原则在水权交易过程中包括以下两个方面：

第一，经济公共利益与环境公共利益的整体最大化。公共利益最大化原则是指在水权交易过程中公平合理地对待各种类型的公共利益，并使它们得到最大限度的实现，在公共利益之间发生冲突时选择能给社会发展和进步带来最大质或量的公共利益。维护生态安全、实现可持续发展的两大主题就是消除贫困与解决环境问题。印度高级法官乔·德赫瑞在《代与代的公平：可持续发展权的基础》中就指出："贫困是生态恶化的首要原因，贫困不堪的地区，不得不过分开发已有的资源以便满足自己的基本需求。随着生态系统开始恶化，贫困地区受到最大伤害，因为它们无力负担采取必要措施来控制生态恶化。"⑤ 我们应该看到经济发

---

① 沈岿. 平衡论：一种行政法认知模式 [M]. 北京：北京大学出版社，1999：258.
② [英] 边沁. 道德与立法原理导论 [M]. 时殷弘，译. 北京：商务印书馆，2000：216.
③ [英] 边沁. 政府片论 [M]. 沈叔平，译. 北京：商务印书馆，1995：92.
④ [美] 罗斯科·庞德. 通过法律的社会控制——法律的任务 [M]. 沈宗灵，董世忠，译. 北京：商务印书馆，1984：66.
⑤ 钭晓东. 论环境法功能之进化 [M]. 北京：科学出版社，2008：103.

展固然是社会进步的基础和动力，但一定要在环境容量或环境承载力的范围内，否则产生的后果必然是要花费更多成本来修复生态环境。在水权交易之中就是一定要考虑整个水生态环境在水资源承载力范围之内进行，这样才能真正实现可持续发展。

第二，当代与后代公共利益的整体最大化。当代与后代公共利益冲突主要涉及环境利益代际正义问题。由于人的自利本性，当代人会利用一切可能来谋取他们自己的利益，很难将后代人的利益作为他们行为的利益出发点，并倾向于做出各种损害后代人利益的行为。为实现公共利益整体最大化，在当代人和后代人之间确有必要设置制约性原则以保障代际正义。正如罗尔斯指出："不同时代的人和同时代的人一样相互之间有种种义务和责任。现时代的人不能随心所欲地行动而是受制于原初状态中将选择的用以确定不同时代的人们之间的正义的原则。"[1] "代际之间环境公共利益分配正义要求一个正义的公共利益储存原则，即每一代都从前面世代获得利益又为后面世代尽其正义的一份职责。环境公共利益代际正义不仅要求环境公共利益的保存、保持和存储，还涉及对后代环境公共利益的增进。"[2] 在水权交易过程中，公共利益最大化原则既要做到实现当代人的全面、健康发展又要保证子孙后代的利益。不能只考虑当代人各项用水的需要，还要考虑到水生态的自我修复，要给子孙后代也要保留水资源。应当推进从单纯经济效益转变到生态效益和经济协调发展，更加重视环境影响利益相关者利益和后代生态环境利益。

（二）生命健康优先原则

以人为本，确立起生命健康利益优先的原则是生存权的基本要求和环境保护的宗旨。生命健康权包括生命权、身体权、健康权。侵害生命健康权的侵权行为通常也分为三种情形：侵害生命权，即致人死亡；侵害身体权，即伤害身体完整性；侵害健康权，即损害健康，致人患病。生命权首先是指单个人的生命权，又是指群体的生命权。[3] 我们在理解生命权时要看到国家首先要保护公民的生命权，不得随意剥夺个人生命，同时国家有义务和责任提高生命质量。我国对保障

① ［美］约翰·罗尔斯. 正义论 ［M］. 何怀宏，何包钢，等译. 北京：中国社会科学出版社，1988：283.

② 周杰. 环境影响评价制度中的利益衡量研究 ［D］. 武汉：武汉大学，2012.

③ 胡锦光. 生命权保护与"机动车负全责"规定 ［J］. 法学家，2005（1）：5-8.

生命权有较为完善的法律体系。健康权同时也是公民与生俱来的最基本的利益，是公民享有其他一切权利的基础。因此，健康权受到刑法、民法、行政法等各类法律规范的严密保护。同时《中华人民共和国环境保护法》第一条规定，"为保护和改善环境，防治污染和其他公害，保障公众健康，推进生态文明建设，促进经济社会可持续发展，制定本法。"可见环境保护是与保护生命健康权密切相关的。而清洁的空气与水是保护生命健康权必需的，如果环境恶劣，没有清洁的空气，没有可供饮用的水源，个人的生命健康权就会受到威胁。在水权交易过程中要把周边居民的生命健康作为首要的利益平衡因素来考虑。

（三）利益减损填补原则

正义和平等是平衡利益冲突的底线，也是法律所追求的价值目标。罗尔斯将正义观描述为："所有的社会基本善，自由和机会、收入和财富及自尊的基础都应被平等地分配，除非对一些或所有社会基本善的一种不平等分配有利于最不利者。"① 具体表现为两个正义原则：一是自由原则，每个人都应该有平等的权利，去享有最广泛的基本自由权，而其所享有的基本自由权与其他每个人所享有的同类自由权相容；二是平等原则，应该调整社会和经济的不平等，使得社会中处于最劣势的成员受益最大，并与公平救济原则（just savings principle）相容，同时各项职位及地位必须在公平的机会平等下，对所有人开放。② 它强调公平地分配公民的基本权利和义务并要求划定社会合作的利益与负担的恰当份额，要求通过调整主要的社会制度，在社会发展与社会最少受惠者利益之间寻求平衡，限制人们在起点上的不平等，并排除偶然因素对人们生活前景的影响，以便使每个人都能获利。③ 庞德也指出："法律努力保护个人利益，因为，某种程度上个人利益包括在社会利益中，可以用个人利益使得社会利益生效。但就其功效而言，法律主要依赖于：在多大程度上它能将社会利益等同个人优势或利益，在多大程度上宏观世界能够依赖个人发动诉讼的方式来强制实施法律规范。"④

我们必须在自由的平等基础之上尽量达到经济利益分配的平等。如果一方利

---

① ［美］约翰·罗尔斯.正义论［M］.何怀宏，何包钢，译.北京：中国社会科学出版社，1988：303.

② ［美］约翰·罗尔斯.正义论［M］.何怀宏，何包钢，译.北京：中国社会科学出版社，1988：302.

③ ［美］约翰·罗尔斯.正义论［M］.何怀宏，何包钢，译.北京：中国社会科学出版社，1988：38.

④ ［美］罗斯科·庞德.法理学（第三卷）［M］.廖德宇，译.北京：法律出版社，2007：248.

益受损而另一方却因此受益，按照补偿正义的要求是要对另一方进行补偿的。因为财产权作为一种权利，其总是同资源的稀缺性联系在一起。一是公平补偿就是正视资源稀缺性的表现；[①] 二是如果不得不对私人财产进行限制或者剥夺，来实现公共利益，则为了保障财产的社会性功能，就必须对其进行公平的补偿；三是公平补偿原则体现了财产权在保障自由方面的重要作用。[②] 因此，在社会发展过程中，按照公平补偿原则，对利害关系人进行补偿是非常必要的。

水权交易中的利益减损填补原则是指以保护和可持续利用水生态系统为目的，以经济手段为主调节相关者利益关系，在各种利益之间建立一种有效可行的补偿救济机制，使利益之中因任何一者增进而造成的另一者的缺损均能得到有效补偿，从而达到主体间利益和风险的公平分配。

---

① ［法］路易·若斯兰. 权利相对论 [M]. 王伯琦，译. 北京：中国法制出版社，2006：3.
② ［奥］米瑟斯. 自由与繁荣的国度 [M]. 韩光明，潘琪昌，李百吉，译. 北京：中国社会科学出版社，1995：104－105.

第三章

我国水权交易实践现状及立法探索

第一节　我国水权交易实践现状之分析

　　如表 3 - 1 所示，近二十年里，我国水权交易实践经历了从无到有、逐步探索的过程。2000 年，浙江义乌市和东阳市之间的水权交易是我国第一宗水权交易，引起社会广泛的关注。① 2002 年，甘肃省张掖市作为全国第一个节水型社会试点，在临泽县梨园河灌区和民乐县洪水河灌区试行了农户水票交易制度。② 2003 年，宁夏回族自治区（以下简称宁夏）开展水权有偿转换试点，同年，内蒙古自治区（以下简称内蒙古）也开展了黄河水权转换试点工作，并在 2014 年开始开展跨盟市水权转让。③ 2014 年 7 月，水利部在《关于开展水权试点工作的通知》选择宁夏、江西省、湖北省、内蒙古、河南省、甘肃省、广东省七个地方

---

　　① 浙江省金华地区的东阳市和义乌市于 2000 年 11 月 24 日签订了有偿转让横锦水库部分用水权的协议，协议的主要内容是：（1）义乌市一次性出资 2 亿元购买东阳横锦水库每年 4999.9 万立方米水资源的使用权；（2）东阳横锦水库的运行、工程维护由东阳市负责，义乌市按 0.1 元每立方米支付综合管理费（包括水资源费、工程运行维护费、折旧费、大修理费、环保费、税收、利润等所有费用）；（3）从横锦水库到义乌市的引水管道工程由义乌市规划设计和投资建设，其中东阳境内段引水工程的有关政策处理和管道工程施工由东阳市负责，费用由义乌承担。董浩. 关于发展水权市场的思考 [J]. 中国农村水利水电，2001（11）：26 - 28.

　　② 张晓强，韩锦绵. 政府、市场与制度变迁——以张掖水权制度为例 [J]. 甘肃社会科学，2009（1）：49 - 53.

　　③ 张蕾. 统筹区域经济发展，开展水权转换工作——访宁夏回族自治区副主席赵廷杰 [J]. 市场经济研究，2004（5）：11 - 12.

开展水权试点工作，至 2018 年 6 月各试点地区基本完成水权试点目标和任务。[①]
同年，全国开展农业水价综合改革试点，80 个试点县在试点过程中都开展水权
确权工作。2016 年水利部、国土资源部联合印发《水流产权确权试点方案》，选
择宁夏回族自治区（以下简称宁夏）全区、甘肃省疏勒河流域、陕西省渭河、江
苏省徐州市、湖北省宜都市、丹江口水库作为试点区域开展水流产权确权试点。
同年，中国水权交易所正式挂牌营业。2017 年 11 月，水利部和宁夏回族自治区
人民政府在银川市联合验收了宁夏水权试点工作，宁夏成为首个通过验收的全国
水权试点。截至 2018 年 6 月，宁夏、江西、湖北、河南、甘肃、广东 6 个试点
陆续通过验收。

表 3 – 1　我国水权交易改革实践进展表

时间（年）	标志性事件
2000	浙江省三宗跨地区的水权交易：即义乌市和东阳市、余姚市和慈溪市、慈溪市和绍兴市。
2002	甘肃省张掖市作为全国第一个节水型社会试点，在临泽县梨园河灌区和民乐县洪水河灌区试行了农户水票交易制度。
2003	宁夏、内蒙古分别开展了引黄灌区水权转换的试点工作。
2003—2005	山西省清徐县在井灌区开展了水权确权和交易工作，将农业用水确权到户。
2007	宁夏出台《宁夏回族自治区节约用水条例》，规定新上工业项目没有取水指标的，必须进行水权转换，从农业节水中等量置换出工业用水指标。
2011	新疆维吾尔自治区大力推进水权确权及交易试点工作。吐鲁番市等地开展了水权确权和交易试点工作。
2014	内蒙古开展跨盟市水权转让，成立内蒙古水权收储转让中心；河北省政府办公厅出台了《水权确权登记办法》；山东省水利厅印发了《关于加快推进水权水市场制度建设的意见》；浙江省杭州市林业水利局印发了《东苕溪流域用水总量控制和水权制度改革试点工作方案》。
2014—2015	全国开展农业水价综合改革试点，80 个试点县在试点过程中都开展了水权确权工作。
2015	水利部在全国选择了 7 个地区开展水权确权和交易试点工作。
2016	中国水权交易所挂牌营业，已经成交 11 宗交易。

①　纪平. 持之以恒将水权改革推向深入 [J]. 中国水利, 2018 (19)：3.

（续表）

时间（年）	标志性事件
2017	河南省水权收储转让中心挂牌成立，成为全国第二家省级水权收储转让平台。水利部验收了宁夏、江西水权试点工作。
2018	水利部验收了广东、河南、甘肃水权试点工作。
2020	全国多个省着手进行水权的确权登记工作，将区域水权、取水权和灌溉用水户水权交易纳入相关政策规定，也有部分省份进行制度创新。
2021	山西省晋中市灵石县完成全国首例再生水使用权有偿出让。
2022	江苏省首次开展区域水权交易，而取水权交易则首次在四川省、黑龙江省、吉林省及多个地级市成交，使得水权交易的覆盖范围及影响力进一步扩大。
2023	黄河流域水权交易平台正式上线试运行，将实现水资源优化配置，提升黄河流域水资源节约集约利用效率。

审视我国水权交易改革实践进展，可以看出呈以下态势：

一、我国水权交易的交易量整体偏小

从目前公布的表3-4所示的17起典型水权交易进行实证分析，可以看到：

首先，水权交易的交易量偏小（表3-4所示），且区域水权交易的交易量大于取水权交易的交易量，这说明政府主导了大宗的水权交易。如表3-2所示，水权交易量大于2000万立方米/年的只有4起，水权交易量在500万立方米/年至2000万立方米/年的只有1起，而水权交易量小于500万立方米/年的占了绝大多数，有12起，其中水权交易量低于100万立方米/年的还有3起。从中可以看出，目前我国水权交易水量处于一个较低的水平。

其次，取水期限不长。如表3-3和表3-4所示，这些水权交易案例中取水期限在20年以上的共有11起且全部是取水权交易，取水期限5年（含5年）以下的案例有5起，均为以政府为主体的区域水权交易。这说明交易量大的以政府为交易主体的取水期限一般设置都不会超过五年，一是因为在现实中难以评估水权交易带来的生态影响，二是如果取水期限设置过长，由于交易量大对水权交易的履行也会产生一定的影响，但是过短的取水期限无法展现水权交易带来的长期价值。而取水权交易的取水期限较长与其交易体量有关系，但是过长的取水期限也容易忽视未来水权市场可能改变的因素。[①]

---

① 陈鸿彬．论水权交易制度的完善［D］．长沙：长沙理工大学，2018.

表 3 - 2   水权交易案例交易量汇总表

单位：万立方米/年

交易量范围	2000 以上（含 2000）	500 ~ 2000（含 500）	100 ~ 500（含 100）	100 以下（不含 100）
案例数量	4 起	1 起	9 起	3 起

表 3 - 3   水权交易案例交易期限汇总表

交易期限	5 年以下（含 5 年）	5 ~ 10 年（含 10 年）	10 ~ 15 年（含 15 年）	15 ~ 20 年（含 20 年）	20 年以上（不含 20 年）
案例数量	5 起	0 起	1 起	0 起	11 起

表 3 - 4   典型交易案例交易量和期限表

案例名称	性质	交易量（万立方米/年）	取水期限（年）
内蒙古自治区水权交易	区域水权交易	2000	25
河北云州水库水权交易		1300	1
山西运城水权交易		180	5
宁夏中宁水权交易		219.02	15
平顶山市水权交易		2400	2
永定河上游水权交易		5741	1
广州市 - 惠州市水权交易		10292	5
阿拉善盟乌兰和基建公司水权交易	取水权交易	50	25
内蒙古能源发电投资集团水权交易		100	25
乌海市蒙金冶炼有限公司水权交易		14.45	25
阿拉善盟水务投资有限公司水权交易		200	25
内蒙古家景镁业有限公司水权交易		100	25
乌海市榕鑫能源实业公司水权交易		100	25
阿拉善盟经济开发区产业公司交易		300	25
乌海市广宇化工冶金公司水权交易		20	25
乌海市华资煤焦公司水权交易		100	25
神华乌海能源有限公司水权交易		200	25

二、北方水权交易多于南方水权交易

如表 3 - 5 所示，以中国水权交易所公布的从 2016 年至 2022 年的水权交易发生的地区统计数据为准，北方地区的水权交易案例数量远远高于南方地区的案例数量，区域水权交易基本上都发生在北方地区，南方地区直至 2019 年才出现了取水权交易和灌溉用水户交易，且北方的水权交易主要集中在北京、河南、内蒙古、甘肃、宁夏、山东、山西等水资源紧缺的省份开展，而南方的水权交易主要集中在湖南、贵州等水资源丰富地区。

表 3 - 5　2016—2022 全国水权交易地区统计表①

年份	区域水权交易	取水权交易	灌溉用水户交易
2016	北京、河南	内蒙古、宁夏、山西	无
2017	河南、北京	内蒙古	宁夏、河北、新疆
2018	北京	内蒙古	山东、宁夏
2019	无	内蒙古、贵州	甘肃、山西、湖南、河北
2020	内蒙古、河南	江苏、湖南、安徽、贵州	甘肃、山西、河北、湖南
2021	山东	山东、江西、湖南、江苏、山西、内蒙古、甘肃、安徽	山东、山西、甘肃、河北、湖南
2022	山东、江苏、河南、四川	山东、江苏、安徽、内蒙古、四川、山西、吉林、重庆、黑龙江、甘肃	山东、甘肃、山西、河北、湖南

三、取水权交易和灌溉用水户交易日趋活跃

如图 3 - 1 和表 3 - 6 所示，以中国水权交易所公布的 2018 年至 2022 年的区域水权交易、取水权交易、灌溉用水户交易的成交数量为样本，可以明显地看到，以单位和个人为主体的取水权交易和以灌区内部用水户或者用水户组成的组织为主体的灌溉用水户交易近年来十分活跃，交易成功案例明显增长，这充分说明了水权交易的市场化程度得到了增强，尤其在 2021 年得到了爆发式增长。

---

① 来源于中国水权交易所（cwex. org. cn）数据。

成交单数 (单)   成交量 (万m³)   成交金额 (万元)   价格走势 (元/方)

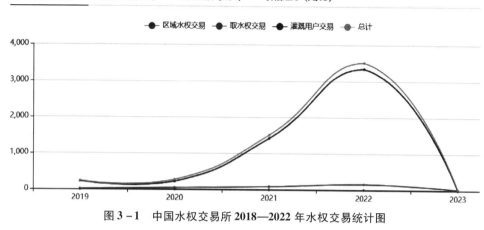

图 3 - 1   中国水权交易所 2018—2022 年水权交易统计图

表 3 - 6   区域水权交易、取水权交易、灌溉用水户交易成交量统计表

年份	总计	区域水权交易	取水权交易	灌溉用水户交易
2018	51	1	46	4
2019	237	0	12	225
2020	273	3	48	222
2021	1511	2	89	1420
2022	3507	7	162	3338

四、各级水权交易平台众多

水权交易平台是水市场建设中最重要的组成部分之一，也是水权交易规范有序开展的关键，更是政府引导监督水权交易的重要工具。2016 年，中国水权交易所正式成立，标志着我国水权交易实践进入了一个新时代。因水资源在各地方差异很大，本着因地制宜的原则，我国地方政府及流域管理机构也设立了一些水权交易平台。如表 3 - 7 所示，我国水权交易平台较多，呈自上而下的布局，国家、省级、省级以下（不包括省级）层面均成立了水权交易平台，但开展水权交易业务专门成立的企业法人只有中国水权交易所和河南省水权收储转让中心，其他的交易平台均属于依托已有水利单位、公司或者农民用水合作组织搭建的中介机构。①

---

① 王俊杰，李淼，高磊. 关于当前水权交易平台发展的总结与建议 [J]. 水利发展研究，2017，17 (11)：94 - 97.

表 3 − 7　我国已成立的水交易平台

级别	数量	交易机构名称	
国家层面	1 家	中国水权交易所	
省级层面	5 家	内蒙古自治区水权收储转让中心	
		河南省水权收储转让中心	
		广东省环境权益交易所	
		山东省水权交易平台	
		宁夏回族自治权水权交易平台	
省级以下（不包括省级）层面	至少 10 家	甘肃	石羊河流域水权交易中心
			疏勒河流域水权交易平台
		新疆	吐鲁番鄯善县水权收储转让交易中心
			昌吉州呼图壁县水权交易中心
			玛纳斯县塔西河流域水权交易中心
		山东	宁津县水权交易平台
		河北	成安县水权交易平台
		宁夏	红寺堡区水量交易中心
			利通区水权交易平台
			中宁县水权交易中心

第二节　我国水权交易立法的现状及其特点

一、我国水权交易制度的历史演变

（一）中华人民共和国成立后计划经济时期（1949—1977 年）

中华人民共和国成立后，设立了中央人民政府水利部，主管全国水利行政和水利建设工作，地方政府也成立了相应的水利管理部门。但是，从这一时期整体情况来看，各级主管部门的水行政管理职能都非常薄弱，流域范围内的资源管理更是十分缺失，水资源管理仅仅体现为水利工程的建设和管理，而且在极"左"思想的指导下，水利建设中存在许多问题。这一时期的水权制度，以公有水权为基础的非正式水权制度安排为特色，表现为：水资源由国家所有，非所有人以取得水权为用水的前提条件；开始建立全国范围内的水权行政管理系统，逐渐突出政府在水权正式制度安排中的地位和作用。

（二）中华人民共和国成立后经济转型时期（1978—2002 年）

随着国家政治经济体制改革的发展进程，水资源法律法规和政策也经历了前所未有的变革。第一，加强了与水权相关的水法法律体系建设。1988 年颁布了《中华人民共和国水法》，历经 2002 年一次修订，2009 年、2016 年二次修正。1991 年颁布了《中华人民共和国水土保持法》，于 2010 年对该法予以修订。1997 年颁布《中华人民共和国防洪法》，历经 2009 年、2015 年、2016 年三次修正。国务院陆续颁布了《中华人民共和国河道管理条例》《取水许可制度实施办法》等 16 项行政法规。水利部制定了 70 多个部门规章，地方人大和政府制定的地方性水法规、规章和规范性文件达 700 余件。第二，实施了取水许可制度并确立了取水权。1993 年，国务院颁布《取水许可制度实施办法》后，水利部发布了《取水许可申请审批程序规定》《授予各流域机构取水许可管理权限的通知》等，全国已有 24 个省（市、区）分别制定了《取水许可制度实施管理办法细则》。第三，实行水资源有偿使用制度。1982 年开始，首先在大中城市实施了水资源有偿使用制度，对直接从城市地下取水的用户征收水资源费。1988 年《水法》对征收水资源费作了进一步的规定。目前，全国大部分城市都征收水资源费。第四，水权行政管理机构与体系延续。水利部作为国务院的水行政主管部门，负责全国水资源的统一管理，七大流域机构作为水利部的派出机构在流域范围内代表水利部行使水行政职能。各地方政府也相应成立了水行政管理部门，延续了计划经济时期的全国水权行政管理体系。第五，出现非正式的水权交易。市场的力量正在不断推动中国朝着水资源市场配置的方向迈进，从 2000 年开始，我国已经在不同的地区出现了不同形式的非正式的水权交易，例如甘肃省张掖市民乐县洪水河灌区用水户之间的水权交易、浙江东阳市和义乌市政府间有偿转让水权的协议等事件，显露了我国水权制度建设进一步向可交易水权制度方向发展的现实需要以及未来趋势。

（三）水权改革进展时期（2003 年至今）

随着经济体制改革的不断推进以及全面深化改革的进程，国家对水权制度建设高度重视，在党中央和国务院的文件以及重大规划与纲要中，多次对水权改革进行部署。如表 3 - 8 所示，正是这些标志性的重大事件一步步推动着我国水权制度建设，其中我国水权改革政策进展详见表 3 - 9。

表 3 - 8　水权制度建设大事记录表

时间	水权制度建设大事
2011 年 12 月	中共中央、国务院印发《关于加快水利改革发展的决定》（中发〔2011〕1 号），提出建立和完善国家水权制度，充分运用市场机制优化配置水资源。
2012 年 1 月	国务院印发《国务院关于实行最严格水资源管理制度的意见》（国发〔2012〕3 号），提出建立健全水权制度，积极培育水市场，鼓励开展水权交易，运用市场机制合理配置水资源。
2014 年 1 月	水利部印发《关于深化水利改革的指导意见》（水规计〔2014〕48 号），明确建立健全水权交易制度。开展水权交易试点，鼓励和引导地区间、用水户间的水权交易，探索多种形式的水权流转方式；积极培育水市场，逐步建立国家、流域、区域层面的水权交易平台。
2014 年 7 月	水利部印发《水利部关于开展水权试点工作的通知》（水资源〔2014〕222 号），明确在宁夏、江西、湖北、内蒙古、河南、甘肃、广东七个省（自治区）启动水权试点，重点开展水资源使用权确权登记、水权交易流转、水权制度建设，试点期 3 年。
2014 年 12 月—2015 年 6 月	水利部分别会同宁夏、江西、湖北、内蒙古、河南、甘肃、广东七省（自治区）人民政府联合批复《宁夏回族自治区水权试点方案》《河南省水权试点方案》《内蒙古自治区水权试点方案》《湖北省宜都市水权试点方案》《甘肃省疏勒河流域水权试点方案》《江西省水权试点方案》《广东省水权试点方案》，作为试点工作的主要依据。
2015 年 2 月	水利部决定成立水利部水权交易监管办公室，主要负责组织指导和协调水权交易平台建设、运营监管和水权交易市场体系建设等工作，对水权交易重大事项进行监督管理，研究解决水权交易相关工作中的重要问题。办公室设在财务司，成员单位为规划司、政法司、水资源司、财务司、农水司。
2016 年 4 月	水利部出台《水权交易管理暂行办法》（水政法〔2016〕156 号），对可交易水权的范围和类型、交易主体和期限、交易价格形成机制、交易平台运作规则等作出了具体的规定，为水权交易开展提供了政策依据。

（续表）

时间	水权制度建设大事
2016 年 6 月	经国务院同意，由水利部和北京市政府联合发起设立的国家级水权交易平台——中国水权交易所正式成立，旨在充分发挥市场在水资源配置中的决定性作用和更好地发挥政府作用，推动水权交易规范有序开展，全面提升水资源利用效率和效益，为水资源可持续利用、经济社会可持续发展提供有力支撑。
2016 年 7 月	水利部印发了《关于加强水资源用途管制的指导意见》（水资源〔2016〕234 号），明确在符合用途管制的前提下，鼓励通过水权交易等市场手段促进水资源有序流转，同时防止以水权交易为名套取用水指标，变相挤占生活、基本生态和农业合理用水。
2016 年 11 月	水利部水权交易监管办公室召开监管办第一次全体会议，审议通过《水利部水权交易监管办公室工作规则》《2017 年水利部水权交易监管办公室工作要点》。
2017 年 11 月	水利部和宁夏回族自治区人民政府在银川市联合验收了宁夏水权试点工作，宁夏成为首个通过验收的全国水权试点。
2018 年 2 月	水利部、国家发展改革委、财政部出台《关于水资源有偿使用制度改革的意见》（水资源〔2018〕60 号），明确探索开展水权确权工作，鼓励引导开展水权交易，对用水总量达到或超过区域总量控制指标或江河水量分配指标的地区，原则上要通过水权交易解决新增用水需求；在保障粮食安全的前提下，鼓励工业企业通过投资农业节水获得水权，鼓励灌区内用水户间开展水权交易。地方政府或其授权的单位，可以通过政府投资节水形式回购水权，也可以回购取水单位和个人投资节约的水权；回购的水权应当优先保证生活用水和生态用水，尚有余量的可以通过市场竞争方式进行出让。
2018 年 5 月	水利部、自然资源部在江苏省徐州市联合召开水流产权确权试点现场推进会，总结试点工作成效，分析存在困难和问题，研究部署下一阶段工作。
2018 年 6 月	宁夏、江西、湖北、河南、甘肃、广东等 6 个试点陆续通过验收。
2020 年 11 月	中国水权交易所对《中国水权交易所水权交易规则》、《中国水权交易所信息公告管理办法》及《中国水权交易所交易资金结算管理办法》部分条款进行修改，更契合当前水权交易市场需要。

（续表）

时间	水权制度建设大事
2020 年 12 月	水利部发布《水利部关于黄河流域水资源超载地区暂停新增取水许可的通知》指导黄河流域加快水权交易市场建设。
2021 年 4 月	中央办公厅、国务院办公厅印发《关于建立健全生态产品价值实现机制的意见》，提出应探索在长江、黄河等重点流域创新完善水权交易机制。
2021 年 7 月	国家发改委、财政部、水利部、农业农村部联合发布《关于深入推进农业水价综合改革的通知》，提出应进一步完善奖补机制设计，向用水主体对节水的部分以水权回购等多种形式给予奖励，调动农民节水积极性；在严格落实农业灌溉用水总量控制和定额管理基础上明确水权，加快推动农业水权交易，积极探索跨行业转让，最大限度发挥水资源价值。
2021 年 8 月	水利部发布《水利部关于实施黄河流域深度节水控水行动的意见》，提出应发挥水价水权在促进节约用水方面的调节作用，积极开展水权交易和水市场建设，鼓励和引导相关主体通过国家级水权交易平台转让节水量。
2021 年 9 月	中共中央办公厅、国务院办公厅印发了《关于深化生态保护补偿制度改革的意见》，提出建立用水权初始分配制度，逐步开展市场化环境权交易。鼓励地区间依据区域取用水总量和权益，通过水权交易解决新增用水需求，明确取用水户水资源使用权，鼓励取水权人在节约使用水资源基础上有偿转让取水权，并研究发展基于水权等各类资源环境权益的融资工具。
2021 年 10 月	中共中央、国务院印发《黄河流域生态保护和高质量发展规划纲要》，要求适度提高引黄供水城市水价标准，积极开展水权交易，落实水资源税费差别化征收政策。
2021 年 12 月	国家发改委、水利部、住建部、工信部与农业农村部共同发布《关于印发黄河流域水资源节约集约利用实施方案的通知》，提出应完善用水权交易制度，在建立健全统一的水权交易系统和开展集中交易的基础上，逐步纳入公共资源交易平台体系，同时强化水权交易监管，推进区域水权、取水权、灌区用水户用水权交易。

（续表）

时间	水权制度建设大事
2022 年 2 月	水利部出台《2022 年水资源管理工作要点》，提出健全初始水权分配制度、严格取用水监管、推进河湖生态环境复苏、提高水资源管理精细化水平、深化水资源管理改革等五大要求。其中，"深化水资源管理改革"要求制定出台推进用水权改革的指导意见，推动建立健全统一的水权交易系统，以及区域水权、取水权、灌溉用水户水权等用水权交易。
2022 年 8 月	水利部、国家发展改革委、财政部联合印发《关于推进用水权改革的指导意见》，进一步加快推进水权交易市场的建设，同时引导各省市出台地方性水权交易实施办法，鼓励地方开展水权交易。

表 3 - 9　我国水权改革政策进展

时间	政策文件	改革要求
2005 年	《关于深化经济体制改革的意见》	建立初始水权分配制度，开展水权交易，建立健全水权制度等。
2005 年	《水利部关于水权转让的若干意见》《关于印发水权制度建设框架的通知》	设计了水权制度的框架及其具体内容，并对转让水权的基本原则、限制范围、转让费用、转让年限等做出了规定。
2010 年	《全国水资源综合规划》	建立健全取水许可制度、有偿使用制度和水权转让制度。
2011 年	《关于加快水利改革和发展的决定》	建立和完善国家水权制度，充分运用市场机制优化配置水资源。
2012 年	《国家农业节水纲要（2012—2020 年)》	有条件地区，要逐步建立节约水量交易机制，构建交易平台，保障农民在水权转让中的合法权益。
2012 年	《关于实行最严格水资源管理制度的意见》	建立健全水权制度，积极培育水市场，鼓励开展水权交易等。
2012 年	十八大报告	积极开展水权交易试点。
2013 年	《关于全面深化改革若干重大问题的决定》	推行水权交易制度。

（续表）

时间	政策文件	改革要求
2014 年	习近平总书记提出新时期十六字治水方针	要推动建立水权制度，明确水权归属，培育水权交易市场，但也要防止农业、生态和居民生活用水被挤占。
2014 年	《水利部关于深化水利改革的指导意见》	建立健全水权交易制度。开展水权交易试点，鼓励和引导地区间用水户间的水权交易，探索多种形式的水权流转方式。
2014 年	《水利部关于开展水权试点工作的通知》	在七省开展水权试点工作。
2015 年	《生态文明体制改革总体方案》	探索建立水权交易制度，开展水权交易平台建设。
2015 年	《国民经济和社会发展第十三个五年规划的建议》	建立健全用能权、用水权、排污权、碳排放权初始分配制度。
2016 年	《水权交易管理暂行办法》	同年中国水权交易所在京设立，我国水权市场改革进入实操阶段。
2021 年	《中华人民共和国国民经济和社会发展第十四个五年规划和 2035 年远景目标纲要》	明确提出发展用水权交易。
2022 年	《中共中央 国务院关于加快建设全国统一大市场的意见》	建设全国统一用水权交易市场。

二、现行水权交易的法律框架体系及其特点

（一）现行水权交易的法律框架体系

目前我国已初步形成以《宪法》为指导，以《民法典》《水法》等法律为配套，以《取水许可和水资源费征收管理条例》《南水北调工程供用水管理条例》《水权交易管理暂行办法》等法规和规章为具体操作规则的水权交易法律规范体系。其中的具体内容如下：

1. 宪法

《宪法》（2018 年修正）第九条①规定确立了我国水资源国家所有的制度，是我国水权交易制度的母权基础。

2. 法律

我国在坚持水资源国家所有的基础上，实行水资源使用权与所有权相分离的基本制度。在水资源使用权方面，我国法律采用了"取水权"概念。1988 年《水法》已经使用了"取水"一词②，但是取水权概念首次在法律层面出现是在 2002 年《水法》第四十八条，③《物权法》在第三编"用益物权"部分对取水权予以保护④。我国现行《水法》（2016 年修正）第四十八条继续沿用了上述取水权的条款规定，《民法典》第三百二十九条⑤也沿用了《物权法》的上述规定，均未对"取水权"进行内容调整，《水法》第六条⑥也鼓励单位和个人开发利用水资源。

《民法典》第二百九十条⑦延续《民法通则》《物权法》规定，在调整相邻关系部分对水资源使用提出要尊重相邻关系尊重流水的自然流向。《民法典》对相邻关系的调整主要局限于不动产的相邻权利人之间，因而该条对水资源使用调整适用范围较为狭窄。

确定水资源使用权的一个重要作用是为设定取水许可、征收水资源费提供依

---

① 《宪法》（2018 年修正）第九条第一款："矿藏、水流、森林、山岭、草原、荒地、滩涂等自然资源，都属于国家所有，即全民所有；由法律规定属于集体所有的森林和山岭、草原、荒地、滩涂除外。"

② 1988 年《水法》第三十二条："国家对直接从地下或者江河、湖泊取水的，实行取水许可制度。为家庭生活、畜禽饮用取水和其他少量取水的，不需要申请取水许可。实行取水许可制度的步骤、范围和办法，由国务院规定。"

③ 2002 年《水法》第四十八条第一款："直接从江河、湖泊或者地下取用水资源的单位和个人，应当按照国家取水许可制度和水资源有偿使用制度的规定，向水行政主管部门或者流域管理机构申请领取取水许可证，并缴纳水资源费，取得取水权。但是，家庭生活和零星散养、圈养畜禽饮用等少量取水的除外。"

④ 《物权法》第一百二十三条："依法取得的探矿权、采矿权、取水权和使用水域、滩涂从事养殖、捕捞的权利受法律保护。"

⑤ 《民法典》第三百二十九条："依法取得的探矿权、采矿权、取水权和使用水域、滩涂从事养殖、捕捞的权利受法律保护。"

⑥ 《水法》第六条："国家鼓励单位和个人依法开发、利用水资源，并保护其合法权益。开发、利用水资源的单位和个人有依法保护水资源的义务。"

⑦ 《民法典》第二百九十条："不动产权利人应当为相邻权利人用水、排水提供必要的便利。对自然流水的利用，应当在不动产的相邻权利人之间合理分配。对自然流水的排放，应当尊重自然流向。"

据。《水法》（2016 年修正）第七条①明文规定实施取水许可制度和有偿使用制度。还有《水法》第四十八条的规定为我国取水许可制度奠定基础，该制度使得水资源使用权可以与所有权相分离，从而具备了水资源使用权初始界定与分配的前提。《水法》第四十七条②确立了总量控制和定额管理的水权的初始界定与分配的基本规则。

3. 法规规章

诸多水权交易法规规章，从实际出发，根据本地水权交易的实践，制定了一些水权交易的具体操作规则。

（1）行政法规。《取水许可和水资源费征收管理条例》对取水权的配置、管理、水资源费征收管理等作出规定。2014 年，《南水北调工程供用水管理条例》（以下简称《条例》）对南水北调工程年度内节余水量的跨省级行政区转让作出了规定，该《条例》第十五条③规定了南水北调工程年度内结余水量的转让程序。

（2）部门规章。目前与水权交易相关的部门规章有《水量分配暂行办法》《水利部关于水权转让的若干意见》《黄河水权转换管理实施办法（试行）》《水利部关于内蒙古宁夏黄河干流水权转换试点工作的指导意见》《水利部关于印发水权制度建设框架的通知》《水权交易管理暂行办法》。其中，《水量分配暂行办法》（以下简称《办法》）对水量分配的原则、分配机制、分配方案的主要内容等作了明确规定，为开展水量分配工作提供了较为具体的依据，推动了水量分配工作的深入开展，该《办法》适用于跨省、自治区、直辖市的水量分配（即以流域为单元向省、自治区、直辖市进行的水量分配）和省、自治区、直辖市以下其他跨行政区域的水量分配。2005 年，《水利部关于水权转让的若干意见》开启了我国水权转让制度建设的大门。2016 年，《水权交易管理暂行办法》对可交易水权的范围和类型、交易主体和期限、交易价格形成机制、交易平台运作规则等

---

① 《水法》第七条："国家对水资源依法实行取水许可制度和有偿使用制度。但是，农村集体经济组织及其成员使用本集体经济组织的水塘、水库中的水的除外。国务院水行政主管部门负责全国取水许可制度和水资源有偿使用制度的组织实施。"

② 《水法》第四十七条第一款："国家对用水实行总量控制和定额管理相结合的制度。"

③ 《南水北调工程供用水管理条例》第十五条："水量调度年度内南水北调工程受水区省、直辖市用水需求出现重大变化，需要转让年度水量调度计划分配的水量的，由有关省、直辖市人民政府授权的部门或者单位协商签订转让协议，确定转让价格，并将转让协议报送国务院水行政主管部门，抄送南水北调工程管理单位；国务院水行政主管部门和南水北调工程管理单位应当相应调整年度水量调度计划和月水量调度方案。"

作出了具体的规定，对当前水权水市场建设中的热点问题作出了正面回答，是我国水权交易的制度创新，对保证和规范水权交易行为，充分发挥市场机制在优化配置水资源中的重要作用，提高水资源利用的效率与效益，具有十分重要的意义。

（3）地方政府规章。2017 年，广东省施行《广东省水权交易管理试行办法》，为广东省水权交易的发展起到了重要的推动作用。

（4）地方规范性文件。各地根据法律法规对于水权交易的规定，结合本地实际，相继出台了一些规范性文件（如表 3 - 10 所示）规范本地的水权交易实践。

表 3 - 10　水权交易的地方规范性文件

出台时间	出台部门	地方规范性文件
2021. 12. 23	山东省水利厅	《山东省水权交易管理办法》
2021. 12. 01	江苏省水利厅	《江苏省水权交易管理办法（试行)》
2021. 07. 13	宁夏回族自治区水利厅、宁夏回族自治区公共资源交易管理局	《宁夏回族自治区用水权市场交易规则》
2018. 10. 22	青龙满族自治县人民政府	《青龙满族自治县农业水权交易实施细则》
2018. 07. 02	承德县人民政府	《承德县农业水权交易实施细则（试行)》
2017. 06. 26	潍坊市水利局	《潍坊市水权交易管理暂行办法》
2017. 03. 08	新疆维吾尔自治区人民政府	《新疆维吾尔自治区水权改革和水市场建设指导意见（试行)》
2017. 02. 14	内蒙古自治区人民政府	《内蒙古自治区水权交易管理办法》
2016. 10. 26	河北省人民政府	《河北省工业水权交易管理办法（试行)》
2016. 03. 15	河北省人民政府	《河北省农业水权交易办法》
2015. 05. 05	庆阳市人民政府	《庆阳市建立水权制度及水权交易市场意见》
2014. 12. 09	河北省人民政府	《河北省水权确权登记办法》
2014. 01. 20	内蒙古自治区人民政府	《内蒙古自治区盟市间黄河干流水权转让试点实施意见（试行)》
2011. 03. 1	吐鲁番市人民政府	《吐鲁番地区水权转让管理办法（试行)》
2011. 01. 12	榆林市人民政府	《榆林市水权转换管理办法》
2010. 08. 16	金昌市人民政府	《金昌市水权转让暂行办法（试行)》
2009. 10. 22	鄂尔多斯市人民政府	《鄂尔多斯市黄河水权转换二期工程实施办法》

（二）现行水权交易立法的特点

1. 水权交易立法的分散性

如前所述，我国现行的水权交易法律制度的框架体系，水权交易除了水利部的《水权交易管理暂行办法》，其余的内容散见于相关的法律法规、规章以及地方规范性文件之中。可见我国的水权交易立法采取的是分散立法模式，即没有对水权交易采取集中统一的立法，没有统一的水权交易立法，而是将水权交易制度的内容分别规定在相关立法之中。我国目前这种水权交易立法模式是不利于水权交易发展的，因为在我国无论是私权保障还是公权控制的观念和完善程度，都缺乏相应的分散型水权交易立法的前提和基础。

不同的立法都有不同的立法目的，我国目前水权交易制度的相关内容散见于《宪法》《民法典》《水法》《取水许可和水资源费征收管理条例》《南水北调工程供用水管理条例》《水量分配暂行办法》《水权交易管理暂行办法》等相关法律法规中，在这些不同目的的立法中，水权交易制度的相关规范在其中是难以得到详细具体规定的，而相关立法要么只就水权交易作出原则性的规定，要么只就该立法中涉及水权交易的某个方面的问题作出规定，这样很难形成水权交易制度所需要的规范体系。总体而言，我国目前在水权交易方面，立法是有所缺失的，这与分散立法不无关系。因此，我国水权交易的分散型立法模式，也成为我国水权交易中利益矛盾与利益冲突普遍存在的原因之一。

2. 水权交易立法的复杂性

我国实施自然资源的社会主义公有制，决定了我国不能照搬照抄西方发达国家的水权交易制度，而必须结合我国的具体国情，对水权交易立法的内容进行特殊设计。我国水权基本制度的特殊性、水权交易中相关主体的多样性、法律关系的复杂性都决定了我国水权交易立法内容的复杂性。水权交易制度实际上涉及水资源所有权的行使及资产管理制度、水资源使用权的确权分配制度及水权交易流转制度，所以决定了水权交易立法的复杂性。

第三节　现行水权交易立法的内容

水权交易，顾名思义就是以水权作为标的开展的交易活动。何谓"水权"？2016 年 4 月水利部发布《水权交易管理暂行办法》，其中第 2 条规定："水权包括水资源的所有权和使用权。"

我国学术界对水权理论尚未达成普遍共识，水权的理论争议仍较大。[①] 在民法学界，水权的概念相对统一，即认为水权包含两层含义：第一，水权是与水资源所有权相独立的制度安排；第二，水权是依照法律规定或合同约定，由水资源非所有人享有的，对水资源进行使用的权利或者获得收益的权利。[②] 这一理论理解可从《民法典》窥见一斑，《民法典》在"物权—用益物权"分编规定：依法取得的取水权受法律保护[③]。从《民法典》体系安排来看，"取水权"被认为是一种特殊的用益物权，它具有用益物权的一些特点，但同时又独具特色，比如作为取水权客体的水资源具有公共物品性质、取水权设立具有行政管理特点、取水权交易需要法律专门规制等。所以，《民法典》是从水资源使用权这一狭义视角来界定"取水权"。

交易语境下的"水权"范围比《民法典》规定的"取水权"范围更广。首先，自然资源之国家所有或集体所有，所有权与使用权相分离，是中国特色社会主义制度的重要制度内容，水流资源也不例外，因而水权交易必然限于水资源使用权的交易。其次，水权交易的交易双方并不局限于平等主体之间，行政主体也可以成为水权交易主体，所以交易语境下"水权"是包含了《民法典》之"取水权"的。可见，水权交易法律制度包括水资源所有权行使及资产管理法律制度、水资源使用权初始分配法律制度、水权交易流转法律制度。

---

① 陈广华，黄野. 民法典视阈下水权制度之检讨与重构 [J]. 西部法学评论，2018 (2)：1 – 9.
② 裴丽萍. 水权制度初论 [J]. 中国法学，2001 (2)：90 – 101.
③ 《民法典》第三百二十九条："依法取得的探矿权、采矿权、取水权和使用水域、滩涂从事养殖、捕捞的权利受法律保护。"

一、水资源所有权行使及管理法律制度

（一）关于水资源所有权的法律规定

我国自然资源实行国家所有或者集体所有，这是中国特色社会主义制度的重要制度内容，水资源也不例外。《宪法》第九条①、《民法典》第二百四十七条②、《水法》第三条③均规定了我国水资源属于国家所有，这奠定了我国水权交易的制度基础。

（二）关于水资源管理及保护的法律规定

一段时期内颇有争论的是，究竟由哪一层级的国家机关来代表国家行使对水资源的所有权。1988年7月生效的《水法》也规定水资源属于国家所有，但并未明确享有国家所有权的具体机构，而仅是规定由国务院水行政主管部门负责全国水资源的统一管理工作，由于对水资源的权属管理部门与开发利用部门相互间的关系和职责划分不清，没有明确流域管理机构的职责和权限，导致部门之间职能交叉和职能错位的现象并存，"多龙治水"的问题依然存在。2016年修正的《水法》第三条④规定水资源的所有权由国务院代表国家行使，同时《水法》第十二条⑤根据水资源的自身特点和我国的实际情况，借鉴一些国家水资源管理的通行做法和经验，按照资源管理与开发利用管理相分离的原则，确立了流域管理与行政区域管理相结合、统一管理与分级管理相结合的水资源管理体制。《水法》明确规定，水资源属于国家所有，水资源的所有权由国务院代表国家行使。为了实现全国水资源的统一管理和监督，国务院水行政主管部门应当制定全国水资源的战略规划，对水资源实行统一规划、统一配置、统一调度、统一实行取水许可制度和水资源有偿使用制度等。为了实现全国水资源的统一管理和监督，国务院水行政主管部门在国家确定的主要江河、湖泊设立流域管理机构，在所管辖的范

---

① 《中华人民共和国宪法》（2018修正）第九条规定："矿藏、水流、森林、山岭、草原、荒地、滩涂等自然资源，都属于国家所有，即全民所有；由法律规定属于集体所有的森林和山岭、草原、荒地、滩涂除外。"

② 《中华人民共和国民法典》第二百四十七条规定："矿藏、水流、海域属于国家所有。"

③ 《中华人民共和国水法》（2016修正）第三条规定："水资源属于国家所有。"

④ 《中华人民共和国水法》（2016修正）第三条规定："水资源的所有权由国务院代表国家行使。"

⑤ 《中华人民共和国水法》（2016修正）第十二条："国家对水资源实行流域管理与行政区域管理相结合的管理体制。国务院水行政主管部门负责全国水资源的统一管理和监督工作。国务院水行政主管部门在国家确定的重要江河、湖泊设立的流域管理机构（以下简称流域管理机构），在所管辖的范围内行使法律、行政法规规定的和国务院水行政主管部门授予的水资源管理和监督职责。县级以上地方人民政府水行政主管部门按照规定的权限，负责本行政区域内水资源的统一管理和监督工作。"

围内行使法律、行政法规规定的和国务院水行政主管部门授予的水资源管理和监督职责。① 我国地域广阔,各地水资源状况和经济社会发展水平差异很大,实行流域管理和行政区域管理相结合的管理体制还必须紧密结合各地实际情况,充分发挥县级以上地方人民政府水行政主管部门依法管理本行政区域内水资源的积极性和主动性。《水法》(2016 修正)规定的流域管理机构与县级以上地方人民政府水行政主管部门在水资源监督管理上的一些具体职责还将由国务院或者国务院水行政主管部门制定的配套行政法规或者政府规章进一步界定。②

但是,根据《水法》第十三条③,《中华人民共和国环境保护法》(2014 修正)第二条④、第六条⑤、第十条⑥,以及《中华人民共和国水污染防治法》

---

① 我国早在 20 世纪 30 年代就在主要江河设置了具有现代意义的流域管理机构,例如 1935 年设立的扬子江水利委员会、1933 年设立的黄河水利委员会和 1929 年设立的导淮委员会等。中华人民共和国成立后中央人民政府为了加强对大江大河的规划、治理和管理,在长江、黄河、淮河等流域成立了流域管理机构,其间机构几经变更。到目前我国在长江、黄河、淮河、珠江、海河、辽河这六大江河和太湖流域都成立了作为水利部派出机构的流域管理机构,行使《水法》《防洪法》《水污染防治法》《河道管理条例》等法律、行政法规规定的和水利部授予的水资源管理和监督职责。《水法》(2016 修正)对流域管理机构在水资源监督管理方面的职责进一步作了明确规定,具体包括:(1)水资源的动态监测和水功能区水质状况的监测;(2)国家确定的重要江河、湖泊以外的其他跨省、自治区、直辖市的江河、湖泊的流域综合规划和区域综合规划的编制;(3)在国家确定的重要江河、湖泊和跨省、自治区、直辖市的江河、湖泊上建设水工程的审查;(4)国家确定的重要江河、湖泊以外的其他跨省、自治区、直辖市的江河、湖泊的水功能区划;(5)管辖权限范围内的排污口设置审查;(6)管辖权限范围内的水工程保护;(7)跨省、自治区、直辖市的水量分配方案和旱情紧急情况下的水量调度预案的制订以及年度水量分配方案和调度计划的制定;(8)管辖权限范围内的取水许可证颁发和水资源费收取;(9)水事纠纷处理与执法监督检查等。

② 按照《水法》的有关规定,借鉴国外流域管理的功能经验,从总体上说,流域管理机构在依法管理水资源的工作中应当突出宏观综合性和民主协调性,着重于一些地方行政区域的水行政主管部门难以单独处理的问题,而一个行政区域内的经常性的水资源监督管理工作主要应由有关地方政府的水行政主管部门具体负责实施。地方在维护全国水资源统一管理、水法基本制度统一的前提下,也可以结合本地实际制定地方性水法规和有关政府规章,制定有利于本地水资源可持续利用的政府和有关规划、计划,依法加强对本行政区域内水资源的统一管理。

③ 《中华人民共和国水法》(2016 修正)第十三条:"国务院有关部门按照职责分工,负责水资源开发、利用、节约和保护的有关工作。县级以上地方人民政府有关部门按照职责分工,负责本行政区域内水资源开发、利用、节约和保护的有关工作。"

④ 《中华人民共和国环境保护法》(2014 修正)第二条:"本法所称环境,是指影响人类生存和发展的各种天然的和经过人工改造的自然因素的总体,包括大气、水、海洋、土地、矿藏、森林、草原、湿地、野生生物、自然遗迹、人文遗迹、自然保护区、风景名胜区、城市和乡村等。"

⑤ 《中华人民共和国环境保护法》(2014 修正)第六条规定:"地方各级人民政府应当对本行政区域的环境质量负责。"

⑥ 《中华人民共和国环境保护法》(2014 修正)第十条:"国务院环境保护主管部门,对全国环境保护工作实施统一监督管理;县级以上地方人民政府环境保护主管部门,对本行政区域环境保护工作实施统一监督管理。县级以上人民政府有关部门和军队环境保护部门,依照有关法律的规定对资源保护和污染防治等环境保护工作实施监督管理。"

（2017 修正）（以下简称《水污染防治法》）第四条①、第五条②、第九条③的规定，各级人民政府的环境保护部门是对水污染防治实施统一监督管理的机关；各级交通部门的航政机关是对船舶污染实施监督管理的机关；各级人民政府的水利管理部门、卫生行政部门、地质矿产部门、市政管理部门、重要江河的水源保护机构，结合各自的职责，协同环境保护部门对水污染防治实施监督管理。④

（三）关于水资源费的法律规定

《水法》第七条⑤、第四十八条⑥确立了我国水资源有偿使用的制度基础，并且规定由国务院水行政主管部门负责水资源有偿使用的组织实施。随后 2006 年颁布、2017 年修订的《取水许可和水资源费征收管理条例》第四章第二十八

---

① 《中华人民共和国水污染防治法》（2017 修正）第四条："县级以上人民政府应当将水环境保护工作纳入国民经济和社会发展规划。地方各级人民政府对本行政区域的水环境质量负责，应当及时采取措施防治水污染。"

② 《中华人民共和国水污染防治法》（2017 修正）第五条："省、市、县、乡建立河长制，分级分段组织领导本行政区域内江河、湖泊的水资源保护、水域岸线管理、水污染防治、水环境治理等工作。"

③ 《中华人民共和国水污染防治法》（2017 修正）第九条："县级以上人民政府环境保护主管部门对水污染防治实施统一监督管理。交通主管部门的海事管理机构对船舶污染水域的防治实施监督管理。县级以上人民政府水行政、国土资源、卫生、建设、农业、渔业等部门以及重要江河、湖泊的流域水资源保护机构，在各自的职责范围内，对有关水污染防治实施监督管理。"

④ 首先，对水污染防治实施统一监督管理的机关是各级人民政府的环境保护部门。这里讲的各级人民政府的环境保护部门是指县级以上人民政府的环境保护部门，环境保护部门对水污染防治实施统一监督管理，主要包括：贯彻并监督执行国家水污染防治的法律、法规和政策；编制所辖区域内的水污染防治规划；依照法律规定的权限颁发水环境保护标准；组织、开展水污染防治的科学研究，推广先进的水污染防治技术工艺；组织水环境监测和实施法律规定的其他监督管理职责。这里需要说明的是，环境保护部门对水污染防治实施统一监督管理，而不是"主管"水污染的防治，水污染的防治工作主要应由排污单位负责治理，环境保护部门虽然可以统筹、调剂治理费用，但不能越俎代庖，其职责是监督管理。考虑到船舶污染属于流动污染源，与陆地企业等固定污染源对水的污染有很大不同，交通部门的航政机关的职责又是负责对船舶的日常监督管理，因此《水污染防治法》规定，各级交通部门的航政机关是对船舶污染实施监督管理的机关。航政机关对船舶污染实施监督管理主要包括：航行船舶的防污设备、防污文书或者记录是否符合要求；监督检查港口、码头的废物接收与处理设施是否符合要求；审批在港区进行的有可能污染港区水域的作业；负责船舶污染事故的调查处理，并可强制打捞或强制拖航造成或可能造成船舶污染事故的船舶。水污染防治工作涉及水利、卫生、地质、市政等部门的职责分工，做好水污染防治工作，还须要各级人民政府的水利管理、卫生行政、地质矿产、市政管理和重要江河的水源保护机构，结合各自的职责、协同环境保护部门对水污染防治实施监督管理。

⑤ 《中华人民共和国水法》（2016 修正）第七条："国家对水资源依法实行取水许可制度和有偿使用制度。但是，农村集体经济组织及其成员使用本集体经济组织的水塘、水库中的水的除外。国务院水行政主管部门负责全国取水许可制度和水资源有偿使用制度的组织实施。"

⑥ 《中华人民共和国水法》（2016 修正）第四十八条："直接从江河、湖泊或者地下取用水资源的单位和个人，应当按照国家取水许可制度和水资源有偿使用制度的规定，向水行政主管部门或者流域管理机构申请领取取水许可证，并缴纳水资源费，取得取水权。但是，家庭生活和零星散养、圈养畜禽饮用等少量取水的除外。实施取水许可制度和征收管理水资源费的具体办法，由国务院规定。"

到第三十七条详细规定了水资源使用费征收的原则、征收管理部门、用途等。2008 年 11 月，财政部、国家发改委、水利部印发《水资源费征收使用管理办法》（财综〔2008〕79 号）通知，这是一个对水资源费的征收使用管理具有重要分量的规范性文件。我国的水资源费征收体系如表 3 - 11 所示。

表 3 - 11　我国水资源费征收体系表

管理体制	主管主体	定价部门	征收部门	征收对象	资金使用
流域管理	国务院	相关价格主管部门会同财政、水行政主管部门	县级以上地方人民政府水行政主管部门	直接从江河、湖泊、地下水取用水资源的单位及个人	按 1：9 比例分别解缴中央和地国库
行政区域管理	省级政府				

二、水资源使用权初始界定分配法律制度

（一）关于水资源使用权的法律规定

我国在坚持自然资源国家所有或集体所有的基础上，实行自然资源使用权与所有权相分离的基本制度。在水资源使用权方面，我国法律采用了"取水权"概念。1988 年《水法》已经使用了"取水"一词，但是取水权概念首次在法律层面出现是在 2002 年《水法》第四十八条，2007 年《物权法》在第三编"用益物权"对取水权予以保护。我国现行《水法》（2016 修正）第四十八条继续沿用了上述取水权的条款规定，《民法典》第三百二十九条也沿用了《物权法》的上述规定。《水法》第六条："国家鼓励单位和个人依法开发、利用水资源，并保护其合法权益。开发、利用水资源的单位和个人有依法保护水资源的义务。"《民法典》第二百九十条延续《民法通则》《物权法》规定，在调整相邻关系部分对水资源使用提出要求："不动产权利人应当为相邻权利人用水、排水提供必要的便利。对自然流水的利用，应当在不动产的相邻权利人之间合理分配。对自然流水的排放，应当尊重自然流向。"《民法典》对相邻关系的调整主要局限于不动产的相邻权利人之间，因而该条对水资源使用调整适用范围较为狭窄。

确定水资源使用权的一个重要作用是为设定取水许可、征收水资源费提供依据。《水法》（2016 修正）第七条规定："国家对水资源依法实行取水许可制度和有偿使用制度。但是，农村集体经济组织及其成员使用本集体经济组织的水塘、水库中的水的除外。国务院水行政主管部门负责全国取水许可制度和水资源有偿

使用制度的组织实施。"第四十八条："直接从江河、湖泊或者地下取用水资源的单位和个人，应当按照国家取水许可制度和水资源有偿使用制度的规定，向水行政主管部门或者流域管理机构申请领取取水许可证，并缴纳水资源费，取得取水权。但是，家庭生活和零星散养、圈养畜禽饮用等少量取水的除外。实施取水许可制度和征收管理水资源费的具体办法，由国务院规定。"《水法》的规定为我国取水许可制度奠定基础，该制度使得水资源使用权可以与所有权相分离，从而具备了水资源使用权初始界定与分配的前提。

《取水许可和水资源费征收管理条例》（以下简称《条例》）对取水权的配置、管理、水资源费征收管理作出规定：（1）明确取水权：取水，是指利用取水工程或者设施直接从江河、湖泊或者地下取用水资源。取用水资源的单位和个人，除该《条例》规定的情形外，都应当申请领取取水许可证，并缴纳水资源费。（2）明确管理权限：县级以上人民政府水行政主管部门按照分级管理权限，负责取水许可制度的组织实施和监督管理。国务院水行政主管部门在国家确定的重要江河、湖泊设立的流域管理机构，依照该《条例》规定和国务院水行政主管部门授权，负责所管辖范围内取水许可制度的组织实施和监督管理。县级以上人民政府水行政主管部门、财政部门和价格主管部门依照本条例规定和管理权限，负责水资源费的征收、管理和监督。（3）明确取水申请流程：申请取水的单位或者个人应当向具有审批权限的审批机关提出申请。取水许可权限属于流域管理机构的，申请取水的单位或者个人应当向取水口所在地的省、自治区、直辖市人民政府水行政主管部门提出申请。省、自治区、直辖市人民政府水行政主管部门，应当自收到申请之日起20个工作日内提出意见，并连同全部申请材料转报流域管理机构。县级以上地方人民政府水行政主管部门或者流域管理机构，应当自收到取水申请之日起5个工作日内对申请材料进行审查，申请材料齐全、符合法定形式、属于本机关受理范围的，予以受理。（4）明确取水许可审查：指定流域、河段和国际边界河流限额以上的取水、省际边界河流湖泊限额以上的取水、跨省级行政区域的取水等，由流域管理机构审批取水申请。其他取水由县级以上地方人民政府水行政主管部门按照省、自治区、直辖市人民政府规定的审批权限审批。取水许可证有效期限一般为5年，最长不超过10年。（5）明确水资源费征收：取水单位或者个人应当按照经批准的年度取水计划取水。超计划或者超定额取水的，对超计划或者超定额部分累进收取水资源费。水资源费由取水审批机关负责征收；其中，流域管理机构审批的，水资源费由取水口所在地省、自治区、直辖市人民政府水行政主管部门代为征收。

（二）关于水权初始界定与分配之法律规定

明确水资源所有权、使用权以及取水权、水资源费之后，水权交易的第一个重要环节是确定水权的初始界定与分配规则。这一环节是水资源使用权进一步确权到个人、企业、政府机构的环节。

《水法》第四十七条①确立了总量控制和定额管理相结合的用水管理制度。《取水许可和水资源费征收管理条例》设定了取水许可总量控制和取水权转让等法律制度，在该《条例》第六条②、第十五条③、第三十九条④规定取水许可必须遵守水资源规划和水量分配方案。《水量分配暂行办法》是我国水量分配领域最重要的、最具操作性的规范性文件，其确立了水量分配的原则，明确了水量分配机制，以及水量分配方案的主要内容等。值得一提的是，《水量分配暂行办法》在起草过程中曾使用《初始水权分配暂行办法》的名称。水量分配是《水法》确立的一项法律制度，从方案的制定到批准的程序和责任主体都很明确，制定水量分配办法具有明确的法律依据。水权与水量有着不可分割的联系，水权概念属于法律上的权利范畴，水权的物质表现形式是一定数量的水资源，水权的明晰是通过对水资源量的分配来实现的，使用"水量"而非"水权"作为该规范性文件名，并不影响办法对明晰水权发挥的规范作用。⑤

水资源使用权的初始界定与分配既涉及使用权在不同层级水行政主管部门之间的分配，也涉及最终用水户之间的分配。从我国上述立法来看，取水许可仅适用于最终用水户之间的分配情况。

---

① 《中华人民共和国水法》第四十七条规定："国家对用水实行总量控制和定额管理相结合的制度。"

② 《取水许可和水资源费征收管理条例》（2017 修订）第六条："实施取水许可必须符合水资源综合规划、流域综合规划、水中长期供求规划和水功能区划，遵守依照《中华人民共和国水法》规定批准的水量分配方案；尚未制定水量分配方案的，应当遵守有关地方人民政府间签订的协议。"

③ 《取水许可和水资源费征收管理条例》（2017 修订）第十五条规定："批准的水量分配方案或者签订的协议是确定流域与行政区域取水许可总量控制的依据。"

④ 《取水许可和水资源费征收管理条例》（2017 修订）第三十九条规定："年度水量分配方案和年度取水计划是年度取水总量控制的依据，应当根据批准的水量分配方案或者签订的协议，结合实际用水状况、行业用水定额、下一年度预测来水量等制定。"

⑤ 水利部. 水利部周英副部长就《水量分配暂行办法》的贯彻实施接受《中国水利报》记者专访 [EB/OL]. （2027 - 12 - 28）[2023 - 06 - 05]. http://www.mwr.gov.cn/zw/zcjd/201806/t20180608_1039370.html.

1. 区域和流域水量分配指标的确权

我国已经全面建立省—市—县三级用水总量控制指标体系，正逐步推进江河流域水量指标分配工作，将水量指标落实到每一条河流和河段。已经完成江河水量指标分解的地区，其初始水权是水量分配指标，水权的权利主体是地方政府，基本权利是管理和监督权，确权方式是通过区域用水指标的相关政策文件进行确认。

《水法》第四十五条规定要根据水规划以流域为单位制定水量分配方案，①第四十四条对水中长期供求规划的制定和审批主体作出规定并规定了水规划的原则②，第四十七条从总量控制与定额管理相结合的角度，要求各级人民政府制定本行政区域内行业用水定额以及年度用水计划。③《水功能区监督管理办法》第七条明确了水功能区划制度的功能作用④，同时该办法还明确了不同的水功能区的作用。⑤《水量分配暂行办法》对区域水权确权作出更具体规定：一是界定"水量分配"的具体内容；二是区分水资源可利用总量与可分配的水量；三是明确水量分配需要考虑的因素；四是允许预留水量，以满足未来发展用水需求和国家重大发展战略用水需求；五是规定水量分配方案的主要内容。《取水许可与水

---

① 《中华人民共和国水法》第四十五条规定："调蓄径流和分配水量，应当依据流域规划和水中长期供求规划，以流域为单元制定水量分配方案。"

② 《中华人民共和国水法》第四十四条："国务院发展计划主管部门和国务院水行政主管部门负责全国水资源的宏观调配。全国的和跨省、自治区、直辖市的水中长期供求规划，由国务院水行政主管部门会同有关部门制订，经国务院发展计划主管部门审查批准后执行。地方的水中长期供求规划，由县级以上地方人民政府水行政主管部门会同同级有关部门依据上一级水中长期供求规划和本地区的实际情况制订，经本级人民政府发展计划主管部门审查批准后执行。水中长期供求规划应当依据水的供求现状、国民经济和社会发展规划、流域规划、区域规划，按照水资源供需协调、综合平衡、保护生态、厉行节约、合理开源的原则制定。"

③ 《中华人民共和国水法》第四十七条："国家对用水实行总量控制和定额管理相结合的制度。省、自治区、直辖市人民政府有关行业主管部门应当制订本行政区域内行业用水定额，报同级水行政主管部门和质量监督检验行政主管部门审核同意后，由省、自治区、直辖市人民政府公布，并报国务院水行政主管部门和国务院质量监督检验行政主管部门备案。县级以上地方人民政府发展计划主管部门会同同级水行政主管部门，根据用水定额、经济技术条件以及水量分配方案确定的可供本行政区域使用的水量，制定年度用水计划，对本行政区域内的年度用水实行总量控制。"

④ 《水功能区监督管理办法》第七条："经批准的水功能区划是水资源开发利用与保护、水污染防治和水环境综合治理的重要依据，应当在水资源管理、水污染防治、节能减排等工作中严格执行。"

⑤ 《水功能区监督管理办法》将水功能区分为一级区和二级区：一级水功能区宏观上解决水资源开发利用与保护的问题，主要协调地区间用水关系，长远考虑可持续发展的需求；二级水功能区对一级水功能区中的开发利用区进行划分，主要协调用水部门之间的关系。

资源费征收管理条例》也有部分条款涉及区域水权确权。①《黄河水量调度条例》对处于黄河流域的青海省、四川省、甘肃省、宁夏回族自治区、内蒙古自治区、陕西省、山西省、河南省、山东省，以及国务院批准取用黄河水的河北省、天津市的黄河水量调度和管理设定规则，规定黄河水量分配方案由黄河水利委员会商十一省区市人民政府制订，经国务院发展改革主管部门和国务院水行政主管部门审查，报国务院批准。

上述法律法规为区域水权确权提供基本操作依据，同时也是划清各区域、各流域水资源管理部门职责，避免相互推诿情况发生的重要规范依据。

2. 普通用水户的确权

根据《水法》和取水许可管理要求，直接从江河湖泊或地下取用水的用水户，在科学核定许可水量，依法办理取水许可管理手续并交纳水资源费后，依据许可水量获得取水权。此种情况下，水权的权利主体是获得取水许可的用水户，基本权利是使用权、处置权、收益权，确权方式是通过办理取水许可证进行确认。

用水户水权确权是通过取水许可进行的。《水法》第四十八条和《取水许可和水资源费征收管理条例》第二条②都规定了申领取水许可要缴纳水资源费。取水许可的审批，与区域水权确权不可避免地衔接起来，因为实施取水许可必须符合水资源综合规划、流域综合规划、水中长期供求规划和水功能区划，遵守水量分配方案或相关地方人民政府间签订的协议。这些因素都是在区域水权确权过程中逐步成形的。

根据《取水许可和水资源费征收管理条例》，普通用水户取水许可审批的程序主要是：（1）用水户向具有审批权限的审批机关提出取水许可申请，并提交所要求的材料。（2）取水许可申请由流域管理机构或者县级以上地方人民政府水行政主管部门进行审批，审查的主要事项涉及申请取水是否符合水量分配方案和用水定额、是否有利于节水和经济社会发展等。审批机构认为取水涉及社会公共利

①《取水许可与水资源费征收管理条例》第七条规定："流域内批准取水的总耗水量不得超过本流域水资源可利用量。行政区域内批准取水的总水量，不得超过流域管理机构或者上一级水行政主管部门下达的可供本行政区域取用的水量"。第十五条规定："批准的水量分配方案或者签订的协议是确定流域与行政区域取水许可总量控制的依据。"

②《取水许可和水资源费征收管理条例》第二条规定："取用水资源的单位和个人，除本条例第四条规定的情形外，都应当申请领取取水许可证，并缴纳水资源费。"

益或取水人与他人有重大利害关系，需要举行听证的，应举行听证并向社会公告。（3）审批机构在受理取水申请之日起45个工作日内作出审批。准许取水申请的签发取水申请批准文件。（4）审批机构核发取水许可证。如果涉及兴建取水工程或取水设施，需提交取水工程或取水设施试运行情况等相关材料，并由审批机构验收合格，才能核发取水许可证。（5）审批机构将核发取水许可证的情况通知取水口所在地县级人民政府水行政主管部门，定期对取水许可证的发放情况予以公告。（6）取水许可证有效期限一般是五年，最长不超过十年。许可证有效期届满，持证人向原审批机构提出延续申请。持证人也可请求变更取水许可证载明的事项。

3. 农业灌溉用水户的水权确权

农业灌溉用水户的水权确权主要基于农业用水定额，结合区域用水总量控制指标和来水条件，自上而下，将水量从县分解到乡镇，再到各村到各用水户或用水合作组织。农业灌溉用水户的水权，其权利主体是灌溉用水户或农民用水合作组织，权利内容首先是使用权，即用水户能够对公共供水加以利用，这种利用并不是直接从江河湖泊取用水资源，而是通过公共供水系统；其次是收益权，即用水户可以获取用水产生的经济效益；再次是处置权，即用水户可以对此种水权进行处分。农业灌溉用水户的水权确权方式存在多种：第一，单独发放水权属凭证，例如山西清徐县给农户发放水权使用证，甘肃张掖给农户发放水票，等等。用水权属凭证一方面是农户享有水权的证明，另一方面也是设定水权限额，强化用水行为约束的体现。第二，在其他权属凭证上记载用水额度，例如在小型水利工程设施权属证书上记载用水农户的水资源份额。第三，下达用水计划指标或用水定额，以便配合阶梯水价等水价制度，运用价格杠杆调节用水额度。

4. 农村集体的水权确权

《水法》第三条规定："农村集体经济组织的水塘和由农村集体经济组织修建管理的水库中的水，归各该农村集体经济组织使用。"这可以作为一类特殊水权予以确认。农村集体水权的权利主体是农村集体经济组织，集体经济组织有条件的可以进一步确权给农民用水户，权利内容是使用权和收益权，确权方式与农业灌溉用水户的水权相似，可以发放用水权属凭证，也可以在水利设施权属证凭证上记载确权。

三、水权交易转让法律制度

水资源使用权流转也就是取水许可转让。曾经我国法律并不允许取水许可转让，例如《取水许可证制度实施办法》①曾规定：取水许可证不得转让；转让取水许可证的，吊销取水许可证、没收非法所得。这一状况一直延续到 21 世纪初期。

2005 年《水利部关于水权转让的若干意见》首先提出以水资源持续可利用、政府调控与市场机制相结合、公平和效率相结合、产权明晰、公平公正公开、有偿转让和合理补偿作为水权转让的基本原则，接着对水权转让的限制范围、转让费、转让年限等方面作出规定。

2006 年《取水许可和水资源费征收管理条例》第二十七条②规定："依法获得取水权的单位或者个人，通过调整产品和产业结构、改革工艺、节水等措施节约水资源的，在取水许可的有效期和取水限额内，经原审批机关批准，可以依法有偿转让其节约的水资源，并到原审批机关办理取水权变更手续。"该条明确了取水许可证持有者通过调整产业、采用新工艺等措施节约水源的，可以有偿转让取水权，这是在取水许可层级唯一许可的交易。

2014 年《南水北调工程供用水管理条例》（以下简称《条例》）对南水北调工程年度内节余水量的跨省级行政区转让做出了规定。该《条例》第十五条规定："水量调度年度内南水北调工程受水区省、直辖市用水需求出现重大变化，需要转让年度水量调度计划分配的水量的，由有关省、直辖市人民政府授权的部门或者单位协商签订转让协议，确定转让价格，并将转让协议报国务院水行政主管部门，抄送南水北调工程管理单位；国务院水行政主管部门和南水北调工程管理单位应当相应调整年度水量调度计划和月水量调度方案。"

2016 年《水权交易管理暂行办法》对可交易水权的范围和类型、交易主体和期限、交易价格形成机制、交易平台运作规则等作出了具体的规定，对当前水权水市场建设中的热点问题作出了正面回答，填补了我国水权交易的制度空白，对保证和规范水权交易行为，充分发挥市场机制在优化配置水资源中的重要作用，提高水资源利用的效率与效益，具有十分重要的意义。《水权交易管理暂行

---

① 《取水许可证制度实施办法》于 2006 年 4 月 15 日被《取水许可和水资源费征收管理条例》废止。
② 《取水许可和水资源费征收管理条例》在 2017 年被修订，第 27 条内容并未被修改。

办法》第二条规定："本办法所称水权交易，是指在合理界定和分配水资源使用权基础上，通过市场机制实现水资源使用权在地区间、流域间、流域上下游、行业间、用水户间流转的行为。"因而，我国水权交易以界定和分配水资源使用权为基础，以市场机制为作用原理，以水资源使用权的流转为表现形态。与之相适应的是我国水权交易方面的法律规定。

《水权交易管理暂行办法》集中针对水权交易作出规定，区分了区域水权交易、取水权交易、灌溉用水户水权交易三种水权交易主要形式，要求区域水权交易、交易量较大的取水权交易应当通过水权交易平台进行。三种水权交易形式下具体交易操作存在一些差异：（1）区域水权交易应当通过水权交易平台发布公告，明确交易对象、可交易水量、交易期限、交易价格等事项，交易各方直接协商定价，或者依据水权交易平台或评估机构提供的评估价为基准开展协商定价或竞价，达成交易协议后报相关部门备案；（2）取水权交易应当首先由转让方向其原取水审批机关提出审批申请，批准通过后，转让方可以与受让方通过水权交易平台或者直接协商签订取水权交易协议，之后双方办理取水许可证或者取水许可变更手续；（3）灌溉用水户水权交易在灌区内部用水户或者用水组织之间进行，如果水权交易期限不超过一年，由转让方与受让方平等协商开展，如果交易期限超过一年，交易前报灌区相关管理部门备案。

除上述法律法规在我国水权交易体系中发挥重大作用，我国多年来一直关注水权交易制度建设，并发布了一系列相关政策文件（见表3-9），也对我国水权交易的发展起到了重要作用。

第四章

利益平衡视域下对我国水权交易法律制度之反思

第一节 现行水权交易分散型立法模式之缺陷

一、缺乏直接规范水权交易的法律法规

（一）《水法》未明确提出水权概念

如前所述，我国在坚持自然资源国家所有或集体所有的基础上，实行自然资源使用权与所有权相分离的基本制度，并且在水资源使用权方面，我国法律采用了"取水权"概念。我国现行《水法》第四十八条都使用的是"取水权"。然而从我国水权交易的实践来看，水权交易之"水权"之内涵是远远超过"取水权"的，高位阶的《水法》虽然强调了水资源所有权、使用权概念，但没有明确提出"水权"概念，这是水权交易立法需要突破的一个基本点。

（二）《民法典》未规定取水权的实质内涵

崔建远教授认为，"水权转让是指基于一定的事由，水权脱离水权人而归他人享有的现象。"[①] 从我国各地水权交易实践来看，水权转让是交易双方基于水权转让合同转移水权的活动。相比水权确权，水权转让具有以下特征：第一，水权转让更多属于市场行为，强调转让双方法律地位和交易机会的平等，强调通过

平等协商而非行政强制手段促成水权转让完成。因此，规制水权转让的法律规范应以私法规范为主。第二，水权转让标的为水权，即水资源使用权。如前文所述，水资源使用权不同于动产物的所有权，也不同于债权，而是属于一种用益物权。第三，水权转让基于水权转让合同而产生，水权转让合同必须符合合同的成立生效要件才会发生法律效力。《民法典》第三编第九章买卖合同主要规范有体物买卖的相关规则，但仍可准用于水权转让合同。

水权转让不同于水产品买卖。在某些情况下，水资源脱离水循环过程，成为一种相对独立的水产品，比如瓶装水。水产品物权是一种典型的动产物权。[①]　水权转让与水产品买卖的差别体现在：（1）由于水产品已经获得相对独立的存在形态，水产品的出卖方对水产品享有所有权或者处分权；水权转让的转让方是经申请取得水资源使用权的人；（2）水产品买卖标的是作为动产物存在的水产品，而水权转让标的是水资源用益物权；（3）水产品买卖可直接适用《民法典》第三编第九章买卖合同的规定，而水权转让是类推适用该类规则。

水权转让也与供用水合同债权转让相区别。供用水合同适用《民法典》第三编第十章，合同双方一般为自来水供应公司和消费者个人，用水人或买方根据合同享有的是供水的债权。具体而言，两者的差别体现在：（1）转让主体不同，水权转让的转让人为水权人，供用水合同债权转让的转让人是依据合同对自来水供应公司享有请求权的债权人；（2）转让标的不同，水权转让的标的是水资源用益物权，供用水合同债权转让的标的是合同债权；（3）法律性质不同，水权转让是物权变动行为，供用水合同债权转让是对合同债权的处分行为。

可见，《民法典》延续《物权法》坚持物权法定原则，物权的种类和内容须由法律加以规定，然而在《民法典》里并未规定取水权的实质内涵，该权利形态的实质并未定型。

（三）相关行政法规对于水权的界定模糊

如前所述，目前与水权交易相关的行政法规一是2006年制定、2017年修订的《取水许可和水资源费征收管理条例》和2014年制定的《南水北调工程供用水管理条例》。这两部条例对水权的界定均是模糊的。

虽然《取水许可和水资源费征收管理条例》（以下简称《条例》）比较详细

---

① 黄锡生.水权制度研究［M］.北京：科学出版社，2005：122.

地规定了取水权的配置、管理以及水资源费征收管理，但是仅在该《条例》第二十七条①涉及取水权交易。该条设定了水权交易的如下因素：（1）水权交易主体是依法缴纳水资源费、获得取水权的单位或个人；（2）水权交易标的是通过采取节水措施而节约的水资源，且其数量须在取水许可规定的取水限额内；（3）水权交易的有效期限须在取水许可有效期内；（4）水权交易程序的必要环节是经取水许可审批机关批准，且需到原审批机关办理变更手续；（5）水权交易是有偿转让。可见，《条例》提到了"取水权"，更多是依赖于行政审批，取水户持有的取水许可证更多反映的是行政管理的内容。在取水许可制度下，公共供水单位和自备水源的企业都纳入水法管辖范围，这就使得取水许可和水权之间的关系存在困惑。取水权作为资产产权的权能不全面，边界不清晰，与水权交易之"水权"并不相符。

除《取水许可和水资源费征收管理条例》之外，2014年《南水北调工程供用水管理条例》对南水北调工程年度内节余水量的跨省级行政区转让作出了规定："水量调度年度内南水北调工程受水区省、直辖市用水需求出现重大变化，需要转让年度水量调度计划分配的水量的，由有关省、直辖市人民政府授权的部门或者单位协商签订转让协议，确定转让价格，并将转让协议报送国务院水行政主管部门，抄送南水北调工程管理单位；国务院水行政主管部门和南水北调工程管理单位应当相应调整年度水量调度计划和月水量调度方案。"《南水北调工程供用水管理条例》规定的转让协议实质上是水权交易的一种，但并未明确水权内涵。

二、其他各级规范性文件对水权交易的规定不统一

（一）部门规章与上位法不一致

2016年，《水权交易管理暂行办法》在水权交易规定的很多方面与上位法的规定不一致。《水权交易管理暂行办法》对可交易水权的范围和类型、交易主体和期限、交易价格形成机制、交易平台运作规则、交易程序、水权交易监管等作

---

① 《取水许可和水资源费征收管理条例》第二十七条："依法获得取水权的单位或者个人，通过调整产品和产业结构、改革工艺、节水等措施节约水资源的，在取水许可的有效期和取水限额内，经原审批机关批准，可以依法有偿转让其节约的水资源，并到原审批机关办理取水权变更手续。具体办法由国务院水行政主管部门制定。"

出了具体的规定，对当前水权水市场建设中的热点问题作出了正面回答，填补了我国水权交易的制度空白，对保证和规范水权交易行为，充分发挥市场机制在优化配置水资源中的重要作用，提高水资源利用的效率与效益，具有十分重要的意义。其中《水权交易管理暂行办法》第二条①的规定就是表明我国水权交易以界定和分配水资源使用权为基础，以市场机制为作用原理，以水资源使用权的流转为表现形态，与之相适应的是我国水权交易方面的法律规定。《水权交易管理暂行办法》集中针对水权交易作出规定，区分了区域水权交易、取水权交易、灌溉用水户水权交易三种水权交易主要形式，并要求区域水权交易、交易量较大的取水权交易应当通过水权交易平台进行，同时也规定了三种水权交易形式下具体交易操作程序，以及水权交易的监管。可见《水权交易管理暂行办法》更注重总结水权交易实践经验，并未沿着我国现有水资源法律、行政法规的路径制定，因此在很多方面与上位法不一致。例如《水权交易管理暂行办法》规定灌溉用水户水权交易在用水户或用水组织之间进行，双方平等协商或交易前到管理部门备案，这与《取水许可和水资源费征收管理条例》允许取水许可有偿转让的规定并不一致。

（二）地方性法规、规章突破了上位法对水权交易的规定

地方性法规、地方政府规章及地方规范性文件对水权交易的规定突破了上位法规定。如前所述，我国各地为了推动水权交易实践，纷纷出台地方性法规。从2009 年至 2021 年，共出台了十八部地方性法规、地方政府规章及地方规范性文件，聚焦于当地水权交易实践迫切需要解决的制度性问题，并且也是在当地水资源利用现状、未来水资源管理需要的基础上制定。然而不少地方性法规在水利部《水权交易管理暂行办法》出台之前已经制定，当时法律与行政法规对于水权交易并未过多涉及，地方性法规只能是"各显神通"，在很大程度上已然突破上位法规定。例如，《内蒙古自治区水权交易管理办法》规定，再生水等非常规水资源可以收储和交易。非常规水资源交易在我国现行水权交易、水资源管理法律法规、部门规章中并未提及，属于内蒙古自治区根据当地水资源状况和利用需求作出的特别规定，已经突破了上位法规定。地方性法规内容各具特色，对于推动当

---

① 《水权交易管理暂行办法》第二条规定："本办法所称水权交易，是指在合理界定和分配水资源使用权基础上，通过市场机制实现水资源使用权在地区间、流域间、流域上下游、行业间、用水户间流转的行为。"

地水权交易具有积极意义。如果从跨流域、流域上下游之间开展水权交易的情况来看，地方性法规仍有待上位法进行整合，明确可交易水权范围，统筹协调各地之间水权交易差异，使得水权交易能够在更大范围内顺利开展。除了法律、行政法规、部门规章和地方性法规，我国还有中央和各地规范性文件涉及水权交易。2005年，《水利部关于水权转让的若干意见》首先提出以水资源持续可利用、政府调控与市场机制相结合、公平和效率相结合、产权明晰、公平公正公开、有偿转让和合理补偿作为水权转让的基本原则，接着对水权转让的限制范围、转让费、转让年限等方面作出规定。

第二节　水资源所有权行使及资产管理法律制度存在的问题

一、水资源单一国家所有不能满足现实需要

我国水资源所有权制度自1988年至2002经历了国家、集体二元所有到国家一元所有的转变。2002年《水法》修订再次确认了水资源单一国家所有权。但是实际上存在以下问题：

首先，我国《水法》仅规定水资源包括地表水和地下水，对何为地表水、何为地下水却没有作任何具体的规定，对水资源的范围界定模糊。那么，农民在自己承包的土地上收集的雨水、拦蓄的洪水是否属于地表水？黄土高原上修建的淤地坝所储存之水是否属于地表水？南方堰塘的积水是否属于地表水？诸如此类的问题在《水法》中是找不到答案的。正是由于法律对水资源的模糊规定，可能会导致现实中某些部门以水资源属于国家所有的名义，侵害农民或水利工程修建人的水资源权益。

其次，将所有水资源收归国家所有，这容易忽视某些类型的水资源与土地的客观联系，将农民承包经营土地上的池塘、泉水、弥漫性地表水等类型的水资源都收归国有，不符合产权界定的效率要求，这类水资源收归国有不仅增加政府的管理成本，也不利于发挥地权人保护和利用水资源的积极性，况且这类水资源实际上由地权人占有、使用、收益、处分，国家所有名不符实。

最后，虽然2002年《水法》为了保护农民水资源使用权益，规定农村集体

经济组织及其成员使用本集体经济组织的水塘、水库中的水无需许可和缴费，但是现实中管理部门不放水或者将水塘、水库承包给他人独占使用，农民无水可用，该条文根本无法落实。法律并无对农村集体经济组织及其成员水资源使用权的具体有力的规定，也没有规定水塘、水库的所有者和管理者保障农民用水的义务。现实中很多收归国有后的农村水塘由于缺乏有效的管理，大量萎缩、消失、水质恶化，加剧了水资源短缺和农村环境恶化。

二、现行水资源管理体制不能解决各方利益冲突

我国目前没有统一的自然资源管理部门，按资源类型分别由国土、海洋、水利、农业、林业等部门管理，根据"三定"规定，水利部承担保护和合理开发利用水资源的责任。但是如前所述，一是目前我国的《水法》明确规定水利部是管理和开发利用水资源的主管部门，但是《环境保护法》和《水污染保护法》都明确规定水污染防治实施统一监督管理的主管机关是环境保护部，对船舶污染实施监督管理的机关是各级交通部门的航政机关；二是水利部既代行水资源资产管理职能，又履行水资源监督管理和用途管制职责；三是国务院水行政主管部门负责全国水资源的统一管理和监督工作；国务院水行政主管部门在重要的江河、湖泊设立流域管理机构，负责管辖范围内水资源的管理和监督；县级以上地方人民政府水行政主管部门按照规定的权限，负责本行政区域内水资源的统一管理和监督工作。

我国现行的水资源管理体制存在以下几个问题：

一是资产所有者缺位。根据《宪法》以及《水法》规定水资源属于国家所有（法律规定属于集体所有的除外），由国务院代表国家行使所有权，但是并没有明确由哪个部门代理或托管，水资源资产在法律上缺乏具体明确的代表主体。在实际工作中，水资源资产所有者职责由相关管理部门代行，所有者职责不清晰，产权虚置或弱化，所有权人权益无法落实。

二是管理的系统性不强。自然资源整体是一个生命共同体，水资源更是具有整体性、系统性等特点。现行管理体制下水资源的开发利用、资产管理和水环境保护、水污染防治分别由水利部门和环境保护部门管理，人为地割裂了水资源之间的有机联系，同时协调机制不够健全，很容易造成水资源生态的系统性破坏。

三是重开发轻保护。由于我国水资源实行中央与地方分级管理，在实际工作

中，绝大部分水资源由地方进行管理，个别水资源的实际控制人片面追求水资源的经济价值，忽视其生态价值和社会价值，造成水资源的过度开发和生态环境的破坏。

四是职责交叉问题难以有效解决。由于水资源的开发利用、资产管理和水环境保护、水污染防治分别由水利部门和环境保护部门管理，会造成职责交叉。例如，水利、环保等部门从各自角度对同一水资源分别进行监测，监测点位重合，重复建设、资源浪费、数出多门。

中央和地方的利益冲突、经济建设和环境保护的利益冲突、水利部门和环境保护部门的利益冲突在目前这个水资源管理体制之下不仅得不到解决，而且还有可能会激化利益冲突。

三、水资源费的规定不能适应解决水危机的需要

目前在我国水资源定价体系中，水资源费、水价两种形态并存。水资源费是水资源使用者从国家获得水使用权的成本。水资源的定价不仅需要考虑水资源所有权带来的利益，也需要考虑水资源作为公共产品带来的利益。按照《取水许可和水资源费征收管理条例》的规定，水资源费征收标准由省级人民政府价格主管部门会同同级财政部门、水行政主管部门制定，报本级人民政府批准，并报国务院价格主管部门、财政部门和水行政主管部门备案；由流域管理机构审批取水的中央直属和跨省、自治区、直辖市水利工程的水资源费征收标准，由国务院价格主管部门会同国务院财政部门、水行政主管部门制定。水资源费征收标准需遵循：促进水资源的合理开发、利用、节约和保护；与当地水资源条件和经济社会发展水平相适应；统筹地表水和地下水的合理开发利用，防止地下水过量开采；充分考虑不同产业和行业的差别。[①] 从理论上分解水资源费，它包括几方面构成：（1）水资源租用费，即绝对地租与级差地租之和。水资源所有权的垄断带来的资源收益就是绝对地租，即水资源所有权出租带来的利益；不同来源的水资源之间存在品质差异，例如地下水品质好于地表水，上游水质好于下游水质，这一差异体现在价格上就是级差地租。（2）管理成本，水资源所有者确保使用者按规则使用水资源，为此开展必要活动而耗费的成本。（3）稀缺性，水资源获取越稀

---

① 详见《取水许可和水资源费征收管理条例》第二十八条、第二十九条。

缺，获取成本越高，水资源品质越好，越具有稀缺性，价格上也必然有所反映。（4）机会成本，水资源用于不同用途带来不同的收益，用于高收益行业或地区，机会成本越高，定价也会越高。（5）水资源使用带来的消极外部性，比如获取地下水导致地下水位下降，工业用水导致水质污染，这些消极外部性需要通过价格来适当调节。目前我国水资源费确定并没有统一规则，各地对水资源费的经济内涵和定价原则不统一，这对于特定区域内部而言可能并不是问题，但对于跨区域、跨流域实行水资源重新配对就是很大困难。目前的水资源费对消除使用水资源带来负外部性的功能不明显，导致权利与义务、责任不对称。此外，水资源费也没有体现流域性差异，流域上中下游水资源稀缺程度不相同，级差地租需要从整个流域对比情况入手，而不能仅仅从流域某区段、某区域内部情况入手。①

　　我国对水价的改革调整一直在持续进行。《国务院办公厅关于推进水价改革促进节约用水保护水资源的通知》认为水价机制和管理存在部分地区终端水价偏低，水利工程水价仍低于供水成本，污水处理收费不到位，水资源费征收标准偏低，各类水价比价关系和计征方式不合理等问题，提出建立充分体现我国水资源紧缺状况，以节水和合理配置水资源、提高用水效率、促进水资源可持续利用为核心的水价机制。《国务院办公厅关于推进农业水价综合改革的意见》要求建立健全合理反映供水成本、有利于节水和农田水利体制机制创新、与投融资体制相适应的农业水价形成机制，农业用水价格总体达到运行维护成本水平。

　　已有三十多年历史的水资源费，由于政策本身设计及政策执行上暴露的诸多难以调和的矛盾，很难实现其促进节水的目的，更不能适应可持续发展的需要。目前存在的问题主要有以下几个方面：一是征收标准过低，价格引导节水作用不明显，各省市水资源费征收范围及标准虽然与经济发展水平、水资源条件挂钩，但是总体征收水平较低；二是水资源费的分类管理过于粗放，导致用水资源费限制工业用水和特种行业用水的政策取向也不够突出；三是涉及过多的定价及征收部门，政策执行效率低下，且流域管理与行政区域管理相结合的管理体制进一步增大了实际操作的复杂性；四是省（自治区、直辖市）际之间所涉的具体水资源费的收入分配规定不明，导致利益冲突。

---

　　①　王晓东，刘文，黄河. 中国水权制度研究［M］. 郑州：黄河水利出版社，2007：247－248.

第三节　水权初始界定分配法律制度中存在的问题

一、未确定水权确权优先序位规范导致公共利益模糊

水权交易的标的是水权，水权初始界定分配是水权交易的首要前提和基础。水权初始分配是界定和明晰水权的重要方式，是水权转让的基础和先决条件。通过水权初始分配，明晰客体权属和主体的权利义务，可为主体提供有效的转让激励和利益保障，促进水权转让有序进行。水权分配要以水量分配为前提。水量分配是对水量和水质进行平衡分析，在此基础上将可分配水量"自上而下"向流域、行政区逐级分配，为加强水资源管理、指导经济社会发展用水以及合理开发利用水资源提供依据。然后，把由流域分解到行政区的水资源进一步分解到具体的水资源使用者手里，辅之以取用水许可等形式，明确其相应的权利和应承担的义务。如果缺少初始水权分配，水权转让客体界定不清，转让主体的权利和义务不明，则水权转让难以合法、有序进行。

水权初始分配规则是水权交易法律体系构建中的重要一环。合理的水权初始分配规则将为水资源有效保护和可持续利用提供制度支撑，欠缺合理的水权初始分配规则必然引起水资源利用的各种乱象。所以美国学者沃伯斯指出，当前全世界极为关注如何把有限的水资源分配到存在竞争关系的用水者手中。① 我国 1988 年《水法》对水资源有偿使用制度规定得不够明确，影响了水资源市场机制下水资源的优化配置。直到 2002 年《水法》修订才规定直接从江河、湖泊取水的单位和个人，应当缴纳水资源费；使用供水工程的水，应当缴纳水费，在一定意义上已经实行了水资源的有偿使用。这才确立了水资源有偿使用的制度。

水权初始界定分配对于水权交易法律制度的构建有着决定性的意义。首先，水权初始界定意味着水权这一新型权利的宣示。权利具有宣示意义，特别是这种权利从理念、构思发展成为法律上规定的权利类型。我国是一个水资源大国，也

---

① ［美］P. A. 沃伯斯，马元珽. 美国得克萨斯州的流域水资源管理模型［J］. 水利水电快报，2004（17）：1－5.

是一个水资源非常紧缺的国家。传统粗放型的农业灌溉模式、工业生产模式带动我国经济迅速发展，但也遗留很多问题，特别是水资源浪费、水生态污染破坏，短期难以解决。通过法律明确规定水权，通过司法保障水权，是对这一新型权利的认可，更是对我国关注人民生活、经济转型发展的最好注脚。其次，水权初始界定是为水权交易奠定基础。长期以来，我们对水资源利用的认知非常有限，不科学、不可持续的水资源利用方式比比皆是，其中一个重要原因是每个人、每个企业都习惯于以自我利益、短期利益为中心。水权确权，针对不同的确权对象，明确权利主体、权利对象、权利基本属性、权责边界和权利实现形式，让个体形成水资源权利意识，通过个体维护权利的方式来保障社会对水资源的整体需求，不同于简单粗放的行政管理体制，水权确权为水权交易建立基础具有重大意义。第三，对水权进行确认有利于保障用水户权利。我国《水法》《民法典》《取水许可和水资源费征收管理条例》虽然规定了取水权，但仅是原则性规定，而且行政管理色彩浓厚，没有明确水权具体内容。水权确权的直接效果是确认用水户的权利主体地位，可以倒逼水权法律制度的进一步明晰化，更好地保障用水户权利。第四，对水权进行确权有利于在水权交易流程中体现公正目标。水权确权与水权交易可以认为是两个紧密联系的环节，它们追求的目标并不完全一致。水权确权追求公正，需要结合区域历史与发展、人民就业与生活多方面因素来厘定确权方法，体现对历史的尊重、对发展意愿的支持；水权交易追求效率，在水资源管理中引入新型交易模式，实现严控水资源总量与盘活水资源存量的相辅相成，从而解决水资源短缺问题，提高水资源利用效率和效益。最后，水权确权可以分清政府与市场的着力点。水权确权更多地需要政府部门、水资源管理部门主动参与，具有更多政府监管、政府协调的特点。水权交易更多地需要以市场机制为中心，政府提供服务，确保交易正常进行。

合理安排水权初始界定分配的优先序位，可以有效化解用水人之间的利益冲突。明确水权确权的优先序位也会对水权交易产生影响。有学者认为，原则上来看，后序位水权的权利主体不得受让前序位的水权，比如不得允许政府当局为了现在和将来的工业用水、高尔夫场地用水、公园草地用水而受让农业灌溉用水。①《水法》第二十一条规定："开发、利用水资源，应当首先满足城乡居民生

① 崔建远. 水权与民法理论及物权法典的制定 [J]. 法学研究，2002（3）: 37 - 62.

活用水，并兼顾农业、工业、生态环境用水以及航运等需要。"水资源使用优先满足城乡居民生活用水，这自然难有争议，但是如果需要考虑"兼顾农业、工业、生态环境用水以及航运等"，或者彼此之间发生冲突，就很难做出有依据的判断。目前水权初始界定分配的优先序位没有得到法律确立，水资源整体规划就存在不足，水资源所承载的公共使用功能没有得到体现，导致公共利益优先保护原则受损。

二、欠缺水权界定公示规则导致利益冲突

我国已经建立水权有偿取得、水权取得需获得行政许可的管理制度。《水法》第七条规定："国家对水资源依法实行取水许可制度和有偿使用制度。但是，农村集体经济组织及其成员使用本集体经济组织的水塘、水库中的水的除外。国务院水行政主管部门负责全国取水许可制度和水资源有偿使用制度的组织实施。"这一规定奠定了我国水权有偿取得的框架。2016 年《水法》修订之前，我国集体经济组织还允许对水资源享有所有权；《水法》修订后统一规定水资源所有权属于国家。同时考虑到农民对水资源的依赖，因此在第七条规定的后半部分增加了但书，允许农村集体经济组织及其成员使用本集体经济组织的水塘、水库中的水，以之作为水权有偿取得的例外规定。取水许可制度在 1988 年《水法》就已经有规定："国家对直接从地下或者江河、湖泊取水的，实行取水许可制度。"这一制度在 1993 年以后，通过《取水许可制度实施办法》《取水许可审批程序规定》《取水许可监督管理办法》等行政法规和部门规章得到进一步确立与巩固。水权取得需获得行政许可也存在例外。一种例外是与《水法》规定相一致，农村集体经济组织及其成员使用本集体经济组织的水塘、水库中的水，无需获得行政许可。另一种例外是按照《取水许可和水资源费征收管理条例》第四条规定，家庭生活和零星散养、圈养畜禽饮用等少量取水，为保障矿井等地下工程施工安全和生产安全必须进行临时应急取（排）水，为消除对公共安全或者公共利益的危害临时应急取水，为农业抗旱和维护生态与环境必须临时应急取水的情形下，不需要申请领取取水许可证。但是，水权作为用水户享有的个人权利，其私权宣示、公示公信的需要并未得到法律肯定。水权确权公示方式的作用在于权利宣示、公示公信。权利宣示的重心在于将水权享有人的信息告知他人，避免权利纷

争；公示公信的重心在于通过法定公示，让权利拥有的状态能被他人普遍接受。

水权界定公示方式在我国立法上是欠缺的，这会导致各种利益冲突。因为缺乏公示方式就无法确定用水的先后顺序，就会产生矛盾和冲突。《民法典》虽然将水权规定为一种准物权，但对其公示方式未有提及。《水法》等水资源法律法规虽然对水资源有偿取得及行政许可作出规定，但并未从民法角度对水权取得方式进行规定。我国台湾地区"水利法"第二十条规定："登记之水权，因水源之水量不足，发生争执时，用水标的顺序在先者有优先权；顺序相同者，先取得水权者有优先权，顺序相同而同时取得水权者，按水权状内额定用水量比例分配之或轮流使用。其办法，由中央主管机关定之。"台湾地区"水利法施行细则"第二十八条规定，"主管机关接受登记申请，应依申请先后为处理之顺序。其先经依法登记确定者，为先取得水权或临时使用权。"可见水权确权的公示方式是有法例可参考的。水权确权公示，是对水权的私权性质进行宣示，因而也会为水权交易的顺利开展提供制度支持。

三、水权确权公众参与缺乏会导致政府与公众的冲突

公众参与体现水资源的全民所有制，保证公民知情权，也是反映公众利益诉求的重要方式。欠缺公众参与，"公众合理的利益诉求没有机会和渠道能够表达，也使公众对政府产生不信任感，更加剧了政府和公众之间的对立，从而引发各种矛盾和冲突，不利于整个社会的和谐与稳定"[1]。

水权确权过程中，制定水权确权规范应公开相关信息，做出是否许可具体工程项目取得水权决策时，在进行水资源环境影响评价的同时，必须公开水资源使用的相关情况，听取当地居民的意见，必要时需要举行水权取得听证会，从而保证公众参与权。

---

[1] 余元玲，等.水资源保护法律制度研究 [M]. 北京：光明日报出版社，2010：183.

第四节　水权交易转让法律制度不完善

一、主体定位及功能不明晰导致多重身份的矛盾

（一）对水权交易当事人限定与水权交易的市场化不符

国家和地方层面的规范性文件均对水权交易当事人的范围设有限制，缺乏统一规则。各地在水权交易实践中以当地政府的规范性文件为主要依据来确认水权交易当事人，是对当地水权交易实践的总结，但难以在全国范围内形成共识。从法律视角来看，水权交易当事人范围限定与水权交易这一市场行为相违背。水权改革和水权交易被寄予厚望，是因为它通过市场手段来达到合理利用水资源的目的；市场规则或私法规则应当在水权交易中发挥更多作用，首要一点就是放开水权交易市场的准入。然而当前水权交易实践的制度设计并未体现这方面要求。

（二）地方政府在水权交易中的三重身份存在矛盾

地方政府部门或授权机构在我国水权交易实践中是重要的参与主体，这可以从国家层面和地方层面的水权交易规范文件窥见一斑。

在国家层面，2016 年《水权交易管理暂行办法》对可交易水权的范围和类型、交易主体和期限、交易价格形成机制、交易平台运作规则等作出了具体的规定。《水权交易管理暂行办法》区分了区域水权交易、取水权交易、灌溉用水户水权交易三种水权交易主要形式，其中区域水权交易以县级以上地方人民政府或者其授权的部门、单位为主体，取水权交易以获得取水权的单位或者个人为主体，灌溉用水户水权交易以已明确用水权益的灌溉用水户或者用水组织为主体。

在地方层面，《广东省水权交易管理试行办法》界定"水权交易"为"取水单位之间转让取水权或者县级以上人民政府之间转让用水总量控制指标的行为"；《内蒙古自治区水权交易管理办法》认为水权交易是"交易主体对依法取得的水资源使用权或者取用水指标进行流转的行为"，政府是水权交易和收储的重要主体；《山东省水权交易管理实施办法（暂行）》把水权交易分为区域水权交易、工业和服务业水权交易、农业水权交易三类，其中区域水权交易以县级以上地方人民政府或者其授权的部门、单位为主体。

可见，我国水权交易中，地方政府往往充当着交易当事人角色；同时，政府也是水权确权主体、水权交易监管主体，集三重身份于一身。地方政府作为水权交易主体出现在水权交易案例中，在我国水资源法律法规中还存在疑问。根据我国《水法》和《取水许可制度实施办法》，水资源属于国家所有。地方政府成为水权交易主体，需要在法律上明确地方政府具有水资源权利主体的地位，也就是在法律法规上，地方政府必须得到国家作为水资源所有人的明确授权。所以有学者认为，根据我国《水法》和《取水许可制度实施办法》，地方政府不享有水权，也不可能进行水权的转让。①

此外，即便地方政府在水权交易中作为交易主体出现具有法律法规的依据，但是水权交易作为一种运用市场化手段管理和分配水资源的制度安排，地方政府参与其中容易带来两方面误导：其一，地方政府作为水权交易主体参与交易，会容易被误解为地方政府从交易过程中具有获利因素，这可能与实际情况并不相符，而且也有悖于水权交易制度的初衷。其二，水权交易引入市场化机制是考虑推动、激励水资源使用方节约用水，富余下来的水资源才成为水权交易标的。地方政府作为水权交易主体出现，特别是作为水权转让方出现，与水权交易市场化运行的考虑存在一定的矛盾。

（三）水权交易服务机构有待完善

我国当前的水权交易服务机构主要是水权交易平台。水权交易平台为水权交易提供信息公示、撮合、协助磋商、协助完成交易等多项服务，并掌握水权交易各类数据。水权交易平台在我国现行立法中定位为服务机构，可以适应我国水权交易刚刚起步、制度建设仍在推进的现状，但长远来看，水权交易平台可以发挥更多功能。此外，水权交易平台只是水权交易服务机构的一种类型。水权储蓄机构、水保险公司、水事纠纷裁决机构、水权交易中介服务机构等同样可以为更成熟的水权交易市场提供价值。但在我国目前水权交易实践和各层级规范性文件中，这些服务机构的界定与运行规则还比较缺乏。

二、客体认定的不统一限制了水权交易的发展

（一）法律法规对水权交易对象的规定不统一

水权交易对象可以理解为水资源类型，即以存在于自然界、可以作为交易对

---

① 崔建远. 水权转让的法律分析 [J]. 清华大学学报（哲学社会科学版），2002（5）：40-50.

象的不同水资源形态。从各地水权交易实践来看，常规水资源是水权交易的主要对象。比如水利部《水权交易管理暂行办法》规定，区域水权交易的对象是以用水总量控制指标和江河水量分配指标范围内结余水量，取水权交易的对象是通过调整产品和产业结构、改革工艺、节水等措施节约的取水权，灌溉用水户水权交易的对象是已明确用水权益的灌溉用水资源。《广东省水权交易管理试行办法》将水权交易的对象界定为取水权、用水总量控制指标。取水权是指取水单位依法办理取水许可证后，获得的直接从江河、湖泊、水库取用水资源的权利；用水总量控制指标，是指经有权限的人民政府批准的行政区域范围内年度可利用的水资源总量。《山东省水权交易管理实施办法（暂行）》规定：区域水权交易的交易对象是用水总量控制指标和河湖水量分配指标范围内结余水量，工业和服务业水权交易的对象是通过调整产品和产业结构、改革工艺、节水等措施节约的取水权，农业水权交易的对象是已取得取水权或已明确用水权益的灌溉用水资源。

个别地方在水权交易规范性文件里把非常规水资源列入水权交易对象。比如《内蒙古自治区水权交易管理办法》规定，灌区或者企业采取措施节约的取用水指标、闲置取用水指标、再生水等非常规水资源、跨区域引调水工程可供水量，可以依规定进行收储和交易。

可见，允许作为水权交易对象的水资源类型，在我国实践中并未统一。由于水权交易实践仍在摸索中发展，河流等常规水资源是开展水权交易实践的主要水资源类型，因而这一问题的解决尚不具有紧迫性，有待我国水权交易实践进一步发展后再补充完善。

（二）法律法规对可交易水权的范围不统一

如前所述，我国法律法规对可交易水权的范围并未有统一规定。水利部《水权交易管理暂行办法》未对可交易水权作出清晰界定，仅在对水权交易进行类型划分时有所涉及：区域水权交易以用水总量控制指标和江河水量分配指标范围内结余水量为交易标的，取水权交易以通过调整措施节约水资源并且在取水许可有效期和取水限额内的取水权为交易标的，灌溉用水户水权交易以已经明确水权益的灌溉用水为交易标的。

《广东省水权交易管理试行办法》（以下简称《办法》）将可交易水权界定为取水权和用水总量控制指标两类，其中取水权是指取水单位依法办理取水许可证后，获得的直接从江河、湖泊、水库取用水资源的权利；用水总量控制指标是指经有权限的人民政府批准的行政区域范围内年度可利用的水资源总量。对于取水权交易，该《办法》规定须符合五项条件：（1）转让的水量在取水许可证规定的取水限额和有效期限内；（2）转让的水量属于用水总量控制指标的管理范围；（3）转让的水量为通过节水措施节约的水量；（4）已安装符合国家技术标准的取水计量设施；（5）转让地表水取水权后不需要新增地下水取水量。

《内蒙古自治区水权交易管理办法》将可交易水权范围确定为：灌区或者企业采取措施节约的取用水指标、闲置取用水指标、再生水等非常规水资源、跨区域引调水工程可供水量。

《山东省水权交易管理实施办法（暂行）》界定了水权交易三种形式，可交易水权在三种形式中分别是：区域水权交易以用水总量控制指标和河湖水量分配指标范围内结余水量为标的，工业和服务业水权交易以通过调整措施节约水资源并且在取水许可有效期和取水限额内的取水权为交易标的，农业水权交易以已明确用水权益的农业用水。

可见，地方性法规对可交易水权作出个别限制，但并未形成体系，也未与上位法相衔接。

（三）法律法规对水权交易形式的规定不统一

从本书第一章的分析可见，各地在水权交易实践中出现了水票交易、取水许可证交易、水权指标交易等形式，每一种形式都是各地水权交易实践发展、相互借鉴的结果。

法律法规对水权交易形式并未有过多规定。《水权交易管理暂行办法》规定了区域水权交易、取水权交易、灌溉用水户水权交易三种交易形态，其中：区域水权交易应当通过水权交易平台进行，水权转让通过转让协议进行，交易形式既有可能是取水许可证交易或水权指标交易；取水权交易须向取水审批机关申请，通过水权交易平台或者直接签订取水权交易协议进行，交易形式可能是取水许可证交易；灌溉用水户水权交易期限不超过一年的，不需审批，由转让方与受让方平等协商，超过一年的需报水行政主管部门备案，交易形式可能是水票交易或取水许可证交易。

地方性法规中，取水许可证交易、水权指标交易是最为常见的形式。比如《广东省水权交易管理试行办法》直接规定了取水权交易和水总量控制指标交易，《山东省水权交易管理实施办法（暂行）》在区域水权交易形式中采用水权指标交易，在工业和服务业水权交易中采用取水许可证交易。

水票交易形式并不常见。甘肃省张掖市水票交易只限于农户之间，并且交易的形式标的是"水票"，但水票是根据水权获得的，拥有水票就能够取得水票上所载明的一定量的水的取得、使用和处分的权利，实际上就是获得一定量的水的所有权。农户之间进行的水票交易实际上就是一定量的水的所有权的交易。① 由此看来，水票交易可以被认为是取水许可证交易的一种特殊形式。

三、水权交易内容法律制度不完善导致水市场发展迟滞

（一）水权交易价格形成法律规则不明导致市场化程度不高

权利体现的是人与人之间的关系，而非人与物之间的关系；水权也是如此，它体现围绕水资源使用而产生的人与人之间的关系，而非人与水资源之间的关系。在水权交易过程中，水权交易价格不仅要体现占有水资源产生的使用收益，也要体现占有使用水资源对社会承担的责任。产权经济学研究表明，产权外部性问题是因为产权界定不清晰造成的，通过明晰产权可以将外部性问题内在化，从而让产权人为占有使用资源带来的负面影响承担成本。通过市场机制来配置水资源，合理确定水权交易价格是保障水资源优化配置的前提。

首先，水权交易价格不能等同于水资源费或水价。健全的定价机制是水权交易制度的核心内容。从水权交易整体过程来看，水权交易价格应充分发挥市场的价格杠杆作用，全面考虑供水成本、交易成本、用水效益、第三方或生态环境补偿成本等因素进行定价，在此基础上允许交易双方开展充分协商确定交易价格。水权交易价格应当反映实施水权交易的必要硬件设施成本，也应当反映机制转换带来的"制度性交易成本"。水资源费反映了获得水资源使用权的成本，水价则是水资源作为一种商品所标示的最终价格，两者具有不同的作用和内涵，也都与水权交易价格存在关联。很多情况下，参与水权交易的转让方就是获得取水许可证、缴纳水资源费的主体，因而水资源费成为水权交易价格的构成部分；水价是用水户使用水资源所需支付的成本，用水户往往也就是水权交易的受让方，因而水价完全可以为水权交易价格提供参考。在水资源总量控制与定额管理前提下，不论水权交易双方是哪一类主体，水权交易的前提总是：交易一方拥有多余水资

---

① 刘卫先. 对我国水权的反思与重构 [J]. 中国地质大学学报（社会科学版），2014，14（2）：75 – 84.

源份额或通过节约用水产生富余水资源份额，交易另一方缺少水资源份额。供给与需求若通过交易达致平衡，水资源费、水价对水权交易价格的影响就必然存在。不过，确定水权交易价格需要考虑的因素更加复杂，也更符合水资源紧缺时代背景下水权定价的要求。

其次，缺乏水权交易价格形成法律规制。我国首例水权交易案例是浙江省东阳市和义乌市之间的有偿转让用水权，两地是经过多次谈判和协商达成的交易价格，并不是依据价格形成规则而达成交易价格。浙江省余姚市与慈溪市之间的水权交易是在两地政府相关部门经过调研、评价、分析和协商之后达成协议交易价格构成为水资源费、工程水价和利息。灌溉用水户水权交易对地表水和地下水按照不同的标准确定水价。① 以上实践探索代表了我国水权交易价格形成机制的共同特点，即都采用政府定价或政府指导下协商定价，水权交易价格以水资源费、水价为基础，以水权成本为主要考虑因素。部分地方在开展水权交易实践中，交易价格的确定考虑更多因素。例如《内蒙古自治区水权交易管理办法》要求，灌区向企业水权转让的节水改造相关费用包括了必要的经济利益补偿和生态补偿费用，然而类似规定在水权交易实践中难以得到具体落实。也有部分地方正在积极探索合理水价，因地制宜推动水权改革。但从水权交易价格形成的主流模式来看，定价主要停留在水权成本层面，也缺乏水权交易价格的规范，市场主导的价格机制尚未形成。

（二）水权交易程序设置不完善导致一系列问题

水权转让必须按照一定步骤有序进行，无序的水权转让不仅影响转让主体的合法利益及生态环境，还可能引发各类经济、社会乃至政治问题，导致水权转让及水资源利用的不可持续。而水权转让程序通过明确水权主体的转让行为步骤，维护第三方利益，降低水权转让成本，可为水权转让的有序进行提供有力保障，一般包括申请、审批、公告、登记、监管。

在水权交易转让起步较早的美国、日本、澳大利亚等国家，已形成一套相对成熟的申请、审批、登记、监督程序，并在实践中证明对促进水权有序、高效转让发挥了重要的作用。而在水权交易转让刚刚起步的国家，如南亚的印度、巴基斯坦等一些国家的灌区，多数水权转让是在主体间自发达成的，由于没有经过必

---

① 田贵良，伏洋成，李伟，等. 多种水权交易模式下的价格形成机制研究［J］. 价格理论与实践，2018（2）：5–11.

要的申请、审批、登记等程序，该类非正规水权转让引发了危害生态环境、地下水超采、垄断高价、损害第三方利益等问题，同时也反映水权交易转让程序的必要性和重要性。

目前，《水权交易管理暂行办法》第十一条①、第十四条②、第十五条③、第十六条④、第二十二条⑤对区域水权交易、取水权交易、灌溉用水户水权交易的程序进行了一般性规定，还有《黄河水权转换管理实施办法（试行）》⑥中对于水权转让程序进行了一般性规定，但是都仅仅局限于规定水权交易转让的申请和审批，对于公告和监管环节没有规定，这会导致一系列问题，如损害第三方利益、加大水权转让成本等，甚至会引发水资源的不可持续利用。

（三）水权储备制度缺失导致水资源供需矛盾加剧

1. 水权储备的意义

随着人口的增多，社会经济的发展，水资源越来越宝贵，水权储备可以作为将来满足新增用水需求的预备安排。有学者认为，水权储备具有维护代际公平、战略应急储备、平衡调节手段、促进节约用水四大功能。⑦

首先，水权储备是水权交易的必要补充。水权交易是运用市场手段调节水资源供求关系，通过市场和价格撮合水资源需求方与供给方开展交易。但是水市场

---

① 《水权交易管理暂行办法》第十一条规定：区域水权交易"转让方与受让方达成协议后，应当将协议报共同的上一级地方人民政府水行政主管部门备案；跨省交易但属同一流域管理机构管辖范围的，报该流域管理机构备案；不属同一流域管理机构管辖范围的，报国务院水行政主管部门备案"。

② 《水权交易管理暂行办法》第十四条："取水权交易转让方应当向其原取水审批机关提出申请。申请材料应当包括取水许可证副本、交易水量、交易期限、转让方采取措施节约水资源情况、已有和拟建计量监测设施、对公共利益和利害关系人合法权益的影响及其补偿措施。"

③ 《水权交易管理暂行办法》第十五条："原取水审批机关应当及时对转让方提出的转让申请报告进行审查，组织对转让方节水措施的真实性和有效性进行现场检查，在 20 个工作日内决定是否批准，并书面告知申请人。"

④ 《水权交易管理暂行办法》第十六条规定：取水权交易"转让申请经原取水审批机关批准后，转让方可以与受让方通过水权交易平台或者直接签订取水权交易协议，交易量较大的应当通过水权交易平台签订协议。协议内容应当包括交易量、交易期限、受让方取水地点和取水用途、交易价格、违约责任、争议解决办法等"。

⑤ 《水权交易管理暂行办法》第二十二条："灌溉用水户水权交易期限不超过一年的，不需审批，由转让方与受让方平等协商，自主开展；交易期限超过一年的，事前报灌区管理单位或者县级以上地方人民政府水行政主管部门备案。"

⑥ 《黄河水权转换管理实施办法（试行）》第二章第六条、第七条、第八条、第九条、第十条、第十一条、第十二条、第十三条规定了黄河水权转换审批权限与程序。

⑦ 王浩，党连文，汪林，等. 关于我国水权制度建设若干问题的思考 [J]. 中国水利，2006 (1)：28 – 30.

存在许多无法解决的问题，从而导致所谓市场失灵。① 为了防止水权交易市场陷入动荡，水权储备可以起到平抑、干预、调节水市场供需关系的作用。

其次，水权储备可以起到向特定行业或产业配置水资源的示范效应，促进产业结构调整。在设计水权储备制度的时候，可以发挥其杠杆示范效应，向符合国家和地方产业政策且用水效率达到领先水平的行业倾斜，限制或禁止向高污染、低产值的行业配置水权。

再次，水权储备可以为实现未来发展目标提供保障。当一个地区有重大战略规划或调整，可能涉及当地重大项目或工程的布局，由此可能引发该地区水权资源缺乏。政府若临时采取措施，容易对水权交易市场带来冲击。水权储备则可以为这类用水需求提供长期保障。

最后，水权储备可以推动再生水等非常规水资源开展水权交易。再生水资源，如雨水资源、污水资源，前期都需要投入资金开展采集、收集、加工处理等步骤，但其资源来源不同于流域水资源，非常适合在前期开发阶段进行水权储备。

2. 法律法规中对水权储备制度的规定不明

水权储备在我国水权交易实践中仍处于探索阶段，国家层面的规范性文件鲜有提及水权储备。目前在相关的部门规章和规范性文件中规定了水权回购的内容，然而水权回购只是水权储备的一种实现方式，但两者并不等同：水权回购强调水权通过交易回收，但回购的水权未必用于储备；水权储备强调着眼于流域或地区的长期发展，有计划、分步骤地组织实施储备。

我国国家层面并未建立水权储备制度。在《国务院办公厅关于推进农业水价综合改革的意见》（国办发〔2016〕2号）提及农业水权时规定水权回购的内容②。《水权交易管理暂行办法》第十九条在规定取水权交易时亦规定了水权回购的内容③，在第二十四条规定灌溉用水户水权交易时也规定了水权回购的内容④。《关于开展大中型灌区农业节水综合示范工作的指导意见》（发改农经

---

① 秦泗阳，吴颂华，常云昆. 水市场失灵及其防范措施［J］. 中国水利，2006（19）：28－29.

② 《国务院办公厅关于推进农业水价综合改革的意见》（国办发〔2016〕2号）"鼓励用户转让节水量，政府或其授权的水行政主管部门、灌区管理单位可予以回购"。

③ 《水权交易管理暂行办法》第十九条："县级以上地方人民政府或者其授权的部门、单位，可以通过政府投资节水形式回购取水权，也可以回购取水单位和个人投资节约的取水权。回购的取水权，应当优先保证生活用水和生态用水；尚有余量的，可以通过市场竞争方式进行配置。"

④ 《水权交易管理暂行办法》第二十四条："县级以上地方人民政府或其授权的水行政主管部门、灌区管理单位可以回购灌溉用水户或者用水组织水权，回购的水权可以用于灌区水权的重新配置，也可以用于水权交易。"

〔2017〕2029 号）提出倡导地方政府建立农业节水回购制度①。

在地方层面，水权储备也多以水权回购形式来实践。如湖南省长沙县的桐仁桥水库灌区的水权回购实践②、2019 年桐仁桥灌区水权回购实践③、河北省成安县的水权回购实践④等。个别地方通过规范性文件确认了水权回购或储备。例如甘肃省庆阳市人民政府在 2015 年 5 月发布的《建立水权制度及水权交易市场意见》中对于水权回购的规定⑤，又比如《山东省水权交易管理实施办法（暂行)》中对于水权回购的规定⑥。值得一提的是《内蒙古自治区水权交易管理办法》比较详细地规定了水权储备制度。⑦

---

① 《关于开展大中型灌区农业节水综合示范工作的指导意见》（发改农经〔2017〕2029 号），"倡导地方政府建立农业节水回购制度，对农民通过农艺节水、高效节水灌溉设施等新增的节水量予以回购，增加河湖生态环境水量。"

② 湖南省长沙县的桐仁桥水库灌区成立农业水价综合改革小组，将以往的按亩收费变为按量收费，同时实行阶梯计价方式，基础水权部分按 0.04 元/立方米，递增 50 立方米/亩以内加收 0.01 元/立方米，50～100 立方米/亩以内加收 0.02 元/立方米，依此类推，还规定节约下来的水由水库出资，高价予以回购。通过"划阶梯"，超额越多水费越贵，低于限额节水量还能高价"卖"给水库，形成了"节奖超罚，定额内用水优惠，超定额用水累进加价"的创新模式，鼓励节约用水，成为改革示范。通过此种方式试运行一年，当年农业灌溉用水就有了明显下降，由 650 立方米/亩降至 570 立方米/亩，节水 80 万立方米，还充分保障了水库肩负的长沙县 16 万余人的饮用水水源供应。

③ 2019 年桐仁桥灌区在中国水权交易所官网和灌区同步发布回购水权公告，公开面向灌区内 5 个镇 14 个村农民用水户协会统一回购水权 429.82 万立方米，回购金额 38.77 万元，灌区管理所代表使用水权交易 App 在平台上进行买方挂牌回购水权，农民用水户协会代表在平台上进行卖方应牌出让节余水权。

④ 河北省在地下水超采综合治理试点地区将地下水可开发利用量细化到灌区，确权到农户，1033 万户农民取得水权证。河北省成安县作为回购主体通过中国水权交易所发布地下水水权回购公告，确定回购价格为 0.2 元/立方米，农户委托农民用水者协会按照时间优先原则完成交易，2017 年回购行尹村、长巷营村、南甘罗村、王耳营村的节余水权 31.09 万立方米，2019 年回购王耳营村、东徐村、温村、行尹村的节余水权 13.12 万立方米，助力地下水压采，形成良好的示范效应。

⑤ 《建立水权制度及水权交易市场意见》认为，"初始水权分配后，新增用水只能通过以下途径解决：一是通过修建水利工程，适度开发获取；二是动用储备水资源支持获取；三是通过水市场购买获取"。"工业企业、服务业用水户由于生产规模缩减、床位和人员减少以及关、停、并、转等原因结余的水量超过初始分配水权 10% 时，结余部分的水量无偿收回，作为储备水量。"

⑥ 《山东省水权交易管理实施办法（暂行)》规定"采取政府回购形式的，县级以上地方人民政府水行政主管部门，可按相对稳定公开的价格直接收储回购"。

⑦ 一是规定了水权收储主体，内蒙古自治区设立水权交易平台，为水权收储提供服务，各盟市也可根据当地需要设立水权交易平台提供水权收储服务。二是明确了可进行收储的水权范围：（1）社会资本持有人经与灌区或者企业协商，通过节水改造措施节约的取用水指标，经有管理权限的水行政主管部门评估认定后，可以收储；（2）旗县级以上地方人民政府水行政主管部门认定的闲置取用水指标可以收储；（3）再生水等非常规水资源可以收储。三是确立了水权收储费用标准：（1）原则上由双方协商确定水权收储费用；（2）灌区水权转让项目闲置取用水指标收储费用：灌区节水改造工程建设费用和更新改造费用，按原水权转让合同约定的节水改造单位投资价格进行收储，并按取用水时间比例返还原受让方，不计利息；已预付的运行维护费，按取用水时间比例返还原受让方，不计利息。四是规定水权交易平台收储水权并交易的，水权交易的损益归水权交易平台所有。

综上可以看到，国家和地方层面上与水权储备相近的实践及立法基本围绕水权回购展开，然而水权储备作为一项重要的水资源管理制度，在我国水权交易立法及实践上可以说是缺失的，这必然会加剧水资源供需矛盾。必须充分认识到水权储备是水权交易的必要补充，我国在立法上有必要搭建水权储备的制度框架，才能维护水权交易市场长久发展。

（四）水权交易监管制度不完善导致水市场发展缓慢

如前所述，根据《水法》的规定由国务院水行政主管部门（水利部）负责全国水资源的统一管理和监督工作。水权交易的监督管理也是由国务院水行政主管部门负责全国流域管理机构负责其管辖范围、县级以上地方人民政府水行政主管部门负责本行政区域，也已经有不少省市出台了具体的水权交易监管规则。目前水权交易监管部门应当承担的监管职责主要在水权交易计量监测、跟踪检查交易实施情况、跟踪检查交易实施后的水环境变化情况以及申请者年度取水计划审查四个方面。但是，由于目前的水权交易监管制度不完善，造成相关监管部门"该管的不管，不该管的又要管"，导致水交易市场发展迟滞。

第一，在水权交易的法律法规中关于水权监管的内容规定有缺失。如前所述，我国目前无论是法律法规还是部门规章、地方性法规对于水权交易的监管的规定既不完善也不统一。在完善水权交易法律法规的时候一定要将水权交易监管制度作为重要内容添加进去，同时注意其完整性和统一性。同时应该针对不同类型的水权交易突出不同的监管重点。

第二，水权交易监管的职能不明。水权交易监管不仅仅是交易过程中的监管，而是需要事前、事中、事后全过程的监管，包括水权初始分配、确权公示登记的监管等。应该要在相应的法律法规中明确其监管职能。尤其水资源使用权确权可依据的立法还处于混乱阶段①，就导致监管工作无法展开。

第三，对水权交易平台的监管不到位。水权交易平台是水权交易的重要环节，以此为链接可以串起全过程的水权交易，应该重视对水权交易平台的监管。

第四，监管的基础设施不到位。对水权交易全过程的监管需要配套的基础设施。水量的计测系统、水环境质量的监测等都需要建立大数据的互联网监测系统。

---

① 2016年11月，水利部、国土资源部联合印发《水流产权确权试点方案》；2016年12月，国土资源部、水利部等七部门联合印发《自然资源统一确权登记办法（试行）》，规定了自然资源登记一般程序。有地方省市制定了本区域的水权确权登记地方性规章。这些立法之间到底该如何协调，亟待自然资源部和水利部进行权威说明。

（五）第三方保护和赔偿制度不完善导致利益冲突

目前，我国只是在 2017 年修订的《水污染防治法》第八条①确立了水环境生态补偿机制，并且以国家通过财政转移支付等方式，对象是饮用水水源保护区区域和江河、湖泊、水库上游地区的水环境。该条表明我国已经开始逐步建立起合理有效的水资源管理补偿机制。2018 年，《财政部关于建立健全长江经济带生态补偿与保护长效机制的指导意见》提出建立流域间生态补偿机制、探索水权交易生态补偿试点。② 2020 年，财政部、生态环境部、水利部、国家林草局颁布的《支持引导黄河全流域建立横向生态补偿机制试点实施方案》是目前首个具有可操作性的生态补偿机制方案，但是其中也并未有水权交易中第三方保护及补偿制度的内容。至于 2016 年《水权交易暂行管理办法》中更无任何提及。

由于水权转让不同于一般商品转让，因为水权转让可能会涉及众多第三方利益，那么对其中利益受损者必须加以补偿，补偿的目的在于维护水权转让各方的合法权益，加强公共利益保护，实现可持续发展。但在我国水权交易转让的实践中尚未建立起完善的补偿机制，现有的补偿通常由政府主导或承担，如嵊州因东阳—义乌水权交易受到了不利影响，但并未因此受到补偿；宁夏、内蒙古的水权转让补偿机制也不完善，虽然对水量自然波动下优先保障工业用水给农业及农民造成的损失以及水权转让可能引发的负面生态环境影响有所考虑，但仍停留在原则上，没有明确的、可操作的实施办法和标准。此外，政府在补偿机制中若经常以补偿者的身份出现，无异于政府为第三方影响买单，无形中会形成对转让主体的变相补贴，不利于当事主体进行外部成本内在化，从长远上看不利于发挥水权转让对合理配置水资源的作用。

---

① 《中华人民共和国水污染防治法》第八条："国家通过财政转移支付等方式，建立健全对位于饮用水水源保护区区域和江河、湖泊、水库上游地区的水环境生态保护补偿机制。"

② 《财政部关于建立健全长江经济带生态补偿与保护长效机制的指导意见》指出，"建立流域上下游间生态补偿机制。按照中央引导、自主协商的原则，鼓励相关省（市）建立省内流域上下游之间、不同主体功能区之间的生态补偿机制，在有条件的地区推动开展省（市）际间流域上下游生态补偿试点，推动上中下游协同发展、东中西部互动合作。中央对省级行政区域内建立生态补偿机制的省份，以及流域内邻近省（市）间建立生态补偿机制的省份，给予引导性奖励。同时，对参照中央做法建立省以下生态环境责任共担机制较好的地区，通过转移支付给予适当奖励。""充分引导发挥市场作用。各级财政部门要积极推动建立政府引导、市场运作、社会参与的多元化投融资机制，鼓励和引导社会力量积极参与长江经济带生态保护建设。研究实行绿色信贷、环境污染责任保险政策，探索排污权抵押等融资模式，稳定生态环保 PPP 项目收入来源及预期，加大政府购买服务力度，鼓励符合条件的企业和机构参与中长期投资建设。探索推广节能量、流域水环境、湿地、碳排放权交易、排污权交易和水权交易等生态补偿试点经验，推行环境污染第三方治理，吸引和撬动更多社会资本进入生态文明建设领域。"

第五章

利益平衡视域下我国水权交易法律制度之完善

第一节　水权交易集中型立法构想

一、修订相关法律法规关于水权交易的规定

（一）修订《民法典》和《水法》中关于水权交易的法律条文

《水法》第四十八条认可了"取水权"概念，将其作为水资源行政管理、申领取水许可证之后获得的权利类型，《民法典》第三百二十九条把"取水权"作为准用益物权的一种加以明确。但两部法律均未确认"水权"概念，也未对水权内涵外延作出规定。

水资源的独特性决定了水权兼具公共管理性质与私有财产性质，水权交易也是在水资源管理整体框架范围内、由权利享有主体通过特定方式开展。《水法》和《民法典》分别作为水资源管理法、私有财产保护法，都有必要考虑对水权作出进一步规定，以顺应水权交易的需要。为此可以考虑：

首先，厘清取水权概念。"取水权"概念与取水许可制度紧密联系，取水权往往被认为是取水许可制度之下的权利类型，这与我国现有水权交易实践并不完全吻合。可以考虑在"取水权"之上，以法律明确认可"水权"概念，以涵盖水权交易实践中各种情况。同时，也有利于在《水法》框架下进行行政法规立法，以及在各层级立法文件与政府规范性文件中统一水权概念的使用。

其次，修订《水法》，明确水权交易。在《水法》中建议单设条文，明确认可水权交易，并将其作为与取水许可制度相并列的水资源管理手段。《水法》中的水权交易条款侧重规定水权交易法律关系的主体、客体和内容，对可交易水权的范围进行界定。

最后，修订《民法典》认可水权。在《民法典》中认可水权作为取水权的上位概念，共同作为准用益物权加以保护。

（二）修订部门规章和地方性法规与上位法保持一致

在完善《水法》《民法典》基础上，需要进一步对我国现有部门规章、地方性法规进行整理，与上位法相一致或者不相冲突的规范性文件予以保留，否则需要进行修改。修订部门规章和地方性法规可能直接牵涉各地水权交易实践活动，因而在修订前需要甄别。对当地水权交易实践影响较大或者可能带来负面影响的规范性文件修订，需提前考虑应对方法。

二、进行《水权交易管理条例》的立法

（一）制定《水权交易管理条例》的基础因素

制定《水权交易管理条例》需考虑以下几方面基础因素：

一是必须具有上位法依据。在我国现行水资源管理立法体系下，《水法》是基本性法律，《取水许可和水资源费征收管理条例》就是以《水法》为制定依据。制定《水权交易管理条例》同样需要以《水法》为依据，需要《水法》确认"水权"概念并规定水权交易与其他水资源管理制度之间的关系。

二是对水权交易实践经验的消化与吸收。从 2000 年浙江省金华地区的东阳市和义乌市开展水权交易至今，我国水权交易实践也已有二十年历史，水权交易实践经验已积累到一定程度。启动制定《水权交易管理条例》，实践经验的消化与吸收非常重要。

（二）制定《水权交易管理条例》之重点

进行《水权交易管理条例》立法，重点需解决以下问题：

一是以《水法》为依据，进一步明确可交易水权的范围，以列举方式明确禁止交易或限制交易的水权类型，并充分考虑各地交易实践差异，对于可以灵活考虑的水权类型作出原则性规定。

二是明确水权交易的主体和客体，区别水权确权与水权交易，对于地方人民

政府在水权交易中的定位和作用作出明确规定。

三是规定水权交易的类型，对流域水权交易、跨流域水权交易、工业和服务业用水户水权交易、农业用水户水权交易、雨水和再生水等非常规水资源水权交易均作出规定。

四是规定水权交易平台的定位与职责。水权交易平台既可以定位为水权交易服务机构，也可以定位为水权交易服务与监督机构，两种定位的职责存在较大差异，作为监督机构的水权交易平台应承担部分政府机构职责。

五是规定水权交易的监管职责。各地方人民政府及其水利管理部门是监管职责的主要承担者，同时类似于流域管理机构等特殊监管主体也需要通过条例确认下来。

（三）将规范性文件中的水权交易立法经验融入立法

与各层级立法相配合，我国也存在大量规范性文件，从不同方面与水权交易相关。例如，我国在农村建设、农业发展、水资源收费改革、水工程建设等方面均有出台规范性文件，间接影响到水权交易开展。这些规范性文件实施过程中的经验可以被整合考虑到水权交易立法之中，从而让水权交易立法可以更好地与其他领域现有立法相衔接。例如《广东省水权交易管理试行办法》[①]《河南省水权试点方案》[②] 等。

第二节　完善水资源所有权行使及资产管理法律制度

一、国外水资源所有权的行使及资产管理经验借鉴

如表 5-1 所示，世界各国的水资源所有权制度与其历史发展和法律传统有

---

① 在广东东江流域水权交易实践中，2011 年中央出台《关于加快水利改革发展的决定》后，广东省于 2012 年 1 月在全国率先出台了《广东省最严格水资源管理制度实施方案》与之配套，此后，广东又在全国率先出台了《广东省实行最严格水资源管理制度考核暂行办法》，在制度层面确保水资源的可持续利用。河源市政府与之呼应，于 2013 年发布《河源市最严格水资源管理制度实施方案》和《河源市实行最严格水资源管理制度考核细则》。这些规范性文件为东江流域水权交易顺利开展提供保障，也为 2016 年《广东省水权交易管理试行办法》的出台打下基础。

② 在河南省新密市与平顶山市水权交易实践中，2014 年河南省成为全国七个水权试点省份之一，2014 年 12 月水利部与河南省人民政府联合批复《河南省水权试点方案》，为省内开展水权交易提供制度支持。

关。美国、加拿大、澳大利亚受英国普通法的影响较大，水资源所有权制度源自过去的土地制度，水权与地权关联较多，且注重私权和占有的先后顺序，但随着水资源危机加剧，只能将水权与地权逐步分离，并加以国家公权力的影响。

表5-1　各国水资源所有权对比表

国家	主体	与地权分离	管理体制	收益
美国	州和联邦	各州不同	州水资源主管部门管理，联邦政府指导	部分州收取水权费
加拿大	省	是	省（或地区）水资源主管部门直接管理	部分省、地区收取水资源费（或租赁费）
英国	国家	是	环境署和地方部门（如威尔士自然资源局）管理	收取取水费
澳大利亚	皇室（国家）	是	州政府掌握所有权并负责分配和管理，联邦政府指导	收取水资源费
墨西哥	国家	是	环境和自然资源部下属国家水委员会直接管理	收取取水费
智利	国家	是	水利总局、水利工程局和用水户协会分级管理	收取水权税（费）

在水资源所有权方面，美国和加拿大都是联邦制国家，法律规定水资源所有权属于州或省，由州或省管理辖区内的水资源，但是联邦基于公益和环境保护的目的保有一定公共水权，对部分土著地区则遵循历史保留一部分水权以保障当地土著生活。美国还有些州实行沿岸权制度，水的使用权与土地附着在一起，随土地转让一同被买卖、继承和转赠。英国历史上水资源是绝对的私有制，但亦随着水资源供需矛盾日益增大，政府只能通过回购将水权收归国有，并推行取水许可制度，以缓解水资源短缺。澳大利亚、墨西哥、智利等国家逐渐强调水资源国家所有，实行取水许可制度，水资源所有权由中央政府代表国家行使。

在水资源管理体制上，墨西哥、智利、英国实行水资源统一管理制度，由中央政府负责统一管理协调水资源；在美国、加拿大和澳大利亚，则实行水资源两级管理制度，由州或省政府根据本州或省法律对辖区内水资源进行管理，而中央或联邦政府只承担指导和协调职责，如果涉及跨界水分配等问题时，就需要相关州或省协商，如协商不了就由联邦法院裁定。

水资源费（税）不仅是政府控制用水量、保护水环境的重要经济工具，也是水权所有者收益权及资产管辖权的重要体现。各国大多根据取用水用途来分类合理征收水资源费（税），用于水资源规划和管理等活动，体现水资源的公益属性。美国一般认为水资源属于无偿的自然资源，所以美国水价的计价因素主要是回收供水设施的建设运行成本，而美国垦务局的工程是根据用户支付能力来计算水价，某些州政府会针对取水许可征收水资源费。大部分加拿大地区的水资源没有征收自然资源资产税费，其管理成本由其他财政税收收入补贴，但也有小部分地区基于取水许可证征收水资源费（或称租赁费）。英国实行取水费制度，由英国环境署征收，用于水资源管理相关开支，其计价的因素是取水许可证的年度许可取水量和水源、季节、区域及用途。澳大利亚实行水价确定原则，水资源费包括回收供水成本、保障水权交易市场秩序成本、流域保护和环境治理等水资源规划和管理成本等。墨西哥根据用户取水量计算取水费，由水管理部门负责征收。智利由水利总局负责管理用水权及其交易，并征收水权水费，值得一提的是智利对未使用的用水权也征收税费，目的是促使水权人通过水权交易转让多余水权。①

水资源所有权是政府行使管辖权的重要基础，也决定了水资源的收益处置。政府通过加强水资源管辖保障民众公平享有水资源，水资源收益也由政府依据资源的稀缺情况和公益性用途确定处置方式。上文所述的国家因各自的历史和体制因素在水资源所有权上具有一定差别，但总体趋势为公民所有、政府行使管辖权。美国、加拿大等国将水资源管辖权限主要下放到州（省）层面，而联邦政府倾向于给予指导和州（省）际协调。各国多依据取用水用途分类，合理征收水资源费（税），用于水资源规划和管理等活动，体现了水资源的公益属性

二、创设国家所有为主的多主体水资源所有制度

国外有学者依据水资源的不同类型认为，"水域可以为政府所有，它们也可以为私人所有，可以是整个社区的共有财产，也可以把它们看作一种任何人都不能拥有的物质"。② 我国也有学者指出一元化的自然资源公有产权导致了自然资

① 伊璇，金海，胡文俊. 国外水权制度多维度对比分析及启示［J］. 中国水利，2020（5）：40－43.

② 莫斯塔特，范贝克，鲍曼，等. 流域管理与规划. 水管理理论与实践——国内外资料选编［M］. 水利部政策法规司，2001：100. 转引自崔建远. 论公共物品与权利配置［J］. 法学杂志，2006（1）：26.

源的浪费和破坏，认为水资源所有权应当包括公共水权和私人水权。① 有学者认为水资源与森林和土地资源的重要性没有差别，应当根据水资源与土地的关系规定水资源所有权形式，包括国家所有权和集体所有权。② 还有学者指出，在生态文明建设背景下应当允许少量的自然资源由个人所有。③

我国水资源所有权制度完善的基本思路应该适当借鉴国外水资源所有权的配置模式和理论依据，依据水资源是否可以分拨、水资源的价值功能以及与土地的客观联系对水资源进行类型化，秉持抓大放小的原则配置所有权，逐步向以水资源国家所有为主的多元主体所有制度转变。抓大放小就是要将大部分水资源与土地分离作为水资源国家所有权的客体，小部分水资源应当根据其附着的土地产权归属由农村社区共有，特定类型的水资源可以由个人所有。

三、以利益平衡为进路完善水资源管理制度

坚持水资源是一个生命共同体的理念，统筹考虑生态各要素，以利益平衡原理来完善水资源管理制度，探索建立在国家、流域、省份和县（市）分级行使水资源所有权的体制，分清不同层级行使所有权、管辖权的权利内容和范围。需要从以下几点来建立解决以下冲突的水资源管理平衡机制：

一是处理好政府与市场的冲突。目前我国在水资源管理领域，政府和市场的关系尚未完全厘清。一方面，在水资源资产配置上，存在水市场不够健全、水权交易成交量较低、市场决定价格机制和资产价值评估制度不完善等问题；另一方面，在水资源监管上，又存在监管不到位、重开发轻保护、重眼前利益轻长远利益等问题。应该综合考虑水资源具有的经济价值、生态价值和社会价值，在自然资源资产配置方面发挥市场的决定性作用，由市场决定如何配置、配置给谁以及价格，政府主要制定规则，确保公正公平；同时在水资源监管领域要更好地发挥政府作用，切实加强监管，保证区域公平和代际公平，解决"市场失灵"问题。

二是处理好水资源资产所有者与监管者的冲突。水资源资产所有者对水资源资产行使所有权并进行管理是一种民事权利，水资源监管者对水资源行使监管权

---

① 肖国兴，肖乾刚. 自然资源法［M］. 北京：法律出版社，1999：73.
② 曹可亮，金霞. 水资源所有权配置理论与立法比较法研究［J］. 法学杂志，2013，34（1）：108－115.
③ 叶知年. 生态文明构建与物权制度变革［M］. 北京：知识产权出版社，2010：168.

是一种行政权力。鉴于水资源具有外部性和公共物品属性等特点，水资源资产所有者在对水资源资产进行配置和处置时要符合用途管制要求和保护生态环境等公共利益需要；水资源监管者也不得超越用途管制要求，干预水资源资产所有者依法行使权利。自然资源资产所有者以自然资源资产的保值增值为主要目标，自然资源监管者以自然资源的可持续利用和生态保护为主要目标，二者之间要建立沟通协商和监督制约机制，实现信息共享，确保两个方面工作目标的对立统一。

三是处理好中央与地方的关系。对于全民所有的自然资源，理论上应当由中央政府统一行使所有者职权。考虑到自然资源的开发利用和保护对地方经济社会发展具有重要影响，同时我国各地差异性较大，充分调动和发挥地方政府的积极性和主动性，也有利于解决信息不对称问题，提高效率。因此，对全民所有的自然资源资产，可按照在生态、经济、国防等方面的重要程度和区域分布等特点，实行中央和地方政府分级代理行使所有权职责的模式。分清全民所有中央政府直接行使所有权、全民所有地方政府行使所有权的资源清单和空间范围。中央政府主要对石油天然气、重点国有林区、大江大河大湖和跨境河流、生态功能重要的湿地草原、海域滩涂、珍稀野生动植物种和部分国家公园直接行使所有权。对全民所有但由地方政府代行所有权的自然资源资产，中央政府要建立监督机制。

四是处理好水资源开发管理与水污染防治的关系。水资源监管和水污染防治既有区别又有联系。二者都以生态环境保护为目标，水资源开发管理侧重于水资源用途管制以及水资源规划以及开发利用，水污染防治侧重于污染排放行为的监管以及环境污染的防治。由于水资源既是生态系统的组成要素，也是污染物的容纳载体，因此为避免交叉重复，应综合考虑监管对象、管控措施、治理手段等因素，合理界定水利部门与环境保护部门的权责边界，做到相互协调、相互促进。

四、以公共利益最大化原则推进水资源费改税

2016年，河北省开始实施水资源费改税试点工作，并于2017年把试点扩大到了北京、天津、山西、内蒙古、山东、河南、四川、陕西、宁夏9个省区市，收到了一定的成效，为未来在全国推广积累了经验。水资源费改税的核心就是取消原水资源费，对用水主体实行从量计征水资源税。水资源费改税不但通过经济杠杆，倒逼高耗水企业节水、超采地区企业减少地下水取用量，而且还能增强各用水主体的节水意识，同时优化用水结构，促进产业升级，以达到保护水资源的

目的。

一是完善水资源税征管相关法律法规。将水资源税纳入《中华人民共和国资源税法》，同时修改《中华人民共和国水法》，加入水资源税的规定，并适时修订《取水许可和水资源费征收管理条例》，为征收水资源税提供法律支撑。①

二是水资源税可根据公益类、非公益类等依据分类分级定价，建立能够反映水资源稀缺程度和使用效益的价格体系，推动节水转型。

三是确保各地在设计水资源费改税制度上享有一定自主权。我国各地水资源情况比较复杂，有的丰富，有的短缺，各地取水类型也呈现出多样化的特点，在全国不可能使用统一便捷的模板。目前十个试点省区市中，河北、北京、天津、山西、内蒙古五个省区市的地下水超采严重，水资源供需矛盾巨大；河南、山东、四川、宁夏、陕西五个省区市分布在中、东、西部，水情各异，具有一定代表性。各试点省区根据自身情况施行的水资源税制度在细节上均有明显的地方差异。各试点省区的成功经验为未来全面推行奠定了基础。虽然水资源费改税制度设计的多样性会增加水资源税征管的难度和强度，但考虑到各地的水资源情况，还是建议在全面推广后继续确保各地在一定范围内享有水资源费改税制度设计的自主权。②

四是需要加大基础设施投入以提高水资源税征纳效率。因为水资源税是从量计征的，水取用量的核定为税收征收工作的基础，所以必须加大水资源计量基础设施的投入。

第三节　以利益平衡原理完善水权初始界定分配法律制度

一、国外水资源使用权界定分配经验借鉴

水资源使用权的初始分配不仅是水资源使用权管理的重要内容，也是水资源交易流转的前提。如表 5 - 2 所示，美国、加拿大、英国和澳大利亚历史上都深受普通法传统影响，实行私有制分配方式，后来为了应对水资源危机，将私有制

---

① 杜丙照. 水资源费改税的实践探索与对策 [J]. 中国水利，2019 (23)：20 - 22.
② 李维星. 我国水资源费改税政策述评 [J]. 中国物价，2018 (8)：59 - 61.

分配方式与公权力下的许可方式进行了有机结合，对水资源既保留了历史形成的沿岸权（或称河岸权）和优先占用权，又通过取水许可进行管理。澳大利亚要求取水都需申请取水许可证，但是保留家庭用水的法定沿岸权和灌溉水权（根据土地面积和作物种类分配的水权）是不需要申请的。墨西哥实行国家水委员会—各级用水协会—水用户的三级水使用权分配模式，首先由国家水委员会向各级用水户协会发放取水许可，然后再由用水户协会将其细分到用户。智利采用的是比例分配原则，较为公平地分配初始水权，将多余或不足的水资源按比例分配给所有用水者。

表5-2 各国水使用权特征对比

国家	类型	行政管理方式	许可和登记机构	期限
美国	沿岸权、优先占用权、混合水权、公共水权	州行政程序批准优先占用权许可，沿岸权补充取水许可证	州立水行政机构（水资源管委会或自然资源厅）或法院	永久/10~50年
加拿大	优先占用权、沿岸权、共有水权（取水许可）、土著水权	由省水资源主管部门管理取水许可证和批准证	流域水资源管理机构	5~50年，可续期
英国	基于优先占用权的取水许可	所有权和使用权独立登记	环境署	最高达12年，可续期
澳大利亚	沿岸权、灌溉水权和取水许可	用户直接申请许可或向政府购买租赁他人许可	州下属专门许可机构，地方水和环境管理办公室提供服务	永久
墨西哥	分级分配的取水许可	国家水委会按比例分配给用水户协会，用水户协会分配给用水户	国家水委会（水权注册机构）、用水户协会	5~30年
智利	比例分配的取水许可	比例分享原则，取水许可申请时必须进行登记	水利总局、不动产管理局水权登记处、国家审计总署	永久/固定期限

世界大多数国家都采用取水许可制度或水权登记进行确权。美国实行沿岸权的大多数州对较大用水量或关键地区才实行许可制度，而除科罗拉多州之外的西部各州均在优先占用权体系之中融入了行政许可制度。加拿大水资源管理部门采用取水许可证和批准证制度对既有水权进行约束，许可和登记机构是流域水资源管理机构。在英国，只要超过 20 立方米的取水就需要向环境署申请取水许可证，因为受到原来私有制影响，所以水资源所有权在皇家土地登记局系统中，水资源使用权的申请存储在环境署的公共登记系统。墨西哥国家水委员会成立国家水权注册机构，对国内所有用水户进行确认和登记。在智利获得水权的前提条件是进行水源地籍登记，且水利总局的水权授权须经国家审计总署审查。在澳大利亚，水权即水的使用权，水权像土地和股份一样被视为一种资产，应进行公开注册并且是可审查的，能独立进行交易。① 澳大利亚各州都可以通过立法来管理本行政区域内的水资源，州内的地表水、地下水、降水属州政府所有，由州政府控制并分配水权，跨州河流水资源的使用则在联邦政府的协调下，由有关各州达成分水协议，各州共享水权，水权从流域到州到城镇到灌区到农户被层层分解。

各国对于取水许可的期限规定各异。澳大利亚、美国和智利的取水许可期限都较长，甚至为永久，这亦是上述几国水权交易活跃的原因之一。美国各州对于取水许可证期限的规定都不一样，永久许可证一般为实行沿岸权制度的州采用，而其他州实行 10～50 年的用水许可期限。澳大利亚对取水许可期限未作明确规定，期限范围从临时到永久。智利对取水许可期限设定为永久，虽然促进了水权交易的发展但也实际上限制了政府的宏观调控能力。加拿大取水许可期限是 5～50 年、墨西哥取水许可期限是 5～30 年、英国的取水许可期限最高达 12 年，一般可以续期，政府在用户长期不使用取水许可或因公共权益被征用两种情况之下可以吊销原许可。②

鉴于水资源的社会属性、有限性和公益性，美国、加拿大、澳大利亚等国在水权分配上采取保留历史权利和按需申请的模式，既避免了与传统割裂的震荡，又满足了当下经济发展需要。这些国家通过推行或补充取水许可和水权登记等行政手段，强化了政府对水资源使用的宏观调控，达到政府与市场相互协作的效

---

① 黄锡生. 水权制度研究 [M]. 北京：科学出版社，2005：61.

② 伊璇，全海，胡文俊. 国外水权制度多维度对比分析及启示 [J]. 中国水利，2020 (5)：40-43.

果。在许可期限上，澳大利亚、美国和智利的取水许可期限都较长，甚至为永久，可视作水权交易活跃的原因之一。此外这些国家普遍规定，如果长期不使用或者其他公共权益需要征用水资源，政府有权吊销原有水权或取水许可。

二、确立水权初始界定分配优先序位

（一）以公共利益最大化及生命健康优先理念塑造水权初始界定分配原则

水权初始界定分配过程实际上就是水权确权的过程。水权初始界定分配原则是水权交易整个流程的起始，也是最应当体现利益平衡原理的规则。以利益平衡原理改造水权初始界定分配规则，就是要在预设前提的基础上，对现有水权初始界定分配规则进行完善，使其体现利益平衡原理，实现公共利益最大化、生命健康优先的客观结果。

水权初始界定分配原则包括三方面：总量控制与定额管理相结合、尊重用水现状、人人享有平等用水机会。三方面是对我国现有水资源状况和水权改革成果的尊重，也是以利益平衡原理塑造水权初始分配法律制度的基本理念。

1. 总量控制与定额管理相结合

《水法》第四十七条规定："国家对用水实行总量控制和定额管理相结合的制度。"省级人民政府有关行业主管部门制订本行政区域内行业用水定额，报同级水行政主管部门和质量监督检验行政主管部门审核同意后，由省级人民政府公布。县级以上地方人民政府根据用水定额、经济技术条件以及水量分配方案确定可供本行政区域使用的水量，制定年度用水计划，对本行政区域内的年度用水实行总量控制。《取水许可和水资源费征收管理条例》第七条规定："实施取水许可应当坚持地表水与地下水统筹考虑，开源与节流相结合、节流优先的原则，实行总量控制与定额管理相结合。流域内批准取水的总耗水量不得超过本流域水资源可利用量。"具体而言，行政区域内批准取水的总水量不得超过流域管理机构或者上一级水行政主管部门下达的可供本行政区域取用的水量。上述法律规定均直接体现了总量控制和定额管理相结合的原则。

总量控制是以水生态环境承载力为基础，科学确定全国、特定区域、特定流域、灌区或其他水资源管理区域所能提供的水资源总量。水资源并非永不耗竭的资源，过度使用水资源会造成水资源日益短缺、水生态环境破坏的恶性循环。总量控制的基础是对水资源承载力的科学测定；也就是说，需要根据流域水资源量、水环境容量、流域内人口经济状况确定流域水资源可利用总量，之后逐级分配，确定下一级区域的用水总量。

定额管理是水资源管理的微观控制，确定生产单位，确定产品或服务的具体用水量。通过定额管理，实现水权从流域或者区域这一层级向各生产部门、生活部门、用水户的具体分配。确定微观用水额度，应当尊重当地气候、水资源条件、农业种植灌溉制度、技术水平、管理水平、产业结构、经济社会发展情况、地区发展规模等诸多方面因素。

不论是总量控制还是定额管理，均需要具有前瞻性、指导性，避免总量控制和定额管理陷入僵化，并结合社会发展、环境生态状况予以定期调整。实行总量控制和定额管理，是处理人与自然环境、现状与未来关系的必要手段。

2. 尊重用水现状

水资源从丰富到紧缺，水权从无到有，这是一个逐渐转变的过程。水权确权之时，应当尊重水需求的现状，这是因为：第一，现有水需求现状是社会各方长期实践和博弈的结果，具有一定合理性，容易得到不用用水部门、单位和个人的认可；第二，尊重现有水需求现状，水权进入法律和社会生活才不至于带来巨变，减少确立水权交易制度的阻力；第三，现有水需求现状很大程度上是由水利工程现状决定的，水利工程现状在短时期内无法改变，这也是水权确权的客观背景因素，无法回避。

尊重用水现状，并不意味着可以不考虑其他方面因素。水权确权和交易，是希望通过市场机制改变目前不尽合理的用水状况，其目标在于引导转变，所以区域水资源不平衡、水资源的未来需求等因素，也是在水权确权过程中需要适当结合考虑的。

3. 人人享有平等用水机会

传统水权确权规则在一定程度上漠视了赋予用水人的平等用水机会。河岸权规则把水资源优先分配给与河流相毗邻的土地权利人，在先占用规则把水资源优先分配给首先占用地上或地下水资源的用水人，绝对所有权规则把地下水资源看作附着于土地所有权的资源。

学界日益认可，水资源的使用属于公共领域，每个人都有平等机会获取水资源。水权作为一种得到法律认可的权利类型，每位个人均可依法取得。2005 年 1 月 11 日，水利部《关于印发水权制度建设框架的通知》中强调应将"充分考虑不同地区、不同人群生存和发展的平等用水权，并充分考虑经济社会和生态环境的用水需求"作为水权制度建设的一项基本原则。强调这一原则也符合我国国情，我国有着丰沛的水资源，但流域分布不均、区域分布不均，强调水资源匮乏区域的用水权利对保障当地人民生活、经济发展具有重要意义。"水权作为一种对水资源的使用和收益权，可以为任何私人所拥有。这样在不影响水资源公共利益实现的前提下，将水资源作为私人物品的用途分解出来了。"①

水权确权以确保平等用水机会为导向，符合全体人类最普适的正义价值观念；在此基础上可以兼顾经济效益考量，但单纯以经济效益作为考虑因素不可取。虽然经济效益是评价一项水资源工程资金耗费的一种方法，但它并不能支配水资源分配。项目选择和授权中还有一些其他因素，而这些因素不能在经济分析中货币化（如：环境质量、地区发展和社会福利）。

（二）确立水权初始界定分配优先序位

1. 确立水权初始界定分配优先序位的意义

给水权确权需遵循优先序位，当水资源得到充分开发和利用后，水权系统需提供出现水资源短缺时的处理程序。这时就需要建立一个河系或一个地下水流域水资源使用的优先权，从而确定哪类用水可以比其他用水具有优先权。

为水权确权设定一个优先序位，是国家行使水资源所有权的一种体现。在我国水资源都属于国家所有，为了确保水资源的使用得到合理、公正和公平的安排，国家必然需要遵循特定规则来行使水资源所有权利。所以国家行使水资源所有权，无法像个人行使对物的所有权那样随心所欲，必然受到一些限制。同时水资源按照其使用目的可以分为多类，比如城市居民生活用水、农业用水、工业用水、环境生态保护用水、娱乐用水等。随着我国经济社会不断发展，工业化、城镇化发展迅速，水资源需求已经远远超出水资源的供给。不同区域、不同行业、用于不同目的的水资源之间冲突和挤占问题突出。在这样的背景下，水资源确权设定先后序位就非常有必要。

2. 水权初始界定分配优先序位安排

我国《水法》第二十一条规定："开发、利用水资源，应当首先满足城乡居民生活用水，并兼顾农业、工业、生态环境用水以及航运等需要。"这一规定为我国水权确权的优先序位提供了一个框架，理论上我们可以设定这样一个水权确

---

① 裴丽萍. 可交易水权研究 ［M］. 北京：中国社会科学出版社，2008：51－52.

权的优先序位：生活用水、生态环境用水、农业用水、工业用水、娱乐用水及其他类型用水。

生活用水排在水权确权的第一序位，是比较好理解的。使用清洁安全的水资源是人类生活所必需的条件之一，所以在世界上很多国家的水法里面，我们都可以看到把生活用水排在第一位的类似规定。

改善生态环境用水应该排在水权确权的第二序位。这主要有三方面的原因：第一，改善生态环境用水对于确保城市居民生活用水的清洁安全，往往具有重要的关联，从确保用水安全的角度来考虑，改善生态环境用水需要应当得到优先考虑。朱迪·丽丝也认为，"人的健康权包括一个享有有益健康的环境的权利，如享有清洁的空气和水资源。环境的健康与人类的健康有直接的联系，而健康是一项人权。因此，我们认为不能离开拥有健康环境的权利来谈论人的健康的权利。"[①] 第二，改善生态环境用水通常与保护跨区域、跨流域或整个流域以内的生态环境具有重要意义，比如河流发源地水资源保护往往涉及整个河流水生态环境的安全。第三，改善生态环境用水，不仅涉及当前人们对水资源的需求，更会影响到下一代甚至几代人对水资源的需求。所以综合考虑，改善生态环境用水应该排在工业、农业用水的前面。

农业用水排在水权确权的第三序位。农业用水主要是灌溉性用水，也就是利用地表水资源或地下水资源灌溉农田、林地和草地。农业作为第一产业是一个国家国民生存的基础性产业，因而农业用水需排在工业用水之前。

工业用水排在水权确权的第四序位。工业用水通常是指工业生产企业在生产过程中所需要使用的水资源。改革开放以来，我国工业发展非常迅速，工业用水需求也逐年激增，这给农业用水也带来一些压力，工业用水挤占农业用水的情况时有发生。

娱乐用水排在水权确权的第五序位。娱乐用水是人们在日常生活工作，工业生产活动以外，由于娱乐活动而产生的水资源需求，譬如游泳钓鱼等休闲活动所需要的水资源。

其他类型用水排在水权确权序列的最后。除了以上几种用水目的而产生的不同类型外，还有一些水资源的使用无法简单归入以上各项，比如为了稀释污染水

---

① HANCOCK J. Environmental human rights: power, ethics and law [M]. Ashgate Publishing Limited Press, 2003: 59 - 60.

而使用的水资源，就无法简单地列入工业用水和生活用水的范围。

3. 水权初始界定分配优先序位的适用

水权确权优先序位的适用主要发生在两种情况。第一种情况，水资源使用目的明确可知。如果水权申请人或水资源使用人的目的明确可知，应当按照水权确权优先序位的顺序来分配水资源的使用。也就是说在同一段时间内，如果有多个水权申请人提出申请，我们按照申请人申请用水的目的，依据生活用水、生态环境改善用水、工业用水等这样的顺序来进行水权确权。正如前文所说，该顺序是我们对水资源利用先后排序的一个价值判断的结果。如果在同一段时间内，基于相同用水目的提出水权申请的申请人有多数，原则上应当按照申请用水资源数量的比例来在多个申请人之间进行分配。第二种情况，水资源使用目的不可知。这种情况下，实际上无法按照水权确权优先序位来为多个水权申请人进行排序，因而原则上可以按照申请在先的原则来分配授权。比如两位水权申请人先后提出申请，在先申请人的用水目的是工业用水，在后申请人的用水目的在申请的时候并不明确，但是事后确定为生活用水。这样的情况下应该优先满足申请在先的申请人需求。

以上只是水权确权优先序位适用的基本原则，在实践中可能会有更多细节需要通过规则加以明确。比如水权确权在实践中可能会通过年度计划的形式进行统一安排，因此水资源使用目的不可知的情况实践中较少出现。又比如，水权申请人基于某个目的提出水资源使用申请，在获得相应水权后修改了水资源使用目的，这样会产生水资源分配不符合水权确权优先序位要求的结果，这样的情况下，有必要通过一定的赔偿规则让该申请人承担责任。

三、建立水权初始界定分配登记制度

（一）水权公示的功能

公示是我国《民法典》对物权效力的一种规定，物权通过某种形式的公示才会产生社会公信力，由此来实现物权对物归属状态的法律保护。水权作为《民法典》规定的一种用益物权，也可以采纳公示制度。

水权公示是取得水权的外在表现形式，水权通过这种方式让社会和他人知道权利人和水资源使用的具体情况。尹田教授认为，"对财产的公示的目的在于使一定范围的人知晓系于特定财产上的物权之存在，知晓权利人（如所有人）为何人。"① 对水权确权进行公示是确保水权交易正常进行的一个前提，因为水权交易中的需求方只有知道供给方拥有的水权是得到法律保护的真正权利，才有可能顺利完成水权交易整个过程。

（二）水权确权登记产生公信力

依据《民法典》和民法理论，不动产物权公示的方式是登记，动产物权公示的方式是占有。比如房屋、土地等不动产，需要在房地产部门进行登记才属于法律保护的物权公示方式。"法律就是以这些生活经验为其规范基础，当然对其也有所变化，并予以类型化：在动产物权中占有是公示之手段，而在土地中则有官方之记录，亦即土地登记簿，取代占有而成为公示手段。"②

水权属于他物权、用益物权，水权的价值在于其水资源的使用价值，而并非担保价值，因此水权的公示方式可以考虑遵循民法理论中不动产物权的登记方式。崔建远教授认为，"因水权为准物权，并属于不动产权益，具有绝对效力，基于交易安全的要求，水权转让以到水管部门办理完过户登记手续为生效条件。初始分配水权，须有初始登记；水权转让，则有过户登记。"③ 在美国，"水资源引取和利用要通过水权系统进行登记，从而明确用户和用途，确定用水量，并决定可分配的水资源。当水权经过法律登记后，优先权就随之建立。水权登记系统为确认哪些用户和用水可能受拟议中的改变河道水质水量的行动所威胁或损害，提供了一条途径"④。

确权登记产生社会公信力。"公信原则如自广义言，举凡因信赖一定之外形事实，推断有真实之权利或事实关系存在，而为法律行为之人，法律上均给予其所信赖事实相同之法律效果，以为保护者，均属公信原则之表现。"⑤ 在水权登记过程中采用实质审查原则，更有利于实现水权的社会公信力，也更有利于水权交易的顺利开展。崔建远教授也认为："在我国，取水许可制度实施不久，取水许可证颁发不算太多，即使考虑到未来需要颁发的取水许可证数量，登记部门也

---

① 尹田. 法国物权法（第二版）[M]. 北京：法律出版社，2009：87 - 88.

② [德] 鲍尔，施蒂纳. 德国物权法（上册）[M]. 张双根，译. 北京：法律出版社，2004：61.

③ 崔建远. 水权转让的法律分析 [J]. 清华大学学报（哲学社会科学版），2002（5）：40 - 50.

④ TEERINK J R. Water allocation, rights and pricing: examples from Japan and the United States [M]. The World Bank Press, 1993：19.

⑤ 谢在全. 民法物权论（上）[M]. 北京：中国政法大学出版社，1999：62.

有能力做到实质性审核，所以我国水法赋予水权登记以公信力完全有条件。如果赋予了水权登记以公信力，就会非常有利于水权交易的安全。"①

（三）水权确权登记的内容

确权登记法律法规可以包含以下几方面内容：（1）明确水权确权登记的适用范围，将水权确权的设定、流转和消灭，统一纳入法律规定，并加以明确界定；（2）明确水权确权登记的机构，以及各个机构的权限和职责，避免部门之间相互推诿责任；（3）细化和界定水权登记册的编制内容、修改更正和保存，细化水权权属证明；（4）确定水权确权登记的整个流程，梳理登记规范；（5）对于水权确权登记过程中出现的错误进行界定并分类，规定赔偿的相关规则，以保障权利；（6）确定水权确权登记信息管理平台的建设，促进水权确权登记信息的公开，接受社会监督。

从法律实施的角度来看，也需要制定一系列的法律规定或实施细则来统一或者协调我国各个地方已经开展的水权确权工作。经过一轮的全国多个省市的水权确权试点，水权确权登记在多个省或自治区已经积累了宝贵的经验，不少省或自治区还专门制定了相应的水权确权管理规定，这些都为我们从法律实施的角度来完善水权确权登记法律制度提供了素材。

在水权确权登记的负责部门方面，可以将各级人民政府的水行政主管部门作为水权确权登记机关。水权登记机关依据法律赋予的职责和职权，开展水权确权登记的申请审查和登记工作，并将获得的水权确权登记内容，按照法律规定予以公示，对权利人颁发水权确权证书。水权登记机关也可以搭设专门的水权信息登记网络，以简单互联的方式实现水权登记信息的共享。

水权确权登记程序可以大致分为启动程序、审查程序和决定程序。启动程序主要用于处理确权申请和受理，申请类型根据申请人的具体情况可以设定共同申请、单独申请或者代理申请等情况。申请受理审查，根据我国类似登记制度，可以存在形式审查主义和实质审查主义两个主要类型。如果采用形式审查主义，登记机构只需要对申请人提交的材料进行查阅，并在材料基础上进行初步调查，即可完成授权登记流程，水权登记效率较高。决定程序是在审查结束后，根据前期审查情况确定办理登记、暂缓登记或拒绝登记的决定。

---

① 崔建远. 物权：生长与成型 [M]. 北京：中国人民大学出版社，2004：405.

确权登记的类型参考我国类似法律规定，可以包括初始登记、变更登记、注销登记三类。初始登记是对水权确权的第一次登记。变更登记是在初始登记之后，因发现水权确权登记存在错误或疏漏的情况，通过登记程序予以纠正。注销登记允许按照一定的程序将水权注销。

四、建立水权确权公众参与规范

（一）水权确权公众参与规范的功能

亚里士多德曾说："大多数人的意志就是正义。"① 近年来，多数国家在环境保护领域均通过立法或其他形式，鼓励环境保护的公众参与，提高公众意识，水资源管理和保护方面也是如此。例如在美国，公众参与、公众监督、公益诉讼都成为提高公众意识的重要法律制度安排。② 水权确权规则也是如此。当水资源从丰富充裕变得匮乏，水资源分配及其利用的规则就需要得到公众支持才可能具备正义性，公众参与规则就是为了确保这些规则的正义性。如果缺乏公众参与，水权确权欠缺正义根基，就无法成为一项被真正认可的权利。

公众参与的功能之一是消除信息不对称。在社会生活中每个人都是基于自己所掌握的信息根据信息来作出选择，但是个人总是很难获得所有的信息，所以在有限的信息范围内很难作出最佳的行为选择，这在经济学上被称为信息不对称。由于信息的不完整，难以作出成本收益分析。制定合理的水权确权规则必然需要大量的信息，因为水资源配置的目标可能会随时发生改变，蒂瑞克指出："水资源分配系统的目标在于管理资源，以实现广泛的公众期望，该目标可能是模糊的、多样化的，不是完全一样的。随着时间的推移，这些目标的侧重点会发生变化。"③ 所以为了克服个人掌握信息的有限性，就需要加强个人之间的信息沟通和交流，公众参与规则为信息的交流和沟通搭建了平台。

公众参与的另外一个功能是进行公共监督。特别是为了防止政府机关在水权确权过程中出现违法违规的行为，必须通过公众参与来加强对水权确权过程的监督。比如说在决定是否根据某项具体工程取得水权的决策的时候，进行水资源环

---

① ［古希腊］亚里士多德. 政治学［M］. 吴寿彭，译. 北京：商务印书馆，1965：312.
② 潘德勇. 美国水资源保护法的新发展及其启示［J］. 时代法学，2009，7（3）：95－101.
③ TEERINK J R. Water allocation, rights and pricing: examples from Japan and the United States［M］. The World Bank Press, 1993: 19.

境影响评价的同时，必须公开水资源使用的相关情况，听取当地居民的意见，必要时举行听证会，从而确保公众参与。

（二）水权确权公众参与规范的体现

实施水权确权过程中的公众参与，体现在三个方面：

第一，是水权确权规则设定过程中实行公众参与。规则设定过程中需要保障公众知情权，提前公开规则的内容、设定流程，并确保这些信息的准确性和完整性。规则设定过程中需要广泛听取社会公众对规则内容、流程的建议，对于合理性的意见、建议需要讨论采纳。表决和通过相应规则的时候可以参考《中华人民共和国立法法》等法律中关于规则制定和决议的相关规定。

第二，是水权确权过程中的公众参与。《取水许可和水资源费征收管理条例》第八条规定，取水许可和水资源费征收管理制度的实施应当遵循公开、公平、公正、高效和便民的原则。"公开"是指各级人民政府及其有关部门在实施取水许可过程中，要保证公众的知情权、参与权和监督权。行政许可法对公开原则的具体要求是：设定取水许可的过程应当是开放的，从设定许可的必要性、可行性，到水权许可可能产生效果的评估，都要广泛听取意见；许可的条件和程序必须公布。① 听证也是水权确权过程中公众参与的一项重要规则，通过听证，政府能够听到公众的不同声音，收集公众对于水权确权实施过程中各个方面的一些看法，进而综合比较，让水权确权更加科学合理。

第三，参考水污染治理领域的环境公益诉讼制度，在水权确权领域同样建立公益诉讼。水权确权，如果从行政行为的角度来理解，可以认为是一种抽象行政行为，并不具有具体的行政相对人。因而，如果水权确权规则存在违法违规情况或者侵害到不特定公众的环境生态利益，法律应当允许个人或组织提起公益诉讼。比如美国《联邦清洁水法》第 1365 条即规定，就未能履行相应的义务造成本州公共健康和福利不利影响，或违反本州水质要求之行为，任何利益已经或可能受到影响的个人或群体都可以自身名义提起民事诉讼。②

---

① 张穹，周英. 取水许可和水资源费征收管理条例释义 [M]. 北京：中国水利水电出版社，2006：20.

② See U. S. Clean Water Act 2001, section 1365.

第四节 利益平衡视域下水权交易转让法律制度之完善

一、国外水权交易转让经验借鉴

美国、加拿大、澳大利亚等国的法律和制度中明确了水资源使用权的法律地位，并且给予水权抵押、担保的金融属性，这不仅体现了水资源的资产权能，而且有利于推动水资源市场化管理。（见表 5 - 3）

表 5 - 3　各国水权交易转让特征对比

国家	交易载体	金融属性	方式	期限
美国	地权附属水权或先占使用权	有	沿岸权交易需行政审批，其他可通过市场进行水权交易，方式包括置换、买卖和租赁	永久/临时
加拿大	取水许可证	有	由政府批准后进行租赁或买卖	长期/短期
英国	取水许可证	有	环境署设立网上水权交易系统，方式为协议让渡	临时
澳大利亚	使用权（取水许可）	有	州政府负责监管水权转让，委托企业进行市场化运作，方式为买卖	永久/临时
墨西哥	使用权	—	依据情况不同向不同机构申请，方式为租赁、买卖等	短期/长期
智利	使用权	有	市场化运行，方式有租赁和买卖	短期/长期/永久

美国东部实行沿岸权制度，水资源的再分配由水行政主管部门或法院实现，这些州的大部分水权交易是出售节余水和再生水，主要涉及大型中心城市或者公用事业公司等大型卖方。美国西部则实行先占优先权制度，主要通过市场手段实现水资源的再分配，所以水权交易主要发生在美国西部，水权交易的形式呈多样化，有水权转换、用水置换、水银行、干旱年份特权与优先权放弃协议、捆绑式买卖、临时性再分配、退水置换、买卖和租赁等方式。加拿大的水权交易就是取

水许可证的交易，交易发生的前提是要获得批准，且这种水权交易只能发生在许可证持有者之间，不能用来建立新的用水户。英国的水权交易一般是多余水资源的临时性让渡，长期性水权交易很少见，且大多在英国环境署设立的水权交易网络系统进行。澳大利亚的水权交易市场比较活跃，一是因为水权交易可以由企业进行市场化运作，甚至可由州水源公司直接进行；二是因为水资源短缺许多州政府已不再发放新的许可，而新用户只能通过水权交易来获得用水权。澳大利亚不同州建立了各具特色的水权流转交易体系，如水股票制度、永久水权交易和临时水权交易等。墨西哥的水权交易就是取水许可证交易，其交易价格可由交易双方协商确定，也可根据联邦指定的各地区水费标准收取，交易水权不可以改变许可条款，虽然不需要政府部门的事先批准，但是必须通知国家水权注册机构，一旦水权转让会影响到第三方利益，就必须经过国家水委员会批准，且如果向灌区外转让水权，就必须经用水户协会和国家水委员会的批准，转让收益均归灌区所有。智利允许水权自由交易，绝大部分的水权持有者可向任何人出售水权且价格可以自由协商，不需征得国家水管理机构同意，有农业用水户的短期交易、长期交易及与城市用水户的交易三种类型，主要交易方式为买卖和租赁。①

美国、加拿大、澳大利亚等国的水权（水资源使用权）以权益的形式在法律和制度中得以明确。这些国家的水权具有抵押、担保的金融属性，体现了水资源的资产权能，有利于推动水资源市场化管理。但从实践看，并不是所有国家都力推水权交易，一般在可分配水资源短缺，或既有水权多掌握在部分私人手里时，水权交易才更加流行。许多水权交易流转的目的是将水资源从高耗水产业转出，鼓励节约用水，促进水资源高效合理利用。水权的临时转让或租赁在许多国家较为流行，这种方式使得水权交易更为灵活。

二、准确定位水权交易各主体

（一）规范私法视角下的水权交易当事人

1. 水权转让人是拥有水权、持有水权许可证的主体

水权交易实践中，水权交易一般通过订立交易合同的方式开展；交易合同是水权交易的载体，也是长时期水权转让的依据文件。以私法视角看待水权交易当

---

① 伊璇，金海，胡文俊. 国外水权制度多维度对比分析及启示 [J]. 中国水利，2020（5）：40 - 43.

事人，更为符合水权交易通过市场手段促进水资源管理的核心。

私法视角下，水权转让人是拥有水权的主体。崔建远教授认为，"水权转让，不是水体及其所有权的转让，因为此时水权人尚不享有水的所有权，作为水权客体的水并未从水资源中分离出来，归水权人所有，而是仍与水资源融为一体，归国家所有。"① 水权并非水资源所有权人，也非水产品所有权人。

拥有水权的主体，首当其冲是指根据我国现行法律，经由行政许可取得水权，并持有水权许可证的主体。《水法》规定，我国对水资源依法实行取水许可和有偿使用制度，直接从江河、湖泊或者地下取用水资源的单位和个人，应当向水行政主管部门或流域管理机构申领取水许可证，缴纳水资源费，取得取水权。同时依据我国法律规定，并非所有情况下使用水资源都需要申领取水许可证，譬如《取水许可和水资源费征收管理条例》第四条规定，"下列情形不需要申请领取取水许可证：（1）农村集体经济组织及其成员使用本集体经济组织的水塘、水库中的水的；（2）家庭生活和零星散养、圈养畜禽饮用等少量取水的；（3）为保障矿井等地下工程施工安全和生产安全必须进行临时应急取（排）水的；（4）为消除对公共安全或者公共利益的危害临时应急取水的；（5）为农业抗旱和维护生态与环境必须临时应急取水的。"

无须申领取水许可证的水权人是否可以成为水权转让人？私法视角下，此类水权人并无拥有水权的公示行为，从而没有权利公信力，如果每宗水权交易均须核实其水权主体身份，必将极大削弱交易效率，因而难以认可其为水权转让人。从《取水许可和水资源费征收管理条例》第四条规定的情形来看，承认不持有取水许可证的主体成为水权转让人，也可能带来其他矛盾问题。例如，允许农村集体经济组织及其成员对本集体经济组织的水塘、水库中的水资源所享有的使用权进行转让，并不符合立法初衷。我国1988年《水法》规定集体经济组织对水资源享有所有权。在《水法》修订过程中，有委员指出，如果农民要使用该水资源，还要按照修订之后《水法》新增加的国家对水资源实行取水许可制度和有偿使用制度的规定交纳水资源费，这将加重农民的负担，不利于维护农民利益。② 因此在《水法》修订过程中取消了集体经济组织对水资源享有所有权的规定，代之以农村集体经济组织及其成员对本集体经济组织的水塘、水库中的水资源所享

---

① 崔建远. 水权转让的法律分析 [J]. 清华大学学报（哲学社会科学版），2002（5）：40－50.
② 黄建初. 中华人民共和国水法释义 [M]. 北京：法律出版社，2003：275.

有的使用权。推行水权交易过程中，若认可其作为水权转让人，允许其转让水权而获得经济利益，似乎与立法目的相违背。

2. 水权受让人并不以水资源使用人为限

当前我国水权交易实践和规范性文件中，水权受让人大多存在特定资格限制。比如在《水权交易管理暂行办法》规定的水权交易三种形式下，灌溉用水户水权交易的水权受让人与转让人均同属于已明确用水权益的灌溉用水户或者用水组织，取水权交易的水权受让人为取水权人或符合申请领取取水许可证条件的单位或者个人。

私法视角下，水权受让人资格无须过多限制。诚然，通常情况下水权受让人是有水资源使用迫切需要的主体，在水资源匮乏的背景下，受让人具有实际用水需求才符合水权交易制度设立初衷。但是立法并不应当排除其他水权受让人情形，这是因为一方面我们很难判断水权受让人是否存在对水资源的迫切需求，也无法试图在多个水权受让人之间进行需求急迫性比较；另一方面某些社会团体、环保团体出于水权储备等公益目的，也会考虑参与水权交易。

（二）明确政府与水权交易平台的监管定位

水权交易市场有时被理解为水权转让的场所[①]，有时又被理解为是水权交易关系的总和[②]。两种理解并无本质差异，前者强调规范性，类似于证券市场的场内交易，后者强调交易的市场属性。水权交易市场也可以简单划分一级交易市场和二级交易市场。一级交易市场是水权初始分配、水权确权市场，实现水资源使用权从上至下、从国家所有人逐级分配至初始权利人。二级交易市场的特点是交易效率和效益，发挥市场机制功能，利用价格调节水资源市场供需平衡。目前学界主流意见认为：政府在一级交易市场中发挥更大作用，水资源通过一级市场分配需严格遵守我国水资源总量控制和利用发展规划；市场在二级交易市场中更为重要，以行政命令方式的水资源配置机制作用越来越有限，市场机制才是未来发展方向。且不同形式的水权交易平台都是基于实施水权交易需要而存在，都在丰富我国水权交易实践。考虑到我国水权交易尚处于探索阶段，构建水权交易市场可以鼓励支持通过实践来积累经验，条件成熟后再实施资源整合。

① 姜文来，唐曲，雷波，等. 水资源管理学导论［M］. 北京：化学工业出版社，2005：143.
② 胡继莲，张维，葛颜祥，等. 我国的水权市场构建问题研究［J］. 山东社会科学，2002（2）：28-31.

有市场就需要监管，以解决市场失灵问题。我国当前水权交易监管体系下，中央及地方政府是水权交易监管主体。但正如前文分析，地方政府往往还充当水权交易当事人、水权确权主体的角色，三重身份交织在一起，容易引发争议。考虑到水权交易平台已是我国水权交易实践中的重要角色，同时具备多方面优势参与交易监管，完全可以考虑将水权交易平台作为政府授权机构，履行交易监管职能。改变水权交易平台的服务机构定位，将其定位为接受地方政府授权的准监管机构，可以调节完善水权交易中利益相关者之间的关系，具体而言体现在如下方面：

第一，水权交易平台作为准监管机构，可以承担对水权交易的直接监管职能，地方政府则可以退出交易环节的监管，从而缓和其同时担任监管主体和交易主体的矛盾。

第二，比起地方政府，水权交易平台更具备开展监管职能的信息优势和制度优势，通过完善自身制度，能够更好地为水权交易开展提供服务。

第三，水权交易平台作为准监管机构，也可以将其与其他交易服务机构区分开，将其服务功能与监管功能区分开，以更多市场化手段推动水权交易发展。

（三）加强水权交易平台的业务功能

水权交易平台根据组建情况可分为两类。第一类是专门成立企业法人，开展水权交易活动，例如：中国水权交易所采用股份有限公司形式，由十多名股东出资设立；内蒙古自治区水权收储转让中心采用有限责任公司形式，股东为自治区水利投资工程公司；河南省水权收储转让中心与内蒙古自治区水权收储转让中心的形式相似。第二类是依托已有水利单位、公司或农民用水合作组织搭建水权交易平台，例如：宁夏回族自治区水权交易平台是依托自治区水文局搭建；山东省水权交易平台是依托山东水发水资源管理服务有限公司搭建；广东省环境权益交易所开展各类环境权益交易服务，开展水权交易仅是其中一项。省级以下层级水权交易平台一般属于第二类组建情况。

从业务范围来看，上述水权交易平台的业务可划分四类：第一类业务是与水权交易直接相关的中介业务，例如水权交易咨询、技术评价、信息发布、中介服务、公共服务等。第二类业务是开展水权收储、转让等经营性业务，例如内蒙古自治区水权收储转让中心能够对行业、企业节余水权和节水改造节余水权、新开发水源（包括再生水）、非常规水资源进行收储转让，又比如河南省水权收储转让中心能够收储省内各行政区域、行业、取用水户的水权。第三类业务是开展系列配套业务，例如内蒙古自治区水权收储转让中心能够投资实施节水项目，河南省水权收储转让中心能够经营合同节水、供排水、节水、水处理、生态环境项目开发、建设、运营管理等业务。第四类业务是其他产权交易业务，例如广东省环境权益交易所除了开展水权交易相关业务，还能够开展排污权、城市矿产等交易。

我国各主要水权交易平台的比较分析可参考表5-4①：

表5-4　我国各主要水权交易平台的比较分析表

水权交易平台	成立时间	组建背景	平台功能	监管主体	治理依据	发展方向
中国水权交易所	2016年6月	水资源短缺、分布不均、供需矛盾突出	发布信息，公布水权交易价格，撮合交易	证监会、水利部	《水权交易管理暂行办法》《取水许可和水资源费征收管理条例》《水法》	建立全国统一的水权交易标准、交易制度、交易系统和风险控制系统，金融性质的投资功能
内蒙古自治区水权收储转让中心	2003年12月	经济增长与水资源供需矛盾突出，水资源使用效率低	盟市间水权收储转让，行业、企业节约水权和节水改造的结余水权收储转让，投资实施节水目并对节约水权收储转让，水权收储转让项目咨询评估与建设	水行政主管部门省级人民政府	《内蒙古自治区水权交易管理办法》	做市商功能，投资与中介功能
河南省水权收储转让中心	2017年4月	南水北调指令不均	水权转让，缓解不同区域之间供需矛盾，让南水北调工程综合效益得到充分发挥	水行政主管部门、省级人民政府	《河南省水权交易规则》	构建统一开放、透明高效的省级交易平台，建立健全水权交易信息系统、交易规则、风险防控机制

---

① 王俊杰，李森，高磊. 关于当前水权交易平台发展的总结与建议［J］. 水利发展研究，2017，17（11）：94-97.

（续表）

水权交易平台	成立时间	组建背景	平台功能	监管主体	治理依据	发展方向
广东省环境权益交易所	2010年6月	各类环境权益交易服务为一体的专业化市场平台，规范水权交易行为	污染物排放权交易温室气体排放权交易，节能减排和环保技术交易，节能量指标交易，环境产权交易	水行政主管部门、当地人民政府	《广东省水权交易管理试行办法》	构建成为辐射粤港澳、华南地区，面向海内外的能源与环境价值发展平台和资本运作平台，通过金融创新，提高水资源利用效率
山东省水权交易平台	2017年10月	《山东省水权交易管理实施办法（暂行）》作出了规定	努力开展多种形式的水权交易、发布信息	水行政主管部门	《山东省水权交易管理实施办法（暂行）》	发挥市场作用，实现水资源配置由政府主导向两手发力转变
宁夏回族自治区水权交易平台	2017年10月	宁夏水资源时空分布不均，年内和年际变化大，总量匮乏	水权转让、信息发布、中介服务	水行政主管部门	《宁夏回族自治区水权交易管理办法（试行）》《宁夏回族自治区水泉收储管理办法（试行）》	中介功能，促进跨区域水权交易，实现水资源高效利用
新疆玛纳斯县塔西河流域水权交易中心	2014年5月	新疆农业用水比重为95%，农户用水粗犷，资源分配不均	促进农业用水结构调整，解决工业供水不足问题，实现水资源优化配置和再分配	水行政主管部门	《玛纳斯县塔西河流域水权交易实施方案》	中介功能，促进农业高效节水转型，实现农业现代化和新型工业化
甘肃疏勒河流域水权交易平台	2014年7月	甘肃水资源短缺，国家水权交易试点地区	综合交易，提高水资源使用效率	水行政主管部门	《疏勒河流域水权交易管理暂行办法》	建立完善水权水市场监管体系和水权交易制度，撮合水权交易，全面完成水权试点工作

（四）完善水权交易平台的交易制度

各个水权交易平台会制定适用于自身的交易制度。比如中国水权交易所制定有《水权交易规则（2020年修订版）》《风险控制管理办法（试行）》《会员管理办法（试行）》《交易参与人保护及适当性管理办法（试行）》《交易资金结算管理办法（2021年修订版）》《纠纷调解办法（试行）》《突发事件处置办法（试行）》《信息公告管理办法（2020年修订版）》《公平交易保护办法（试行）》《交易参与人信息保密办法（试行）》等十项规则。其中《水权交易规则（2020年修订版）》认可公开交易、协议转让、水行政主管部门或者金融主管部门批准的其他方式三种交易方式，同时规定了三类交易形态：一是区域水权交易，以县级以上地方人民政府或者其授权的部门、单位为主体，以用水总量控制指标和江河水量分配指标范围内结余水量为标的，在位于同一流域或者位于不同流域但具备调水条件的行政区域之间开展的水权交易；二是取水权交易，获得取水权的单位或者个人（包括除城镇公共供水企业外的工业、农业、服务业取水权人），通过调整产品和产业结构、改革工艺、节水等措施节约水资源的，在取水许可有效期和取水限额内向符合条件的其他单位或者个人有偿转让相应取水权的水权交易；三是灌溉用水户水权交易，在已明确用水权益的灌溉用水户或者用水组织之间开展水权交易。① 又比如内蒙古自治区水权收储转让中心制定了《内蒙古自治区水权交易规则（试行）》《风险控制管理办法（试行）》《交易资金结算管理办法（试行）》等交易规则。其中《内蒙古自治区水权交易规则（试行）》认可公开竞价、协议转让、符合法律规定的其他方式三种交易方式，并以公开竞价为标准规定了详细交易流程。②

从水权交易市场的交易制度安排来看，关键在于充分发挥市场的作用，调动交易双方的积极性，同时控制交易风险，保护利益受影响各方的合法权益。以下是完善水权交易市场的交易制度需要关注的几个方面：

1. 交易规则

水权交易市场的交易规则需要明确以下几个方面：

① 中国水权交易所．中国水权交易所水权交易规则（2020年修订版）［EB/OL］．（2020－12－01）［2023－06－05］．http：//cwex.org.cn/2016/jygz_0621/45.html.

② 内蒙古自治区水权收储转让中心．内蒙古自治区水权交易规则（试行）［EB/OL］．（2017－11－15）［2023－06－05］．http：//www.nmgsqjyw.com/.

（1）水权交易主要类型

不同类型的水权交易中，交易的水权性质、交易价格确定、交易期限、交易方式和具体流程都存在差别。不同视角，水权交易有不同类型划分。2016 年，《水权交易管理暂行办法》从参与水权交易主体的不同，规定有三种类型的水权交易：县级以上地方人民政府或者其授权的部门、单位之间开展的区域水权交易；获得取水权的单位或者个人（包括除城镇公共供水企业外的工业、农业、服务业取水权人）之间开展的取水权交易；已明确用水权益的灌溉用水户或者用水组织之间开展的灌溉用水户水权交易。

（2）水权交易的标的物和交易双方

从我国水权交易现有实践来看，区域或流域水权交易主要是水量分配指标的交易，交易双方以地方各级人民政府或其授权部门、单位为主，特殊情况下也可以考虑允许跨区域或跨流域管理机构参与（例如水权储备由流域管理机构来完成更合适）。行业内水权交易或者跨行业水权交易，一般是取水权明确的用水指标交易，通过用水户、用水合作组织、灌区管理单位之间直接协商交易。水权回购交易，交易标的既可能是水量分配指标，也可能是取水权用水指标，由用水户、农民用水合作组织、灌区管理单位与政府授权部门开展协商。

（3）水权交易价格

水权交易价格可以自主协商定价或政府指导定价。涉及公共利益的水权交易，其价格需要实行政府指导价，例如跨区域或跨流域水量分配指标交易，以及政府出于生态环境用水所需进行水权回购，都与公共利益保护直接相关。个人、公司企业、灌溉区用水户之间的交易，一般考虑自主协商定价。但是需要注意的是，政府指导价并不排除交易双方进行价格协商，自主协商也是在总量控制、定额管理前提下，综合考虑各种定价因素后开展的协商，所以两种定价模式并没有截然的分界线。

（4）水权交易期限

从我国目前实践情况来看，水权交易期限长则 10 年或 20 年，短则 1 年左右。跨流域或跨区域水权交易、大宗水权交易一般适合采用较长交易期限，确保用水需求能够得到长期稳定保障，同时约定短期调整机制，以便交易双方规避合理的可预见风险。个人用水户，特别是农业灌溉用水户之间的交易期限一般较短，满足短期用水需求。

2. 风险管理规则

水权交易与任何市场交易一样，存在一定风险，需要通过交易市场规则提醒或约束交易双方。主要涉及的风险因素包括：（1）交易资料的真实性、完整性、有效性，特别是拟用来交易的水权的详细背景资料，以及拟建节水工程的详细资料。（2）违约风险，交易任何一方都可能出现违约情况，确立违约责任，进一步确立违约赔偿规则，可以较好地防范违约风险。例如设立保证金制度，在交易开始之前要求出让方和受让方提交保证金，出现一方违约则用保证金作为违约补偿。（3）恶意交易风险，交易一方提供虚假失实材料、交易一方内部串通或与第三人串通影响交易公平、交易一方借交易侵害另一方合法权益等情况，应建立恶意交易赔偿规则，并对涉嫌交易一方建立交易信用规则。（4）交易公示规则，除部分交易涉及保密事项无法公开外，水权交易原则上应公示，合法权益受到交易影响的第三方可以借助公示规则提出异议。（5）其他风险警示，交易系统故障、交易对生态环境可能产生重大影响等情况，水权交易市场应当主动作出风险警示。

3. 交易资金管理规则

水权交易市场涉及的交易资金包括保证金、交易价款、税费等。保证金通常用于担保水权交易的顺利进行，避免交易违约或侵权情况发生。交易价款即水权受让方向出让方支付的水权对价。税费是在交易过程中依据国家法律法规或地方政府规范性文件产生的交易成本，交易市场应在交易过程中督促税费的依法缴纳。

4. 突发事件处理规则

因发生洪水、地震等严重的自然灾害，以及其他有重大影响的安全事故或者社会安全事件，或者水权交易所计算机系统出现系统性故障，或者发生被新闻媒体和公众广泛关注的事件，影响到水权交易正常进行的，交易市场应有相应规则予以处理，防止事件扩大或带来灾难性后果。

5. 纠纷调解规则

水权交易过程中，交易双方之间产生纠纷，或者因交易涉及潜在第三方权益，第三方提出异议，交易所应制定规则，明确调解启动条件、双方参与调解的要求、调解程序以及调解结果处理等事项。

三、统一水权交易客体的法律认定

（一）修订相关法律法规统一水权交易对象

从本文第一章分析可见，"可交易水权"理应是一个重要的法律概念：在各种类型的水权中，并非所有水权都可以用于交易，可以用于交易的水权也并非全部水量均可用来交易，水权交易的对象是受到规制的。"可交易水权"在20世纪80年代被提出，是建立规范有序水交易市场的基础。

有学者按照水的功能区分，将水权分为生活水权、农业水权、生态水权和份额水权，其中：生活水权与农业水权是受限制的可交易水权，须优先满足居民生活用水、农业生产用水后，才可以进入水权交易市场；生态水权不属于可交易水权，份额水权具有完全可交易性。① 这一分类反映了不同功能的水权，其可交易性存有差异，符合可交易水权法律规制的要求，但仍需进一步具体分析。

也有学者认为，可交易水权是指权利人以开展交易并获益的水权，属于水权收益权能的重要体现，主要应包括区域可交易的水量、取用水户可交易的取水权、使用公共供水用水户可交易的水权、政府可有偿出让的水资源使用权、农村集体水权等。其中，在区域间水量交易中，交易的对象应当限定于区域在年度或一定期限内节余的水量；无偿取得的取水权，可交易水权限定于通过节水措施节余的水资源；有偿取得的取水权，可交易水权为合法取得的全部取水权；灌区内部水权交易，可交易水权为用水户的全部用水权；农业用水转向工业用水，可交易水权限于节余的水资源；城市供水管网内的水权交易，可交易水权限于节约的水资源。此外，政府回购或有偿收储的储备水权、区域预留的用水指标、区域新增用水指标也可由政府有偿出让。②

显然，可交易水权的范围界定是一个重要的法律问题。只有属于可交易范围内的水权，才能进入水权交易市场进行交易。因而，有必要考虑修订相关法律法规，使用"可交易水权"概念统一水权交易对象。可交易水权的法律规制，重心

---

① 王贵作. 水权制度框架设计构想 [J]. 中国水利, 2015（13）：11 - 12.
② 陈金木, 李晶, 王晓娟, 等. 可交易水权分析与水权交易风险防范 [J]. 中国水利, 2015（5）：9 - 12.

正在于明确哪些水权具有可交易性，为水权交易的对象划定清晰界限，具体来看可以分为水权类别限定、水权范围限定两个层次。

（二）完善可交易水权的范围

1. 限定水权类别

不可否认，水资源具有多类型用途，常见类别包括生活用水、生态环境用水、工业用水、农业用水、服务业用水、储备用水等。水资源初始分配（即水权确权）之时，用于特定用途的水资源位置和数量通常就已经确定下来。随着水权交易的开展，各类型水资源是否允许交易，就需要相应法律规则加以明确。

生活用水资源用以确保居民生活所需，具有保障基本人权的功能，因而原则上不应用于开展交易取得收益。但是根据各地生活用水实际情况不同，如果存在生活用水富余，应当允许政府或其授权机构（例如水权交易平台）回购或者回收富余部分水权，作为储备水权，留待日后使用。

生态环境用水资源用于确保生态完整、生物多样性保护、湿地保护等多方面，并无加以利用的考虑，因此与生活用水资源不同，生态环境用水资源应当禁止进入水权交易市场。

农业用水资源多用于农田灌溉，具有保障国家粮食安全的功能。但同时，我国农业灌溉正从粗放型向集约型转变，节水灌溉成为趋势，这意味着可以从制度上倒逼农业灌溉节约用水。因而，允许节约下来的农业用水资源进行水权交易，具有鼓励节约用水的作用，且不会对国家粮食安全造成负面影响。在我国水权交易实践中，农业灌溉节水转让给工业用水户，已经是常见水权交易情形，法律加以限制或禁止并无大益。只不过，立法可以鼓励政府或其授权机构回购或回收农业用水资源，与工业用水户开展竞争，让水权储备在农业用水权交易中发挥更大作用。

工业用水与服务业用水是可交易水权最主要的类型，也是法律限制最少的可交易水资源类别。同时，法律也应鼓励政府或其授权机构以水权回购方式参与交易，激励工业用水户、服务业用水户采用节水措施。

储备用水是一类特殊水权，在水权确权阶段，政府即可划出一部分水资源用于储备；在水权交易阶段，政府也可以通过回购或回收方式开展水权储备。储备水权通常用于长远考虑，为今后水资源供应提供保障。储备水权在符合法律规定

159

的特定条件下可进行再配置，即有偿出让、无偿提供给用水户，或转化为生活用水、生态环境用水。因而，储备水权应适用一套独立的法律规则，并不具有可交易性。

2. 限定水权范围

水权类别限定是可交易水权法律规制的第一层次，它根据水权类别功能，对特定类别水权能否开展交易予以限定。由于水权类别功能通常在水权确权之时已经作出划分，因而第一层次的水权类别限定伴随着水权确权结束就已经明确规则。

按照水权类别限定规则，属于特定类别的水权（或者属于特定类别且在特定情况下的水权）才被视为可交易水权。从法律规制目的来看，我们仍需要第二层次的限定，即水权范围限定，以便最终确定可交易水权的范围。水权范围限定包括以下几方面：

第一，取用水总量超过本流域或本行政区域水资源可利用量的部分水权，不属于可交易水权。总量控制是我国水资源管理的一项基本制度，水资源指标正是在总量控制这一基本要求下进行确认和分配。因而超出总量限定范围的水权，是不可交易水权。

第二，地下水限采区的地下水取水户拥有的水权，不属于可交易水权。为合理开发、有效利用和保护地下水资源，防止因地下水过度开采引发的海水入侵、岩溶塌陷等环境问题，我国对地下水资源实行禁采区、限采区划分。2021年8月，水利部启动了新一轮地下水超采区划定工作，力争用1年半的时间完成地下水超采区及地下水开发利用临界区划定，督促各省份明确地下水禁采区、限采区。如果允许地下水限采区的取水户拥有的地下水权进行交易，不利于限采区地下水资源的保护。

第三，对于限制发展特定产业的用水户，原则上不能受让其他产业用水户的水权。限制发展的特定产业可能因地而异，因此需要各地人民政府确认哪些特定产业在当地是受限发展的。

（三）完善可交易水权的形式

如前所述，可交易水权在我国实践中存在多种表现形式，以水票交易、取水许可证交易、水量分配指标交易为常见形式。我国现行法律法规对于可交易水权的形式提及其少；对水权交易实践有直接指导意义的水利部《水权交易管理暂行办法》以及各地出台的地方性法规，通常也仅仅要求符合特定条件的水权交易应通过水权交易平台进行。

我国水权交易实践已经积累丰富经验，各地水权交易平台建设也有一段时期，可以考虑在今后完善水权交易法律法规的过程中对可交易水权的形式予以完善。我国《水法》和《取水许可和水资源费征收管理条例》奠定了水资源有偿使用以及取水许可等基本制度，可交易水权的主要形式应当以取水许可证交易为主，符合特定条件的取水许可证交易明确要求通过水权交易平台进行，其他取水许可证交易可鼓励由水权交易双方直接协商进行。同时，取水许可证应当进行细化管理，明确规定取水许可证载明的水权类别、水量信息、可交易场景等详细内容。

水量分配指标交易主要发生在水权确权过程中，严格来看并不属于二级市场的水权交易，应当仅仅允许在特殊情况下（例如水权储备交易情形）才是被认可的可交易水权形式。

水票交易主要存在于灌溉用水户水权交易的情况。水票与取水许可证实际上具有同等作用，只不过在水资源行政管理实践中出于便利考虑加以区分。如果广泛采用水权电子信息登记，完全可以以电子取水许可证替代水票，从而使得两种可交易水权形式逐渐融合。

四、完善水权交易内容的相关法律制度

（一）明晰水权交易价格机制

1. 明晰影响水权交易价格的因素

水权交易价格受到多方面因素影响，其中最重要的影响因素是自然因素、社会经济因素、工程因素、水资源用途改变等。这些因素在不同程度上影响着水权交易价格的形成。

（1）自然因素

价格受到价值影响并围绕价值上下波动，物品稀缺程度越高，价格也就越高。水资源也是如此。自然界水资源存在相对稳定平衡的循环，但是人类社会发展带来越来越多的水资源需求，水资源的良性循环受到影响，水资源的稀缺性日

渐显露。此外，现代工业发展造成水资源污染，这也造成可利用水资源的短缺。这样的背景催生了《水法》《水污染防治法》等法律法规，也使得水权交易具有必要性。

（2）社会经济发展因素

第一，某个区域的社会经济发展水平越高，该区域范围内的用水户越集中，对水资源的需要也就越大，水资源质量要求也越高。第二，水资源长期以来并不被视为一种有价资源，特别是在市场经济不够成熟的阶段，水资源更是缺乏定价基础。当经济发展开始拥抱市场经济，社会发展面临转型的时候，水资源价格问题自然会显露出来。第三，社会经济发展不可避免地带来环境生态污染，污染破坏越严重，优质水资源的稀缺性越明显，水资源价值越被重视，水权价格也就越高。

（3）工程因素

从目前水权交易实践来看，新建或改造节水工程是大部分水权交易的构成环节，新建或改造节水工程的投资成本直接影响到供水成本。对于目前现有取水设施，设施的日常运营维护费用、维修改造费用都构成取水成本，从而影响水权价格。此外，供水保证率高低也会影响到取水成本，供水保证率是指预期供水量在多年供水中能够得到充分满足的年数出现的概率。为了确保较高供水保证率，取水设施需要投入更多成本费用，从而推升水权价格。

（4）水资源用途改变

水权交易可能会改变水资源用途，从而影响水权价格。农业用水通过水权交易转换为工业用水或城市用水，交易价格不尽相同，一般来说农业用水转换为工业用水的价格会较高。农业用水转换为生态用水，并不会对单个用水户产生直接经济效益，但会产生社会效益，仅仅依靠水权交易可能无法为生态用水提供充足保障，在这种情况下更多依靠经济补偿的形式，由政府对农业用水户提供补偿，从而让农业用水户有动力提供水资源转换为生态用水。

2. 完善水权交易价格的构成

水权交易价格由以下几方面构成：（1）供水成本及费用，包括水资源费、水利工程供水生产成本及费用、利润、税金、环境成本等。（2）交易费用，包括谈判费用、管理费用、签订及执行交易合同的费用、政策性费用等。（3）合理收益，水权交易过程中，水资源使用价值提升而获得的收益，比如农业用水通过交易转换为城市经营用水，这个过程中会产生一些收益。（4）第三方损害的补偿，水权交易过程中可能会对第三方的合法权益造成损害，受害方可能是个人或法人实体，也可能是生态环境。水利部 2005 年发布《关于水权转让的若干意见》要求：水权转让双方主体平等，应遵循市场交易的基本准则，合理确定双方的经济利益；因转让对第三方造成损失或影响的必须给予合理的经济补偿。

3. 完善水权交易价格形成机制

一是完善区域水权交易价格形成机制。除前文提及影响水权交易价格的常规因素，区域水权交易价格还受限于以下客观因素[①]：第一，区域水权交易发生频率并不高，通常是地方人民政府、承担公共事业职能的企业，基于区域范围内实际用水需求而开展水权交易。水权交易当事人比较明确，交易竞争者较少。第二，区域水权交易发生的场景通常是同一流域上下游地方之间，或是不同流域地方之间且具备调水条件，通过调配水量指标来达到水权交易目的。建设输水设备设施往往是区域水权交易的一项重大成本，包括工程建设费用、设施运行维护费用、设施更新改造费用、必要的经济补偿支出甚至生态补偿支出、依法负担的税费等。因而，成本考量非常重要。第三，我国现行立法鼓励区域水权交易当事人通过协商确定交易价格，水权交易实践中也是协商定价。考虑到以上因素，区域水权交易价格的形成采用"成本＋协商"机制较为稳妥。在机制设计上可遵循以下流程：（1）区域水权交易当事人达成交易初步意向；（2）向国家或地方层面的水权交易平台提出交易申请；（3）水权交易平台审查申请材料，委托专业机构对交易成本进行评估；（4）在成本评估基础上，水权交易平台组织交易当事人开展协商；（5）协商确定交易价格后，水权交易平台组织签署交易合同；（6）交易合同签署生效后，当事人办理取水许可变更手续，水权交易平台收取服务费并完成公示披露工作。

二是完善取水权交易价格形成机制。除前文提及影响水权交易价格的常规因素，取水权交易价格还受限于以下客观因素[②]：第一，取水权交易通常涉及节水

①　田贵良，伏洋成，李伟，等. 多种水权交易模式下的价格形成机制研究［J］. 价格理论与实践，2018（2）：5 - 11.

②　田贵良，伏洋成，李伟，等. 多种水权交易模式下的价格形成机制研究［J］. 价格理论与实践，2018（2）：5 - 11.

改造工程建设，因此成本因素也是重要考虑。《水权交易管理暂行办法》规定，需要根据补偿节约水资源成本、合理收益的原则，综合考虑节水投资、计量监测设施费用等因素确定交易价格。第二，取水权交易更为频繁，市场参与和竞争程度远高于区域水权交易。第三，水权交易平台在取水权交易中发挥更大作用，由于市场竞争更充分，水权交易平台可以组织买家开展竞价。考虑到以上因素，取水权交易价格的形成采用"成本＋竞价"机制较为稳妥。在机制设计上可遵循以下流程：（1）水权交易当事人分别向水权交易平台提出交易申请，潜在的水权转让人按照要求提交相关证明材料，潜在的水权受让人缴纳保证金；（2）水权交易平台审核交易申请后，将交易申请信息进行公示；（3）对于某项水权转让，如果水权受让人存在多个，水权交易平台组织进行水权转让成本评估，并组织各方在成本评估价格基础上竞价。水权交易活跃到一定程度，水权交易平台也可以考虑集中竞价、统一撮合；（4）水权交易平台组织成功竞价方与水权转让方签订交易合同；（5）交易合同签署生效后，当事人办理取水许可变更手续，水权交易平台收取服务费并完成公示披露工作。

三是完善灌溉水权交易价格形成机制。除前文提及影响水权交易价格的常规因素，取水权交易价格还受限于以下客观因素①：第一，参与灌溉水权交易的主体主要是农户或农业用水协会，水权转让方与受让方均人数众多。第二，灌溉水权交易大多是临时性、季节性用水需求，时间分布较为规律。第三，由于我国农户人均拥有土地数量不多，因此灌溉水权交易金额通常不大。考虑到以上因素，灌溉水权交易价格的形成采用"集市型"机制较为稳妥。在机制设计上可遵循以下流程：（1）潜在的水权转让人与受让人分别向水权交易平台提交申请；（2）水权交易平台审核申请并通过；（3）水权交易平台按照特定交易规则，将集市中所有灌溉用水户卖家的出价按升序排列，所有买家的出价按降序排列，依次计算集市中累积的灌溉用水买水量和卖水量，当累积水量接近，且临界线处买家出价大于卖家出价，将临界线处买卖双方，即边际卖家与边际买家出价的平均价格作为市场均衡价格；（4）撮合成交后，当事人办理取水许可变更手续，水权交易平台收取服务费并完成公示披露工作。

---

① 田贵良，伏洋成，李伟，等. 多种水权交易模式下的价格形成机制研究［J］. 价格理论与实践，2018（2）：5-11.

（二）完善水权交易程序法律制度

组成水权交易转让程序的基本环节如图 5 - 1 所示，合理规范的交易转让程序对水资源合理配置和高效利用必不可少。

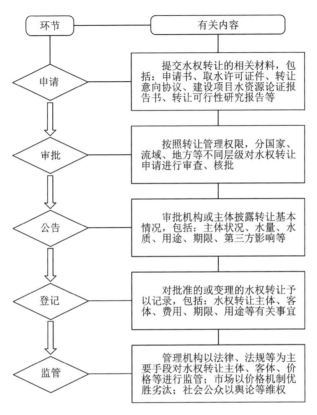

图 5 - 1　水权交易转让主要环节及内容

1. 水权交易转让申请

申请是水权交易转让的主体向水权转让管理机构表达购买或出让水权意愿的过程。水权交易转让的一般程序是由水权转让主体向水权管理机构提出申请，并提交水权转让的相关材料，如水权交易转让所在地政府的意见、证明转让合法的证件、主体间签订的意向性协议、水权转让可行性说明等相关资料，供水权交易转让管理机构审批。并不是所有的水权交易转让都需要提出申请，法律必须明确哪些水权交易转让需要提出申请经过审批的，建议在《水权交易管理条例》中予以明确规定。

在我国，颁布试行的《黄河水权转换管理实施办法》中对水权转让申请作了明确规定，即黄河水权转换双方需联合向所在省级人民政府水行政主管部门提出水权转换申请，并附具取水许可证复印件、水权转换双方签订的意向性水权转换协议、建设项目水资源论证报告书、黄河水权转换可行性研究报告、拥有初始水权的地方人民政府出具的水权转换承诺意见以及其他与水权转换有关的文件和资料。宁夏、内蒙古水权转让实践中，申请的程序为用水企业向自治区水利厅提出水权转换申请，提交水权转让相关的水资源论证报告和水权转让可行性研究报告，经自治区水利厅审批通过以后，由后者呈报给黄河水利委员会并请求批复。

在国外，水权转让主体必须事先向主管部门提出转让申请，对水权转让作出说明。如在日本，水权转让必须向河流管理者提出申请，出具水权转让的说明书，介绍工程的必要性及相关事宜；在澳大利亚，批发水权的转让必须向自然资源与环境部提出申请，灌区农户的水权转让须向负责供水的管理机构提出申请，同时由水权转让主体依据规定通过相应的媒介，如公报、报纸等对水权转让进行说明，明确转让的水权期限、方法等。①

2. 水权交易转让审批

水权交易转让审批程序是水权转让管理机构对转让申请进行受理的一系列相关步骤，这与水资源管理权限密切相关。在我国，对水资源实行流域管理与行政区域管理相结合的管理体制，水权审批根据水权转让的规模、所在流域和区域等由不同级别的政府及其水权管理机构执行，呈现出自下而上报批的特点。不同级别的审批机构在各自审批权限范围内对水权转让进行审查，依法规范水权转让主体行为的同时，受上级审批主体的间接指导和约束。我国水权转让审批程序对规范水权转让主体行为及省级水行政管理部门的审批行为起到了积极的作用，但目前我国水权转让审批程序在审批权配置、审批程序简化、审批行为监督等方面还有待完善，还存在审批环节琐碎、效率不高、透明度低等缺点。以东阳—义务水权转让为例，由于市政府以主体身份参与转让，政府与水行政主管机构之间具有行政隶属关系，这种情况显然不利于审批制度的有效实施。建议在《水权交易管理条例》的立法中对水权交易转让的审批权限和审批程序以及审批行为的监督进行规定。

在日本，水权转让的主管是河流管理者，在受理转让申请后，根据河流的级

---

① 李晶. 中国水权 [M]. 北京：知识产权出版社，2008：136.

别和转让的用途，会同有关部门或地方政府的机构协商，最终决定是否批准水权转让。在澳大利亚，自然资源和环境部和供水管理机构分别负责审查批发水权和灌区农户水权的转让，前者通常还成立调查组负责审查并提供意见或建议作为决策参考，水权的永久转让通常要征得转让方土地上享有权益者的同意。在决定是否批准水权转让时，通常将水量与水质、对排水系统和环境的影响、已被授权的水量、水的用途、潜在申请者的需求等作为主要考虑因素。①

3. 水权交易转让公告

水权交易转让公告是加强水权转让管理的重要内容和依据，是由水权转让管理机构或转让主体等对水权转让事宜进行披露，为公众提供信息的必要环节。在国外，信息披露制度在推动水权转让方面发挥了重要作用。美国、澳大利亚等发达国家借助信息技术的快速发展，通过网络进行水权转让及其相关信息的披露，不但水权转让管理机构和转让主体能随时在网上发布水权状况、转让内容、影响评估等信息，而且广大相关利益者也能通过网络来表达自己的意志，影响水权转让的进行。高透明度的转让信息不但减少了搜寻交易对象、核实水权状况等相关交易成本，而且为相关利益者维护自身合法利益提供了依据，极大地提高了水权转让的效率。

目前，我国水权转让的信息披露多是在水权交易所平台发布。在大数据时代，首先要明确公告是水权转让程序的一个环节，规定公告时间，相关利益方可以在这个公告时间内提出异议，由审批机关进行审查；其次，明确公告的形式，水权交易转让管理机构应采取通知、布告等正规形式，增强权威性和可信度，水权转让主体对转让信息的披露则可以通过报刊、广播、网络等多渠道进行。

4. 水权交易转让登记

水权交易转让登记是加强水权转让管理的重要内容和依据。通常由水权管理机构及其指定单位，对批准的或变更的水权转让予以登记，记录水权转让主体、客体、费用、期限、用途等水权转让事宜，为实施总量控制和水权的再分配提供基础和依据，是防止水权转让超出水资源承载力的必要环节之一。

我国实行取水许可制度，水权转让要在取水许可水总量的约束下进行。为了确保水权转让在取水许可的限度之内，同时便于水行政主管机关将水权转让状况

---

① 李晶. 中国水权［M］. 北京：知识产权出版社，2008：137.

与取水许可核实，避免水权转让主体超出许可范围进行"无权转让"或"越权转让"，水权转让登记在转让申请获得批准后进行，由转让双方持取水许可证和水权转让合同到水权登记机关办理水权转让登记。登记机关就水权转让涉及的取水许可证的取水人、取水量、取水时间、用水目的等进行记录，并及时对水权转移、变更的信息进行汇总和动态更新，以便为规范水权转让主体行为提供重要依据。

5. 水权交易转让监管

水权交易转让监管是规范水权转让主体行为的必要条件，是水权转让管理机构规范和约束不符合要求的水权转让行为，确保水权转让有序、高效进行的过程。由水权转让管理机构及特定的单位对水权转让过程及随后的实施过程进行监督和管理，确保转让主体按照审批核定的内容实施水权转让，积极向社会提供信息，引入社会监督，加强对水权转让的法律引导、服务，维护公共利益和第三方利益，保护水生态和水环境，为国家及时进行宏观调控提供支撑，确保水权转让实现水资源合理配置和高效利用。

水权转让管理机构进行水市场监管，形式上可由水行政主管部门，如水利部及地方水行政主管机关、流域管理机构等来承担，实施水权交易转让的监管职能。监管的目标是在最大化水权转让主体利益过程中实现低效用水向高效用水的转移，提高水资源利用效率，同时将水权转让的生态和环境影响以及对第三方的影响控制在最小范围内，为此需要对水权转让主体、转让数量和转让价格三个方面进行监管。这也是水权交易程序中的重要环节，需要在相应的法律法规中予以明确。

（三）建立水权储备法律制度

1. 法律上明确水权储备制度的地位

当前我国立法和水权改革实践零散地涉及水权储备，但主要关注水权回购；系统性梳理和规范水权储备制度仍有待时日。正如前文所分析，水权储备是水权交易的必要补充，对于推动再生水资源回收利用大有裨益。

利益平衡原理要求水权交易制度设计更着眼于长远，着眼于生态利益和人民生活基本需求的保障，水权储备制度正好可以发挥其优势。以利益平衡原理为指导，完善我国水权储备的立法与实践可以考虑：

第一，将水权储备作为水权交易里一项重要制度安排，通过立法或规范性文件对水权储备的实施主体、实施条件、储备水权来源、储备水权再配置方式等重点环节加以规定，特别是涉及当地人民生活用水、生态保护用水等水权储备能够发挥重大功能的领域。

第二，储备水权的再配置是水资源分配的重大调整，作为战略储备的水资源有偿和竞争性配置很可能是我国各级人民政府解决未来新增用水需求探索的新方向。

第三，储备水权的根本目的着眼于长远，制度建立初期应考虑多源头进行水权收储，严格控制储备水权的再配置，否则水权储备就沦为一纸空谈。

2. 完善水权储备方式的地方性立法

建立水权储备的法律制度，可以考虑通过修订地方性立法来进行。法律、行政法规对于水权储备设定原则性规定，地方性立法在此基础上进一步完善，既能促进水权储备法律制度的整体协调，也能兼顾各地水权储备的实际情况。地方性立法修订水权储备内容，须特别关注储备水权来源、储备水权的再配置模式这两方面内容。

（1）完善储备水权的来源

一是政府预留。这是储备水权最常规的来源。在水权确权登记过程中，流域各地政府基于当地人民基本生活需要、当地农业工业和服务业发展需要、当地各产业未来发展需要、当地重大工程项目建设需要以及当地社会应急需要，预留部分储备水权，以备日后所需。政府预留水权，一定程度上可以策略性地倒逼当地节约用水：预留水权越多，当地社会实际使用的水权就相应减少，各行各业都会尽力考虑节省水资源的方式。对于水权储备而言，政府预留水权具有很强的可行性和操作性，也是我国各地政府和水资源管理机构经常采用的管理手段。

二是市场回购。如前文所述，国家和地方层面上与水权储备相近的实践及立法基本围绕水权市场回购展开，也就是由政府或水权交易平台通过水权交易市场购买节余出来的水权，并纳入政府储备水权范畴。市场回购实际上是一类特殊的水权交易，水权受让方并不是出于使用水权目的来参与水权交易，而是储备水权目的。

三是政府回收。政府回收水权可以有多种形式，比如将已经分配到用水户但并未实际使用的闲散水权进行回收，或是通过投资节水改造工程将节约下来的水权回收。在政府回收过程中，根据回收背景情况可以采取协商、行政命令、合同约定等多种形式来操作，无一定之规。与政府预留主要发生在水权一级市场不同，政府回收与市场回购均是发生在水权二级市场，但市场回购是按照市场价格有偿回收水权，政府回收则是以无偿方式进行。

（2）明晰储备水权的再配置模式

一是无偿配置模式。储备水权可以无偿进行再配置，由实施水权储备的政府机构将水权无偿配置给有需求的用水户（包括下属政府机构）。进行无偿配置模式的储备水权，通常来自政府预留水权或者政府回收水权。储备水权的无偿配置需要满足特定严格条件，配置对象应该优先考虑社会环境效益较高的重大民生工程或者对促进产业结构升级具有突出作用的项目，以保障储备水权发挥保障社会可持续发展和促进产业结构调整的作用；同时，需要考虑社会弱势群体（包括经济相对落后地区和政府扶持产业）对储备水权的需求。[1]

二是有偿配置模式。通过市场回购而储备的水权，可以有偿进行再配置；政府回收的水权，也可以考虑通过有偿方式进行配置，以便让价格在资源配置中发挥作用。有偿配置模式的核心要素是水权价格的确定，价格应该不低于市场回收成本或节水改造工程投资成本以及其他中间环节产生的费用。[2] 有偿配置模式应当主要用于重大工业或建设项目，保障社会经济持续发展对水资源利用的合理需求。

三是竞争性配置模式。储备水权进行无偿或有偿再配置，可能会遇到更为复杂的情况，水权配置需求具有竞争性，即水权可以按照多条途径进行配置，立法有必要考虑对此设置竞争性条件，以使水资源留给最有效率的用水户。竞争性配置模式下，政府配置储备水权时，除了考虑价格因素以外，还需要综合考虑产业政策、用水水平和水资源保护等因素，确定最具竞争力的一方或若干方获取政府储备水权，以促进整个辖区内水资源的高效配置、保护和促进社会经济的可持续

---

① 周晔，陈艳萍，吴凤平. 初始水权分配中的弱势群体初步评价 [J]. 水资源保护，2011，27（2）：75-79.

② 周进梅，吴凤平，南水北调东线工程水期权交易及其定价模型 [J]. 水资源保护，2014，30（5）：91-94.

发展，以保障有限的资源发挥最佳的作用和能效。①

（四）建立大数据时代的合理高效水权交易监管制度

1. 区分不同水权交易类型进行重点监管

针对不同水权交易类型，监管重点各有侧重。对行业内的水权交易监管重点是建立节约水量评估认定机制，评估确认通过采取节水措施节约的水资源，确保出让方以节约的水资源为标的开展水权交易。对跨行业的水权交易监管重点是建立节约水量评估认定机制，评估确认通过采取节水措施节约的水资源，确保出让方以节约的水资源为标的开展水权交易，坚决防止出现农业用水无序向行业外交易，损害农业和农民的灌溉用水权益。对政府回购生态环境用水的水权交易监管重点包括转让方和受让方两方面。对转让方监管的重点是建立节约水量评估认定机制，评估确认通过采取节水措施节约的水资源，确保出让方以节约的水资源为标的开展水权交易。对受让方监管的重点是通过水权交易获得的水权指标，应当全部用于生态环境用水，不得用于留存或其他用途。

2. 加强水权交易市场监管

水权交易市场监管制度包含两个层面的含义：第一，水权转让管理机构对水权转让秩序进行维护，发挥政府在水权转让市场中的应有作用，更多地以完善的法律和规章制度为手段，确保水权转让的良性运转。对于水权转让中的主体进入与退出、可能产生的垄断行为、主体间的竞争行为等在制度上进行规范，为水权转让主体对自身行为提供合理的预期，使其能够按照合乎水权转让高效运作的要求，弥补水市场失灵。第二，在水权转让条件成熟的市场上，对水权转让主体行为监管的权限，更多地由市场来调节发挥价格机制在水权转让中的引导作用，让水权转让主体根据转让价格信号，在自身利益最大化的驱动下，自主决定转让与否和选择转让对象，淘汰违背价格规律的行为主体，让水权流向水资源利用效率更高的受让方。

具体来说，水权交易市场监管包含三个方面的监管：

一是对水权转让主体的监管，即对转让主体的资格和行为进行管理。确认水权转让双方是否有权进行转让，包括卖方拥有水权的数量、买方的身份鉴定等；

---

① 黄本胜，洪昌红，邱静，等. 广东省水权交易制度研究与设计 [J]. 中国水利，2014 (20)：7 - 10.

确认水权转让行为的合法性，比如水权转让主体是否按照法定程序形式转让、是否遵守诚实信用等。

二是对转让数量的监管。针对水权转让过程中可能出现的人为垄断，防止垄断导致转让效率低下，确保水权转让的秩序和效率，对水权交易的数量比例和用途进行监管，避免水权过分集中到少数人手中。监管机构有必要采取包括行政指导、经济激励与约束法律规制的手段，防止类似情况发生。

三是对水权价格的监管。这方面监管以水权交易市场能够正常运转为主，监管主要起到价格微调的作用，防止水权转让过程中可能出现的垄断高价或低价，以及由此引起的水权配置不当和水资源利用效率低下的情况发生。

3. 完善对水权交易平台的监督管理

水权交易市场为水权交易提供场所和平台，直接参与水权交易的风险管控、公示公信、政策研究，为交易双方提供咨询、交易价格测定等服务，为潜在纠纷提供调解、裁判。从其平台功能、参与功能、中介功能、裁判功能来看，交易市场都需要一定的监督管理，确保各方面功能的公正性与公平性。

我国水利部在财务司设立了水权监管办公室，负责加强水权交易工作的组织领导和监督管理，其职责包括对中国水权交易所在内的水权交易平台的建设、运营等开展行业指导和监管。设立省级水权交易平台的情况下，一般由省级人民政府水行政主管部门负责本行政区域内水权交易管理，其中应当包括水权交易市场的管理，例如《内蒙古自治区水权交易管理办法》（内政办发〔2017〕16号）规定由自治区水行政主管部门负责全区水权交易的监督管理。

2011年、2012年我国曾对各类交易场所开展清理整顿行动①，但并未涉及水权交易场所的管理，如果综合性的水权交易平台（例如广东省环境权益交易所）有部分业务属于类证券，属于清理整顿范围，那么水权交易平台需要受到"清理整顿各类交易场所部际联席会议"的监管。

---

① 2011年《关于清理整顿各类交易场所切实防范金融风险的决定》（国发〔2011〕38号）以及2012年《关于清理整顿各类交易场所的实施意见》（国办发〔2012〕37号）建立由证监会牵头、有关部门参加的"清理整顿各类交易场所部际联席会议"，并要求除依法设立的证券交易所或国务院批准的从事金融产品交易的交易场所外，任何交易场所均不得将任何权益拆分为均等，并要求除依法设立的证券交易所或国务院批准的从事金融产品交易的交易场所外，任何交易场所均不得将任何权益拆分为均等份额公开发行，不得采取集中竞价、做市商等集中交易方式进行交易，不得将权益按照标准化交易单位持续挂牌交易。

可见，我国目前对水权交易市场的监管尚处于分散监管的阶段，水权交易市场出现的时间相对较晚，水权交易仍在试点推进，监管尚未形成统一。水权交易市场的监管，重点在于维护公开、公平、公正的市场交易机制，监管内容仍有待交易实践发展。

4. 建立基于区块链技术的全面监管体系

区块链技术可以推动水权交易监管系统向多方参与者间协作共享的方向发展，在安全、信任、效率、应用拓展等多方面提升性能水平，具有重要的意义。如图 5 - 2 所示，交易所、政府机构、部分交易用户、地方水权交易/收储转让中心、金融机构、投资者、会员单位、参与数据共享的其他信息系统等可通过注册成为链上节点，所有节点共同工作以实现整个水权交易整体利益最大化。如图 5 - 3 所示，通过这套系统，形成水权确权、水权交易、全流程监管、在线结算、数据集成、信用评价反馈的可持续循环水权流转体系，不但可以实现全过程的监管，还能够推动水权交易的发展。①

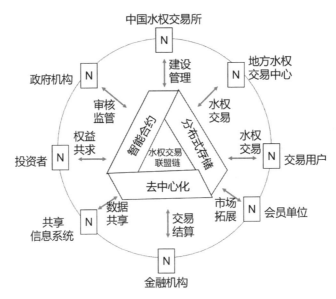

图 5 - 2　水权交易系统联盟链结构

---

① 刘云杰，刘睿，邓延利，等．区块链技术在国家水权交易系统中的应用［J］．水利经济，2020，38（4）：55 - 59．

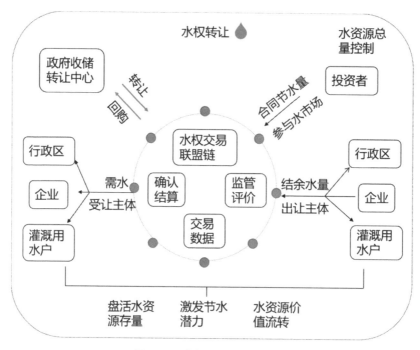

图 5-3　水权通过联盟链流转

（五）确立第三方保护及补偿法律制度

第三方保护及补偿制度，在一定原则下对因水权转让而受到损害的相关利益者进行补偿的制度安排。可持续的水权转让有赖于对转让利益的合理分配，使水权转让相关各方的合法权益得到保障。水权转让不同于一般商品转让，因为水权转让可能会涉及众多第三方利益，那么对其中利益受损者必须加以补偿。补偿的目的在于维护水权转让各方的合法权益，因此应遵循谁受益谁补偿、平等协商、有效执行、信息透明等主要原则。立足于我国实际并借鉴国外经验，可以从以下几个方面来构建和完善第三方保护及补偿制度：

1. 建立利益补偿责任认定制度

责任认定就是由水权转让管理机构、司法机关或经授权的专业法人机构等，按照谁受益、谁补偿的原则，遵循法定或约定的程序，确定补偿者和相应的受偿者。水权转让过程中损害制造者与补偿者可能不一致，此时还应根据一定的规则区分补偿者和利益损害制造者。水权转让主体之间发生利益损害关系时，应基于转让协议的规定进行责任认定。

2. 完善补偿标准和程序

依法制定并公开水权转让的利益补偿标准和程序，对转让相关各方平等协商补偿的形式进行确认并提供便利。确立法定补偿标准和程序以及商定达成的补偿协议的权威性和约束力，引导利益补偿相关各方依照标准和程序行事，提高补偿的效率和效益。

3. 制定多种利益补偿方式

根据水权转让可能造成损害的不同类型，分别制定多种补偿方式作为补偿者的选择参考。比如水权转让对河流自身生态环境造成损害的，可以由受益方进行生态补偿或进行生态环境修复。又比如水权转让危害到后代人利益时，出于公平和可持续发展的考虑，应进行跨时期的补偿，由国家或其他合法的主体以代理人的形式主张补偿利益。

4. 加强水权转让的公共利益保护

水资源不仅被人们所利用，更为人们提供景观娱乐、生物多样性等公共性服务，当这些公共性服务中的受益主体因为水权转让遭受损害时，在受损者较多的情况下，由国家或适当的机构作为公共利益的代表，要求补偿者通过进行生态修复、替代工程建设等多种手段作出补偿安排，从而维护公众享有的公共利益。严格利益补偿制度的执行补偿责任，明确相关主体就补偿达成一致后，应授权相关机构制定相应的实施规则，对补偿的执行过程进行监督，对补偿执行过程中遇到违约争端等问题提供协调、仲裁、司法等多种解决机制或途径。

参考文献

一、中文著作

［1］张文显．法理学（第三版）［M］．北京：高等教育出版社，2007.

［2］吕忠梅．环境法新视野（第三版）［M］．北京：中国政法大学出版社，2019.

［3］周珂，莫菲，徐雅，等．环境法（第六版）［M］．北京：中国人民大学出版社，2021.

［4］陈慈阳．环境法总论（2003年修订版）［M］．北京：中国政法大学出版社，2003.

［5］卢斌．当代中国社会各利益群体分析［M］．北京：中国经济出版社，2006.

［6］王伟光．利益论［M］．北京：人民出版社，2001.

［7］张明楷．法益初论（2003年修订版）［M］．北京：中国政法大学出版社，2003.

［8］罗豪才．现代行政法的平衡理论［M］．北京：北京大学出版社，1997.

［9］谢炜．中国公共政策执行中的利益关系研究［M］．上海：学林出版社，2009.

［10］涂晓芳．政府利益论——从转轨时期地方政府的视角［M］．北京：北京大学出版社，北京航空航天大学出版社，2008.

［11］李爱年．生态效益补偿法律制度研究［M］．北京：中国法制出版社，2008.

［12］赵俊．环境公共权力论［M］．北京：法律出版社，2009.

［13］ 蓝虹．环境产权经济学［M］．北京：中国人民大学出版社，2005．

［14］ 汪劲．环境法律的解释：问题与方法［M］．北京：人民法院出版社，
2006．

［15］ 叶俊荣．环境政策与法律［M］．北京：中国政法大学出版社，2003．

［16］ 王玉庆．环境经济学［M］．北京：中国环境科学出版社，2002．

［17］ 严善法，刘会齐．环境利益论［M］．上海：复旦大学出版社，2010．

［18］ 胡静．环境法的正当性与制度选择［M］．北京：知识产权出版社，2009．

［19］ 白志鹏，王珺，游燕，等．环境风险评价［M］．北京：高等教育出版社，
2009．

［20］ 佘正荣．中国生态伦理传统的诠释与重建［M］．北京：人民出版社，
2002．

［21］ 江平，米健．罗马法基础［M］．北京：中国政法大学出版社，1991．

［22］ 陈新民．德国公法学基础理论（上册）［M］．济南：山东人民出版社，
2001．

［23］ 陈新民．德国公法学基础理论（下册）［M］．济南：山东人民出版社，
2001．

［24］ 石佑启．私有财产权公法保护研究［M］．北京：北京大学出版社，2007．

［25］ 沈岿．平衡论：一种行政法认识模式［M］．北京：北京大学出版社，
1999．

［26］ 钭晓东．论环境法功能之进化［M］．北京：科学出版社，2008．

［27］ 梁慧星．裁判的方法［M］．北京：法律出版社，2003．

［28］ 崔建远．准物权研究［M］．北京：法律出版社，2003．

［29］ 梁慧星，陈华彬．物权法（第四版）［M］．北京：法律出版社，2007．

［30］ 谢在全．民法物权论（上、下册）［M］．北京：中国政法大学出版社，
1999．

［31］ 史尚宽．物权法论［M］．北京：中国政法大学出版社，2000．

［32］ 郑玉波．民法总则［M］．北京：中国政法大学出版社，2003．

［33］ 王泽鉴．民法物权：通则·所有权［M］．北京：中国政法大学出版社，
2001．

［34］ 杨立新．共有权理论与适用［M］．北京：法律出版社，2007．

[35] 孙宪忠. 德国当代物权法 [M]. 北京：法律出版社，1997.

[36] 马俊驹，陈本寒. 物权法 [M]. 上海：复旦大学出版社，2007.

[37] 李晶，宋守度，姜斌，等. 水权与水价——国外经验研究与中国改革方向探讨 [M]. 北京：中国发展出版社，2003.

[38] 雒文生，李怀恩. 水环境保护 [M]. 北京：中国水利水电出版社，2009.

[39] 佟柔. 论国家所有权 [C]. 北京：中国政法大学出版社，1987.

[40] 周枬. 罗马法原理 [M]. 北京：商务印书馆，1996.

[41] 郑云瑞. 民法物权论 [M]. 北京：北京大学出版社，2006.

[42] 张俊浩. 民法学原理（上册）[M]. 北京：中国政法大学出版社，2000.

[43] 王亚华. 水权解释 [M]. 上海：三联书店，上海人民出版社，2005.

[44] 黄建初. 中华人民共和国水法释义 [M]. 北京：法律出版社，2003.

[45] 裴丽萍. 可交易水权研究 [M]. 北京：中国社会科学出版社，2008.

[46] 徐国栋. 罗马私法要论——文本与分析 [M]. 北京：科学出版社，2007.

[47] 尹田. 法国物权法 [M]. 北京：法律出版社，2009.

[48] 王轶. 物权变动论 [M]. 北京：中国人民大学出版社，2001.

[49] 曹康泰. 中华人民共和国水法导读 [M]. 北京：中国法制出版社，2003.

[50] 袁弘任，吴国平. 水资源保护及其立法 [M]. 北京：中国水利水电出版社，2002.

[51] 余元玲. 水资源保护法律制度研究 [M]. 北京：光明日报出版社，2010.

[52] 赵宝璋. 水资源管理 [M]. 北京：水利水电出版社，1994.

[53] 韩洪建. 水法学基础 [M]. 北京：中国水利水电出版社，2004.

[54] 章铮. 环境与自然资源经济学 [M]. 北京：高等教育出版社，2008.

[55] 李晶. 水权与水价：国外经验研究与中国改革方向探讨 [M]. 北京：中国发展出版社，2003.

[56] 徐晋涛. 水资源与水权问题经济分析 [M]. 北京：中国社会科学出版社，2020.

[57] 张建斌，刘清华. 内蒙古沿黄地区水权交易的规制研究 [M]. 北京：经济科学出版社，2019.

[58] 鲁冰清. 生态文明视野下我国水权制度的反思与重构 [M]. 北京：中国社会科学出版社，2019.

［59］ 单平基．私法视野下的水权配置研究［M］．南京：东南大学出版社，2019.

［60］ 王丙毅．水权界定、水价体系与中国水市场监管模式研究［M］．北京：经济科学出版社，2019.

［61］ 龚春霞．水权制度研究——以水权权属关系为中心［M］．武汉：湖北人民出版社，2019.

［62］ 姚傑宝，董增川，田凯．流域水权制度研究［M］．郑州：黄河水利出版社，2008.

［63］ 刘刚，高磊．水权交易实践与研究［M］．北京：中国水利水电出版社，2017.

［64］ 巧玲．水权结构与可持续发展：以黄河为例透视中国的水资源治理模式［M］．上海：世界图书出版公司，2014.

［65］ 韩锦锦．水权交易的第三方效应研究［M］．北京：中国经济出版社，2017.

［66］ 才惠莲．我国跨流域调水水权管理准市场模式研究［M］．北京：中国地质大学出版社有限责任公司，2013.

［67］ 郑国权，秦蓓蕾，赖国友．基于水权交易的广东省东江流域生态补偿机制研究［M］．兰州：兰州出版社，2020.

［68］ 刘世庆，巨栋，刘立彬，等．中国水权制度建设考察报告［M］．北京：社会科学文献出版社，2016.

［69］ 王小军．美国水权制度研究［M］．北京：中国社会科学出版社，2011.

［70］ 孙媛媛．中国水权制度改革路径选择［M］．北京：经济科学出版社，2019.

［71］ 王晓东，刘文，黄河．中国水权制度研究［M］．郑州：黄河水利出版社，2007.

［72］ 郭莉．生态文明背景下农业水权法律保障研究［M］．北京：中国矿业大学出版社，2017.

［73］ 柳长顺．西北内陆河水权交易制度研究［M］．北京：中国水利水电出版社，2016.

［74］ 钟玉秀．灌区水权流转制度建设与管理模式研究：以宁夏中部干旱带扬黄

灌区与补灌区为例［M］. 北京：中国水利水电出版社，2016.

［75］许长新. 区域水权论［M］. 中国水利水电出版社，2011.

［76］贾绍凤，曹月，燕华云. 中国水权进行时——格里木案例研究［M］. 中国水利水电出版社，2012.

［77］单平基. 水资源危机的私法应对［M］. 法律出版社，2012.

二、中译本著作

［1］［日］黑川哲志. 环境行政的法理与方法［M］. 肖军，译. 北京：中国法制出版社，2008.

［2］［美］罗斯科·庞德. 法理学（第三卷）［M］. 廖德宇，译. 北京：法律出版社，2007.

［3］［美］博登海默. 法理学——法律哲学与法律方法［M］. 邓正来，译. 北京：中国政法大学出版社，1999.

［4］［日］宫本宪一. 环境经济学［M］. 朴玉，译. 北京：生活·读书·新知三联书店，2004.

［5］［美］科斯. 财产权利和制度变迁［M］. 胡庄君等，译. 上海：上海人民出版社，1994.

［6］［德］卡尔·拉伦茨. 法学方法论［M］. 陈爱峨，译. 北京：商务印书馆，2003.

［7］［美］波斯纳. 法理学问题［M］. 苏力，译. 北京：中国政法大学出版社，2002.

［8］［法］路易·若斯兰. 权利相对论［M］. 王伯琦，译. 北京：中国法制出版社，2006。

［9］［美］罗斯科·庞德. 通过法律的社会控制［M］. 沈宗灵，译. 北京：商务印书馆，1984.

［10］［德］乌尔里希·贝克. 风险社会［M］. 何博闻，译. 北京：译林出版社，2004.

［11］［英］卡罗尔·哈洛，理查德·罗林斯. 法律与行政（上卷）［M］. 杨伟东，等，译. 北京：商务印书馆，2004.

［12］［美］弗里德曼. 法律制度［M］. 李琼英，林欣，译. 北京：中国政法大

学出版社，2004.

［13］［美］理查德·A·波斯纳. 法律的经济分析［M］. 蒋兆康，译. 北京：中国大百科全书出版社，1997.

［14］［美］保罗·R. 伯特尼，罗伯特.N. 史蒂文斯. 环境保护的公共政策［M］. 穆贤清，方志伟，译. 上海：上海人民出版社，2004.

［15］［美］凯斯.R. 孙斯坦. 风险与理性——安全、法律及环境［M］. 师帅，译. 北京：中国政法大学出版社，2003.

三、外文原著

［1］LICHFIELD N. Community impact evaluation.［M］. London：UCL Press，1996.

［2］LU F. Environmental justice analysis：theories，methods and practice［M］. Houston：Lewis Publishers，2001.

［3］DOBSON A. Justice and the environment［M］. London：Oxford University Press，1998.

［4］CARROLL A B. The pyramid of corporate social responsibility：toward the moral management of organizational stakeholders［M］. New York：Business Horizons，1991.

［5］GETZLER J. A history of water rights at common law［M］. London：Oxford University Press，2004.

［6］HODGSON S. Modern water rights theory and practice［M］. Rome：Food and Agriculture Organization of the United Nations，2006.

［7］BOELENS R，HOOGENDAM P. Water rights and empowerment［M］. The Netherland：Koninklijke Van Gorcum，2002.

［8］HU D S. Water rights：an international and comparative study［M］. London：IWA Publishing，2006.

［9］PHARE M S. Denying the source：the crisis of first nations water rights［M］. Custer，WA：Rocky Mountain Books，2009.

［10］PERRY C J，ROCK M，SECKLER D. Water as an economics good：a solution，or a problem［M］. Research Report14，Sri Lanka：International Irrigation Management Institute，1997.

［11］ HOLDEN P，THOBANI M. Tradable water rights—A property rights approach to resolving water shortages and promoting investment ［M］. World Bank：1999.

［12］ OSTROM V，OSTROM E. Legal and political conditions of water resources development ［M］. Land Economics，1972.

［13］ RUSSELL J. Water resources development ［M］. John Wiley&Sons，Ine. 1984.

四、期刊

［1］ 陈艳萍，朱瑾. 基于水费承受能力的水权交易价格管制区间——以灌溉用水户水权交易为例 ［J］. 资源科学，2021，43（8）：1638－1648.

［2］ 刘悦忆，郑航，赵建世，万文华. 中国水权交易研究进展综述 ［J］. 水利水电技术（中英文），2021，52（8）：76－90.

［3］ 张舒. 取水权优先效力规则研究 ［J］. 中国地质大学学报（社会科学版），2021，21（3）：76－89.

［4］ 沈茂英. 长江上游农业水权制度现状与面临困境研究——以四川省为例 ［J］. 农村经济，2021（3）：9－17.

［5］ 张丹，刘姝芳，王寅，等. 基于用户满意度的农户水权分配研究 ［J］. 节水灌溉，2020（9）：8－11.

［6］ 刘妍. 水利法治建设的途径与效用——评《水权改革与水利法治之思》［J］. 水利水电技术，2020，51（1）：217.

［7］ 沈大军，阿丽古娜，陈琛. 黄河流域水权制度的问题、挑战和对策 ［J］. 资源科学，2020，42（1）：46－56.

［8］ 黄萍. 大保护背景下的长江水权问题探讨 ［J］. 南京工业大学学报（社会科学版），2019，18（6）：1－10，111.

［9］ 梁忠. 新中国成立70年来中国水权制度建设的回顾与展望 ［J］. 中国矿业大学学报（社会科学版），2019，21（5）：68－81.

［10］ 张建斌，李梦莹，朱雪敏. "以质易量"：水权交易改革的新维度——逻辑缘起、要件阐释、现实条件与制度保障 ［J］. 西部论坛，2019，29（5）：93－100.

[11] 洪昌红，黄本胜，邱静，等．我国储备水权的作用与配置模式［J］．水资源保护，2019，35（3）：44－47.

[12] 王志坚．水安全、水权与水管理——首届"国际水权论坛"综述［J］．河海大学学报（哲学社会科学版），2019，21（2）：2，109.

[13] 马素英，孙梅英，付银环，等．河北省水权确权方法研究与实践探索［J］．南水北调与水利科技，2019，17（4）：94－103.

[14] 倪津津，袁汝华，吴凤平．水权交易价格设计与方法研究——基于内蒙古盟市间水权交易的应用分析［J］．价格理论与实践，2019（3）：55－59.

[15] 郑航，刘悦忆，冯景泽，等．流域水权制度体系框架及其在东江的分析应用［J］．水利水电技术，2019，50（10）：60－67.

[16] 史煜娟．西北民族地区水权交易制度构建研究——以临夏回族自治州为例［J］．西北师大学报（社会科学版），2019，56（2）：140－144.

[17] 王慧．水权交易的理论重塑与规则重构［J］．苏州大学学报（哲学社会科学版），2018，39（6）：73－84.

[18] 詹同涛，李瑞杰，焦军．淮河流域初始水权分配实践研究［J］．水利水电技术，2018，49（9）：64－70.

[19] 孟涛．论我国水资源私法保护的强化与完善——以取水权的保护为视角［J］．湖北社会科学，2018（5）：114－121.

[20] 田贵良．国家试点省（区）水权改革经验比较与推进对策［J］．环境保护，2018，46（13）：28－35.

[21] 吴凤平，于倩雯，沈俊源，等．基于市场导向的水权交易价格形成机制理论框架研究［J］．中国人口·资源与环境，2018，28（7）：17－25.

[22] 田贵良，伏洋成，李伟，等．多种水权交易模式下的价格形成机制研究［J］．价格理论与实践，2018（2）：5－11.

[23] 王寅，刘云杰，徐梓曜．澳大利亚维多利亚州水权制度经验借鉴［J］．人民黄河，2018，40（5）：54－57.

[24] 崔晶．水资源跨域治理中的多元主体关系研究——基于微山湖水域划分和山西通利渠水权之争的案例分析［J］．华中师范大学学报（人文社会科学版），2018，57（2）：1－8.

[25] 郭晖，陈向东，刘钢．南水北调中线工程水权交易实践探析［J］．南水北

调与水利科技，2018，16（3）：175－182.

[26] 潘海英，叶晓丹. 水权市场建设的政府作为：一个总体框架［J］. 改革，2018（1）：95－105.

[27] 吴丹，马超. 基于水权初始配置的区域利益博弈与优化模型［J］. 人民黄河，2018，40（1）：40－45，55.

[28] 刘芳，苗旺，孙悦. 转型期水权管理的进展研判及改革路径研究——以山东省为例［J］. 吉首大学学报（社会科学版），2018，39（1）：95－103.

[29] 王军权，蓝楠. 信托制度在水权出让环节的作用研究［J］. 中国地质大学学报（社会科学版），2017，17（5）：64－71.

[30] 伏绍宏，张义佼. 对我国水权交易机制的思考［J］. 社会科学研究，2017（5）：96－102.

[31] 周堚，李洪任. 南方丰水地区水权交易制度体系构建——以江西省为例［J］. 人民长江，2017，48（14）：37－40.

[32] 许波刘，肖开提·阿不都热依木，董增川，等. 大型灌区水权市场建立的探讨［J］. 水力发电，2017，43（7）：100－103.

[33] 王亚华，舒全峰，吴佳喆. 水权市场研究述评与中国特色水权市场研究展望［J］. 中国人口·资源与环境，2017，27（6）：87－100.

[34] 严予若，万晓莉，伍骏骞，等. 美国的水权体系：原则、调适及中国借鉴［J］. 中国人口·资源与环境，2017，27（6）：101－109.

[35] 黄涛珍，张忠. 水权交易的第三方效应及对策研究——以东阳义乌水权交易为例［J］. 中国农村水利水电，2017（4）：129－132，136.

[36] 付实. 国际水权制度总结及对我国的借鉴［J］. 农村经济，2017（1）：124－128.

[37] 刘世庆，巨栋，林睿. 跨流域水权交易实践与水权制度创新——化解黄河上游缺水问题的新思路［J］. 宁夏社会科学，2016（6）：99－103.

[38] 刘世庆，巨栋，林睿. 上下游水权交易及初始水权改革思考［J］. 当代经济管理，2016，38（11）：71－75.

[39] 孙媛媛，贾绍凤. 水权赋权依据与水权分类［J］. 资源科学，2016，38（10）：1893－1900.

[40] 田贵良，杜梦娇，蒋咏. 水权交易机制探究［J］. 水资源保护，2016，32

(5)：29－33，52.

[41] 王灵波．论公共信托理论与水权制度的冲突平衡——从莫诺湖案考察 [J]．中国地质大学学报（社会科学版），2016，16（3）：43－51.

[42] 刘世庆，郭时君，林睿，等．中国水权制度特点及水权改革探索 [J]．工程研究－跨学科视野中的工程，2016，8（1）：12－22.

[43] 林凌，巨栋，刘世庆．上下游水资源管理与水权探索——东江流域广东河源考察 [J]．开放导报，2016（1）：49－54.

[44] 郑志来．土地流转背景下缺水地区农用水权置换的双方博弈 [J]．财经科学，2015（9）：110－119.

[45] 李义松，万马．农业水权交易制度的权属分析及创新思路 [J]．江苏农业科学，2015，43（8）：1－3.

[46] 田贵良，张甜甜．我国水权交易机制设计研究 [J]．价格理论与实践，2015（8）：35－37.

[47] 张戈跃．试论我国农业水权转让制度的构建 [J]．中国农业资源与区划，2015，36（3）：98－102.

[48] 曾玉珊，张玉洁．中国水权与土地使用权关系探微 [J]．中国土地科学，2015，29（4）：18－24.

[49] 王军权．水权交易市场的法律主体研究 [J]．郑州大学学报（哲学社会科学版），2015，48（2）：45－49.

[50] 石腾飞．灌溉水权转换与农户利益的关联度 [J]．重庆社会科学，2015（1）：15－20.

[51] 窦明，王艳艳，李胚．最严格水资源管理制度下的水权理论框架探析 [J]．中国人口·资源与环境，2014，24（12）：132－137.

[52] 单平基．我国水权转让规则的立法选择 [J]．东南大学学报（哲学社会科学版），2014，16（6）：65－70，143.

[53] 朱珍华．论我国水权转让的性质——基于水权转让实践的分析 [J]．吉首大学学报（社会科学版），2014，35（5）：81－85.

[54] 李胚，窦明，赵培培．最严格水资源管理需求下的水权交易机制 [J]．人民黄河，2014，36（8）：52－56.

[55] 张莉莉，王建文．论取水权交易的私法构造与公法干预 [J]．江海学刊，

2014（3）：196 – 201.

［56］刘卫先. 对我国水权的反思与重构［J］. 中国地质大学学报（社会科学版），2014，14（2）：75 – 84.

［57］胡德胜，窦明，左其亭，等. 我国可交易水权制度的构建［J］. 环境保护，2014，42（4）：26 – 30.

［58］王瑜. 功能分析视角下我国水权法律制度及其完善路径［J］. 河北法学，2014，32（3）：119 – 126.

［59］尹庆民，刘思思. 我国流域初始水权分配研究综述［J］. 河海大学学报（哲学社会科学版），2013，15（4）：58 – 62，91.

［60］李鹏学. 内陆河流域水权制度改革探讨［J］. 中国农村水利水电，2013（11）：57 – 59.

［61］蔡成林，毛春梅. 我国取水权有偿取得模式研究［J］. 南水北调与水利科技，2013，11（5）：124 – 127.

后 记

本书是在我的博士论文基础上修改完成的。在此过程中，我衷心感谢那些在我生命中扮演重要角色的人。

首先，我要衷心感谢我的导师李爱年教授。多年以来，导师无论在学习上还是生活中都给予我极大的鼓励、帮助和支持。导师严谨的治学、渊博的学识、清晰的逻辑、谦逊的为人都深深影响着我，她是我求学之路上的指路明灯。她对我的悉心培养和耐心指导，让我能够迈出坚实的步伐成长为一个更好的学者。有师如此，幸甚至哉！

感谢法学院为我提供了良好的学习环境和资源。在这里，我得以广泛接触各种学科和知识领域，不断拓宽我的视野。我要特别感谢肖北庚院长，他一直关心支持我的成长并给我提供良好的学术研究环境，让我得以继续学术研究。在湖南师范大学法学院这个学术氛围浓厚、团结奋进的集体中成长，三生有幸。感谢蒋先福教授、郑远民教授、黄捷教授、欧福永教授、吴智教授等老师对我的关心支持和指导！同时，我还要感谢法学院的同事们，你们的支持和合作让我的学习和研究变得更加丰富多彩。

此外，我还要衷心感谢我的家人。你们是我人生道路上最坚实的后盾。你们的无私支持和鼓励使我能够坚持追求我的梦想。无论是在我遇到挫折时给予我精神上的慰藉，还是在我取得成就时与我分享喜悦，你们一直都是我的动力和依靠。感谢你们对我的无条件爱和支持。

最后，我要感谢所有那些在我写作道路上与我交流、分享和合作的人。你们的宝贵意见和建议使我的写作更加丰富和精彩。你们的热情和友善让我感受到了巨大的温暖和鼓励。

在这本书的完成过程中，我经历了许多挑战和困难，但正是由于你们的支持和鼓励，我才能够坚持下来并完成本书。

最后，对本书出版付出辛勤劳动的湖南师范大学出版社吴真文社长和莫华主任、彭慧编辑表示衷心感谢！

陈　颖

于湖南师范大学法学院

2023 年 6 月